大阪大学法史学研究叢書

I

「前段の司法」とその担い手をめぐる比較法史研究

三阪佳弘 編
misaka yoshihiro

大阪大学出版会

目次

序章　明治期日本の地域社会における「前段の司法」とその担い手の多様性――本書の視点

三阪佳弘

はじめに

本書の視点は、次の二点である。第一に、「前段の司法 infra–justice」という視点であり、第二に、「前段の司法」を含めた司法における法的サービスの需要に応える担い手の多様性という視点である。すなわち、法廷での訴訟手続という司法の「注目を集めるような頂上部」にとどまらず、その水面下にある「前段の司法」[(1)]まで視野に入れてみた場合、どのような多様な担い手が立ちあらわれるのだろうか、という視点である。本書においては、こうした視点を共有しながら、時代と地域の専門を異にする法史・比較法研究者が、それぞれ法的サービスの需要を満たす担い手について考察を加えることとした。

筆者がこうした視点を必要と感じた背景には、裁判所での訴訟手続のみを軸にした比較軸によっては、人々の法的サービスの需要がどのように充足されているのか、あるいはどのように紛争の解決が行われているのか等について、その特徴を十分に明らかにできないのではないかと考えたからである。この「近代的紛争解決テーゼ」ともいうべき従来の比較軸は、近代市民社会において法専門家を介した「権利義務関係」確定のための裁判所での訴訟手続が普遍化するという比較軸であり、その根拠としての司法統計上の数値（法曹人口、訴訟事件数等）である。

そこで以下では、一八八〇年代から一九〇〇年代・明治期日本の地域社会における「前段の司法」の担い手の実態、その多層的で多様なあり方を示すなかで、冒頭の二つの視点の意味するところを敷衍することとしたい。

一　「前段の司法」の世界

（1）「前段の司法」という問題領域

川口由彦を中心とした調停に関する共同研究は[2]、一九世紀近代市民社会の現実においては、調停制度が主要な紛争解決制度の一つとして機能していたとし、同制度を軸にして各国比較分析を試みた。その結果、石井三記が指摘するように、法専門家を介して「権利義務関係」の確定を目指した訴訟手続によって裁判所で紛争解決が行われるという場面は、司法全体から見れば頂上部に過ぎず、その下にある「前段の司法 infra-justice」ともいうべき領域が膨大に広がっている、とされた[3]。

この点については、一八八〇年代（明治一〇年代）の日本における勧解の経験が想起されよう。一八七五年から九一年に民事訴訟法（九〇年制定）が施行されるまでの日本においては、勧解によって民事事件の大半が処理されていた[4]。勧解は、紛争当事者のどちらか一方の中立により、代言人や代人も排して、裁判所で裁判官が法に則った紛争解決ではなく、実情に合わせた柔軟な解決を行うために調停を試みる制度である。ただし、同時期のフランスやドイツと異なり、日本の場合、紛争解決に当たるのは裁判官であり、地域の名望家などの非法専門家が勧解にかかわることはなかった点が特徴である。

これに対して、同時代のフランス・ドイツでは、国家の裁判所は、軽微な事件の訴訟をはじめ民事事件について広く地域の名望家などの非法専門職を、最下級裁判所の裁判官（フランスのjuges de paix、ドイツのSchiedsmann）として任命していたが、当事者の主張を法的に権利義務関係として構成・理解することを必ずしも職務として義務づけることなく柔軟な紛争の解決を行わせていたことが、川口らの共同研究によって指摘されている。つまり、同時期のヨーロッパにおいては、「『法解釈』という特異な思考様式の下、『権利義務』関係として構成される実定実体法の完結的世界の外側で、当事者間の合意を、法専門家を排して追求する契機が偏在し」ており「一九世紀は未だ『法典以前』の世界のなかにあった」[5]。この「前段の司法」は、法専門家を排しながら、場合によっては非法専門家が介在し、当事者間の合意を追求する世界である。一九世紀の西欧近代諸国においては、そうした世界に対応した合意調達のための制度が、多様に展開していた面があることが明らかにされたのである。

この点について、二〇世紀の社会状況に対応した民事訴訟法を構想したとして名高いオーストリアの政治家・民事訴訟法学者クラインの一九世紀の司法について語った次の文章もまた、想起されなければならないだろう[6]。

一九世紀の中頃に至るまでに、とりわけ、二つのことが注目されます……法律行為による取引は、全く同じようなかたちの、地方的な取引であり、高額に関するものは少数にすぎず、ほとんど大多数の、比較的小さいすべての争訟事件は、領主や都市の裁判権によって、かなり単純な自由なやり方で和解を多用しつつ、裁判に服する人々の満足のために解決されてきました。国家の裁判所や国家の訴訟法に留保されていました小範囲の高額争訟事件では、しかし、訴訟の社会的諸関係は、当然のことながら、少ししか表に現れず、とりわけ一般人の注意を惹くことは決してなかったのです。

表1　日本・京阪滋地域（1881）とフランス・リヨン控訴院管轄地域（1881）との訴訟件数対比

日本	管轄県名	人口（千人）	登録代言人数	地方裁判所民事第一審新受事件数	区裁判所民事第一審新受事件数	勧解新受事件数		事件数合計
日本（1881）大阪上等裁判所管轄地域	滋賀県	634		2,225	0	18,479		20,704
	京都府	845	41	3,483	959	47,888		52,330
	大阪府	1,242	115	4,079	1,165	31,980		37,224
	三府県合計	2,721	156	9,787	2,124	98,347		110,258
フランス（1881）リヨン控訴院管轄地域	Ain県	363	28	1,562				
	Loire県	600	34	3,390				
	Rhône県	741	133	3,704				
	Lyon控訴院管轄区域合計	1,704	195	8,656	15,881	1,903	79,622	106,062
フランス	管轄県名	人口（千人）	登録弁護士数	始審裁判所第一審民事新受事件数	治安裁判所民事第一審新受事件数	大勧解新受事件数	小勧解新受事件数	事件数合計

（2）一八八〇年代日本の勧解手続と「前段の司法」

石井三記前掲が「前段の司法」を描く際にフランスの勧解制度に依拠したことに倣い、勧解制度を共有する日本とフランスの「前段の司法」を含めた司法全体の量的イメージを、司法統計の数値によって示しておこう。表1は、筆者が検討の対象としてきた滋賀県・京都府・大阪府と人口、面積において近似するフランス・リヨン控訴院管轄地域について、一八八一年段階の弁護士数と第一審民事裁判新受事件数（紛争解決に向けた人々の法的サービス需要量）を比較対照したものである。[7]

前述したように、同時期の日本とフランスには、第一審民事訴訟手続に入る前に勧解を経ることを義務づける勧解前置主義がとられていた。この点をふまえて、司法統計上の数値のみを比較すると、双方の裁判所の新受事件数としてあらわれる、人々の紛争解決に向けた需要の量自体に大きな差がないことがうかがえる。フランスの小勧解について石井は、治安判事が法律的な紛争解決を重視する傾向が見られたことを示唆し、当時のフランス人五人に一人は小勧解の当事者となったという事件数の多さから、一九世紀

表2　日本・京阪滋地域（1891）とフランス・リヨン控訴院管轄地域（1891）との訴訟件数対比

日本	管轄県名	登録代言人数	地方裁判所民事第一審新受事件数	区裁判所民事第一審新受事件数	和解新受事件数	督促事件数	事件数合計
日本（1891）大阪上等裁判所管轄地域	滋賀県	11	264	1,943	598	2,281	5,086
	京都府	44	419	2,802	3,376	1,374	7,971
	大阪府	58	1,056	8,162	4,108	2,782	16,108
	三府県合計	113	1,739	12,907	8,082	6,437	29,165
フランス（1891）リヨン控訴院管轄地域	Ain県	25	1,405				
	Loire県	45	2,394				
	Rhône県	140	4,226				
	Lyon控訴院管轄区域合計	210	8,025	14,513	1,175	62,956	86,669
フランス	管轄県名	登録弁護士数	始審裁判所第一審民事新受事件数	治安裁判所民事第一審新受事件数	大勧解新受事件数	小勧解新受事件数	事件数合計

半ばのフランスに早熟な法化社会を見ることができるとしている[8]。石井が指摘するように、フランスの小勧解手続もまた、あくまでも法的な権利義務関係の確定を目指す訴訟手続を前提とした解決である、という点に留意しなければならないものの、小勧解手続は、治安判事の面前で当事者の合意が追求される「前段の司法」であることに変わりはない。

日本の場合、一八九〇年民事訴訟法制定以後「前段の司法」について司法統計上の把握が困難となる点に注意しなければならない。なぜなら、勧解手続が消滅させられるからである。民事訴訟法制定過程においては、フランスやドイツと同様市町村会の選挙によって市町村の名望家を勧解委員として選出して、「訴訟」に入る以前に軽微な事件の調停に当たらせることが考えられた[9]（一八八八年「勧解委員規則」案）。しかしながら、そうした勧解委員制度が採用されることもなく、勧解制度そのものが廃止された。つまり「実定実体法の完結的世界の外側で、当事者間の合意を法専門家を排して追求する」にふさわしい事件について、「裁判に服する人々の満足」を目的として、それらの人々

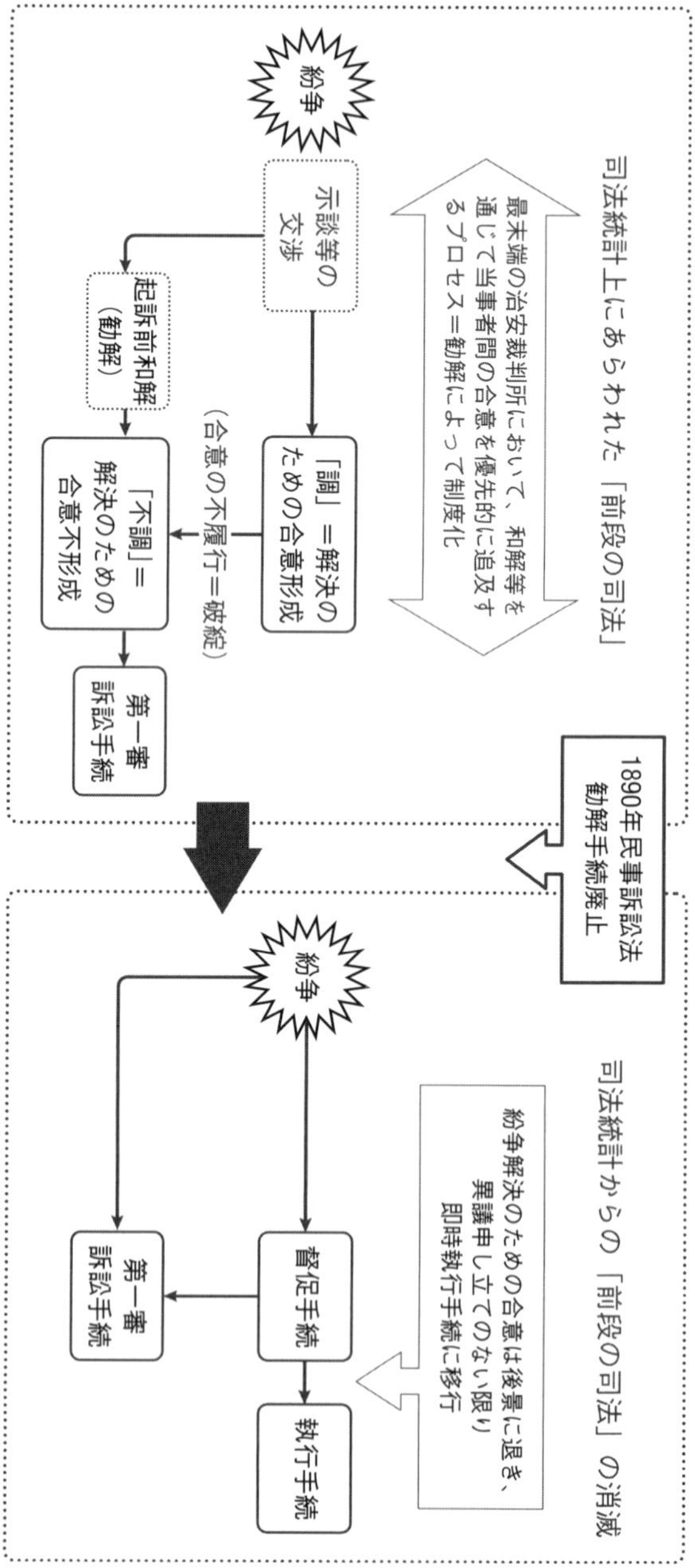

図1　勧解制度とその廃止

に身近な地域の名望家などの非法専門家の介在によって解決される制度の導入はもちろん、それ以前の国家の裁判官を介した柔軟な解決を目的とする勧解制度も廃されたのである。勧解制度を廃止に向かわせたきっかけは上記勧解委員規則（案）が廃案になったことにあるが、その背景には、井上毅の反対があり、その理由として、人々の利益主張や相互の紛争に国家が制度的に対応するのはできるだけ抑制すべきであり、そうした紛争は基本的には人々が勝手に解決すべきであるという考え方があったことが指摘されている。

この勧解制度廃止が、司法統計上の数値にどのような変化を与えたか。表2[10]において、民事訴訟法制定後の一八九一年の司法統計の数値を表1と同様に示しておこう。

人々が紛争解決を求める需要の量としての司法統計上の新受事件数は、表1の一八八一年当時と比較して大きく減少していることがわかる。この減少とその理由については慎重な検討を要するが、勧解前置とその手続の消滅によるところが大きいことは否定できない。前述した井上毅の反対理由を前提とすれば、人々が紛争解決を求める需要に対して、勧解手続という制度的な保障をなくしたことは、司法統計上の新受事件数の減少としてあらわれ、あたかも人々の裁判所に対する需要が減少したかのように見える。この点を概括的に表したものが、図1である。一八九〇年民事訴訟法施行までは、起訴前和解に該当する「勧解」を通じて当事者の合意を優先的に追及するプロセスが制度的に設けられ、「前段の司法」の存在が司法統計上ある程度可視化されていた、といえよう。

二　「前段の司法」の担い手の多層性・多様性

（1）「前段の司法」とその担い手

第一節で述べたような日本における「前段の司法」を想定した場合、その担い手を、弁護士、すなわち、紛争を法的関係（権利義務関係）として構成して処理する「訴訟」という次元で担当する法専門家のみを想定してよいのだろうか、という疑問が浮かび上がってくる。

この疑問に対して、橋本誠一[11]は、欧米から継受された近代法体制の下で整備された弁護士制度（一定の資格試験に合格したものに対して国家から特定の法曹資格が付与されたもの、いわば「近代的意味の弁護士」）に限定せずに、より幅広く訴訟補助者および法律助言者として活動する「歴史的範疇の弁護士」概念によって分析することを提唱する。確かに「近代的意味の弁護士」は、西欧に範をとった代言人制度の導入、試験制度に基づく代言人免許制度導入（一八七六年代言人規則）により整備され、一八九〇年民事訴訟法および一八九三年弁護士法において、かれらによる法廷における代理の独占が認められた。しかしながら、橋本は、そうした「近代的意味の弁護士」の制度化と表裏の形で、代言人ないし弁護士資格を持たず法廷の内外で活動する非法専門家＝「非弁護士」層が広範囲に存在したことを明らかにした。これは、国家によって制度化された資格を持った法専門家の背後にあって、具体的な地域の法的サービスの需要に応える多様な担い手をめぐる問題領域が存在することの「発見」である。

このような「前段の司法」とその担い手の多様性に着目したとき、勧解手続の消滅の前後で司法統計上の新受事件数が変化した点について指摘したのと同様の問題が生じうる。すなわち、裁判所を軸にした紛争解決の数値データ（低調な法曹数、裁判所数、訴訟件数）のみをもとに、西欧近代との対比で日本近代の紛争解決のあり方の「特殊性（前近代性）」を論じられるのだろうかという本章冒頭の疑問である。「近代的紛争解決テーゼ」ともいうべき、近代市民社会においては、法専門家を介し「権利義務関係」確定のための裁判所での訴訟手続が普遍化するというテーゼの持つ「バイアス」によって、日本近代における法的サービス需要充足の「実相」が捨象されて描かれてしまうことにならないだろうか。むしろ、裁判所における訴訟手続の背後に広がる「前段の司法」の過程を含めた、多様で多層的な紛争解決ないしは法的サービスの需要充足過程とその担い手という視角から再検討することが必要であろう。

以下では、この点を、「前段の司法」とその担い手の多様性について、筆者がこれまで検討してきた一八八〇年代から一九〇〇年代日本の京滋地域を素材としながら、敷衍することとしたい。(12)

（２）一九〇〇年代・明治後期日本における担い手の多層性・多様性

前掲橋本が指摘したように、そもそも他人の法律問題、紛争に関して相談にあずかり、訴訟となったときに代理人として法廷へ出席して権利を主張し、その法律上の地位を弁護することを業として行う者（訴訟の補助者および法律の助言者）は歴史貫通的な存在である。ここから国家がその資格を限定公認し、司法の健全な運用、訴訟制度の能率の向上、訴訟における当事者の権利の確保等の観点から、その資格ある者に限って代理人、弁護人とすることを強制する、前述「近代的意味の弁護士」が定められることになる。この点で、一八七六年代言人規則による免許代言人の導入、一八九三年弁護士法による弁護士の導入は、日本における「近代的意味の弁護士」を定めるものであり、一八九〇年の民事訴訟法は、法廷における訴訟代理を、弁護士に限定したのである。この「近代的意味の弁護士」に限定すると、周知のように日本は圧倒的に欧米に比較して数が少ないことがわかる。この点を筆者が調査してきた明治後期（一九〇〇年代）の滋賀県域における弁護士の分布をもとに示しておこう。[13]

一九〇〇年代日本の弁護士数については、一九〇〇年が一六四七人で一九〇五年までに毎年約一〇〇人ずつ増加し、一九〇五年に二〇二五人となって以降、一九一一年まで二〇〇〇人前後で推移する。全国四八の地方裁判所毎に設けられている弁護士会の所属員の平均は約四一名である。ただし、このうち全国の三分の一以上（七〇〇名以上）の弁護士が集中する大阪と東京を除いた各地方裁判所所属弁護士会の平均弁護士会員数は二七名前後である。滋賀県域の大津地方裁判所所属弁護士会は一七～二〇名程度で推移しているので、やや小規模な弁護士会といえる。とはいえ、三〇名未満の構成員の弁護士会は、全国で四八弁護士会中二九会存在するので、それほど特異な弁護士会ではない。

さて、弁護士の業務形態が基本的には訴訟事務にあることを反映して、滋賀県内の弁護士の分布もまた、地方裁判所の配置に対応して、[14]大津と彦根に集中して分布していた。こうした裁判所所在地への弁護士偏在は、実態として「多くの民事紛争解決を共同体内部に委ねて、ごくわずかの民事紛争のみを裁判で厳格に法を適用して解決するという法的世界と現実の社会との二極分化」が指摘される状況[15]によって規定されるものでもある。こうした「近代的意味の弁護士」の数少ない分布をもって、訴訟の補助業務や法律の助言業務などの全ての地域社会の法的サービスの需要が十二分に充足されていた、あるいは、その程度の需要しかなかった、と考えるべきなのだろうか。日本の近代的な法制度は、一八九九年に商法典が制定施行されることによって法文の上では体系的な成立を見たが、そうした実体法上の法的関係(権利・義務関係)が裁判所において「訴訟件数」という形で争われる密度は、きわめて低調なまま推移したのだろうか。

実は、こうした「近代的意味の弁護士」の背後には、数多くの上述した「歴史的範疇の弁護士」、具体的には法曹資格を持っていないにもかかわらず対価・報酬等の利益を得ることを目的に、業として訴訟代理・法律事務・弁護士紹介・紛争解決・債権回収等を行う「非弁護士」という社会的存在の分厚い存在が確認されるのである。先に、表1(一八八一年)から表2(一八九一年)の司法統計上の数値の変化をもたらした勧解制度の消滅によって、司法統計上の数値として「前段の司法」が見えなくなったことを指摘した。これを担い手の面からいえば、裁判所における訴訟手続という「頂上部」の水面下にある、人々の法をめぐる営み、必ずしも法的専門家であるとは限らない非法専門家(「歴史的範疇の弁護士」)によって介在される法的サービスの需要充足の存在が想定されるのではないだろうか。

このような非弁護士も含めた「歴史的範疇の弁護士」の存在は、彼らと一定の連携関係とともに規制・被規制の関係を持っていた弁護士会の資料から、少なくとも弁護士と連携関係にある非弁護士の存在を確認することができる。[16] 一八九三年弁護士法は、法廷外において弁護士資格を持たない者が一般的な法律事務を行うことを禁止しなかったので、非弁護士が活発にこれらを担うという法実務が確立された。さらに弁護士は、本拠としている事務所以外に自由に出張事務所を複数設立することが認められていた。このような制度と現実の弁護士有資格者の「量」的少なさを前提に、地域社会の人々が、隣人との紛争に直面し、さらには裁判所・官公署と向き合わざるをえなくなったときには、非弁護士が、弁護士事務所と緊密に連携し、あるいは事務所員として、弁護士の紹介と訴訟代理の委任を行い、あるいは、顧客の依頼に応じて法律事務一般（法律相談も含む）を処理することを業とすることになったのである。彼らが、人々の現実の必要に応じて出現したものである以上、法規制や資格・免許による規制はそうした現実を後追いすることになり、そこには、彼らの「逸脱」の危険を常に潜在させていた。と同時に、弁護士法による制度の確立を通じてもたらされた弁護士の社会的地位の確立、あるいは厳しい国家試験を通過して法的知識技能を国家的に公証された法律専門職としての威信の確立、さらには、顧客の獲得面での競合可能性の存在は、弁護士と非弁護士層との間の摩擦を予想させるものであった。そこで、一八九〇年代末から一九〇〇年代にかけて、社会秩序維持の観点からの警察による規制強化と弁護士会自身の会則による規制の動きがあらわれることになった。非弁護士層は、このように検事局あるいは警察レベルの取り締まりの対象となり、あるいは、弁護士会自らの規制の対象ともなるが、上述した弁護士との連携関係の存在から、弁護士にとっては提携の対象でもあった。

このような警察規制および弁護士会の自己規制と連携にかかわる弁護士会資料から、その限りで把握された非弁護士の分布状況を滋賀県について示したものが図2である。

図2は、滋賀県域における弁護士との何らかの関係の存在によって把握された非弁護士を含めた法的サービスの需要充足者の分布である。ここから確認される需要充足者は、第一に、当然のことながら弁護士である。◎印のついている氏名が大津地方裁判所弁護士会所属の弁護士であり、途中脱会した者も含めて二〇名強確認できる。前述のように本拠となる事務所以外に出張事務所を複数設けることが認められていたので、たとえば大津に本拠事務所を開設している弁護士が彦根や八幡等にも出張所を開設していた。これが○印である。同じように、京都や大阪の

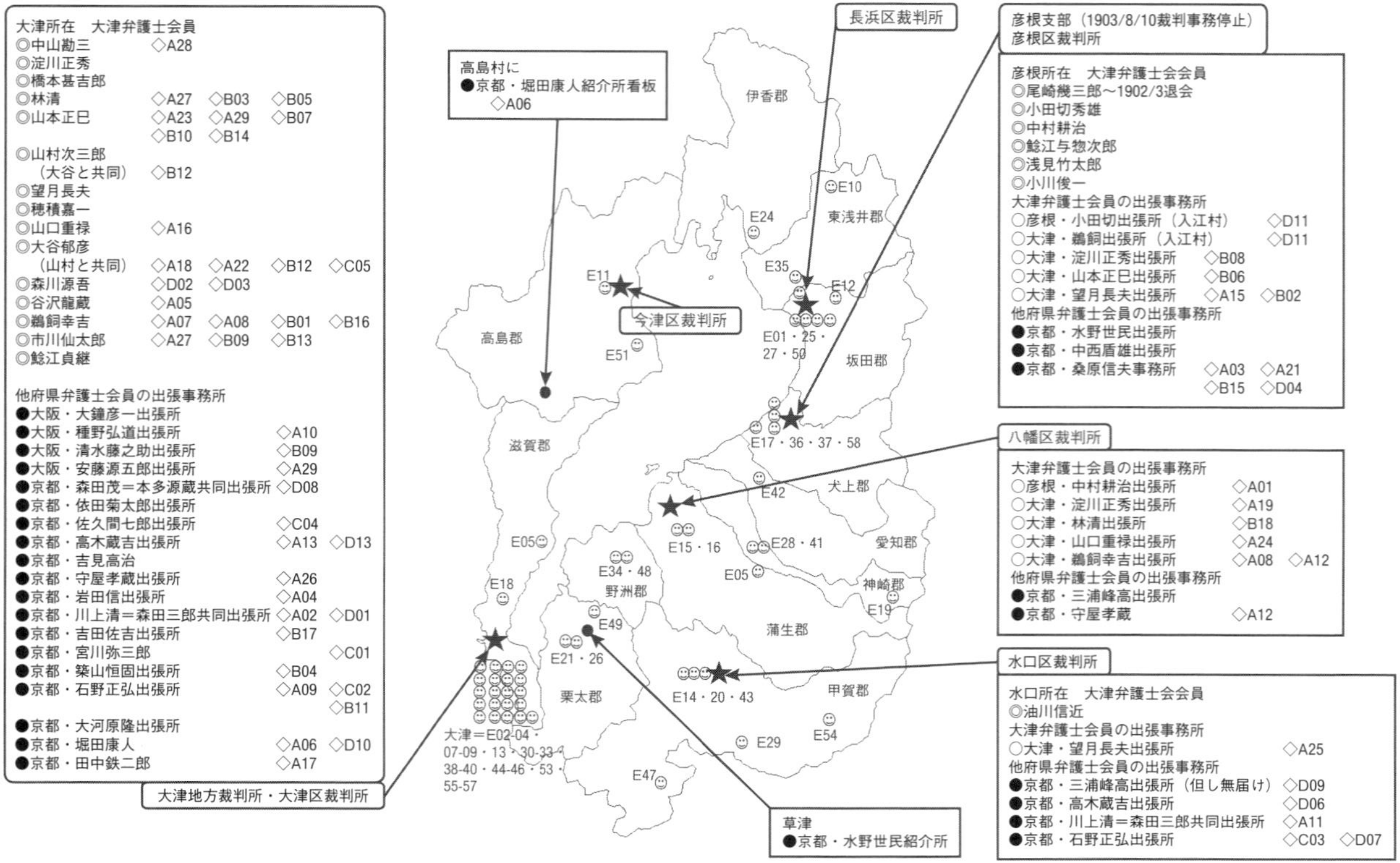

図2　1900年代の大津・他管弁護士会所属弁護士と事務員・特定名簿掲載者の分布

地方裁判所所属の弁護士もまた滋賀県域に出張事務所を展開していた。これが●印の弁護士である。第二に、こうした弁護士たちのみが法的サービスの需要充足者として存在していたわけではない。それが◇印の事務所員である。彼らは弁護士本拠事務所のみならず出張事務所に所属しているが、単なる事務を行う存在ではない。むしろ、弁護士はその事務所にこうした複数の事務員を抱え、裁判所が存在する拠点地域に出張弁護士事務所を散在させ、地域の法的サービスの需要に応える体制をとっていたのである。さらに第三に、☺マークの非弁護士層である。彼らは、非弁護士活動によって取り締まりの対象とされたものではあるが、その分布からわかるように、弁護士事務所が設けられていない地域も含めて滋賀県域全体に分布するとともに、その活動実態は、法律業務にかかわる単なる非行者にとどまらず、弁護士事務所事務員経験者も含めて、法的サービスの重要充足の一端を担う役割も確認される層である。さらに、大津地方裁判所所属弁護士会の認識では、図2で確認される以外にも、「ソノ地方ニ於テハ紛議ノ仲裁或ハ訴訟ノ勧誘ヲ為ス等アリトスルモ弁護士ニ対シ何等ノ関係ナキヲ以テ之ヲ登録スルノ必要ヲ認メ」ない層がさらに存在しているとされている。

滋賀県域と同様の手法を用いた同時期の京都弁護士会における弁護士と、弁護士会の自己規制と連携にかかわる弁護士会所蔵資料から、その限りで把握された非弁護士の状況も確認しておこう[17]。

同時期における京都の弁護士数は、一八九四年段階で四二名、その後三五~三九名で変遷しながら、一九〇〇年に入ると四五名となり、その後一九〇五年にかけて七三名に増加し京都の登録弁護士数の小さなピークを形成する。前掲図2により、滋賀県域に対して京都の弁護士が多数出張事務所を設け、非弁護士層と提携して進出しているのは、京都府内での弁護士数の増加を反映している。その後弁護士数は、五〇名強にまで減少するが、一九一〇年代以降には、弁護士試験合格者増加策や試験制度改革に伴う弁護士数の増加[18]により、京都でも一九一〇年代後半には八〇名を超え、二〇年代の急増期を迎えることになる。京都弁護士会所蔵文書により特定された非弁護士層（特定

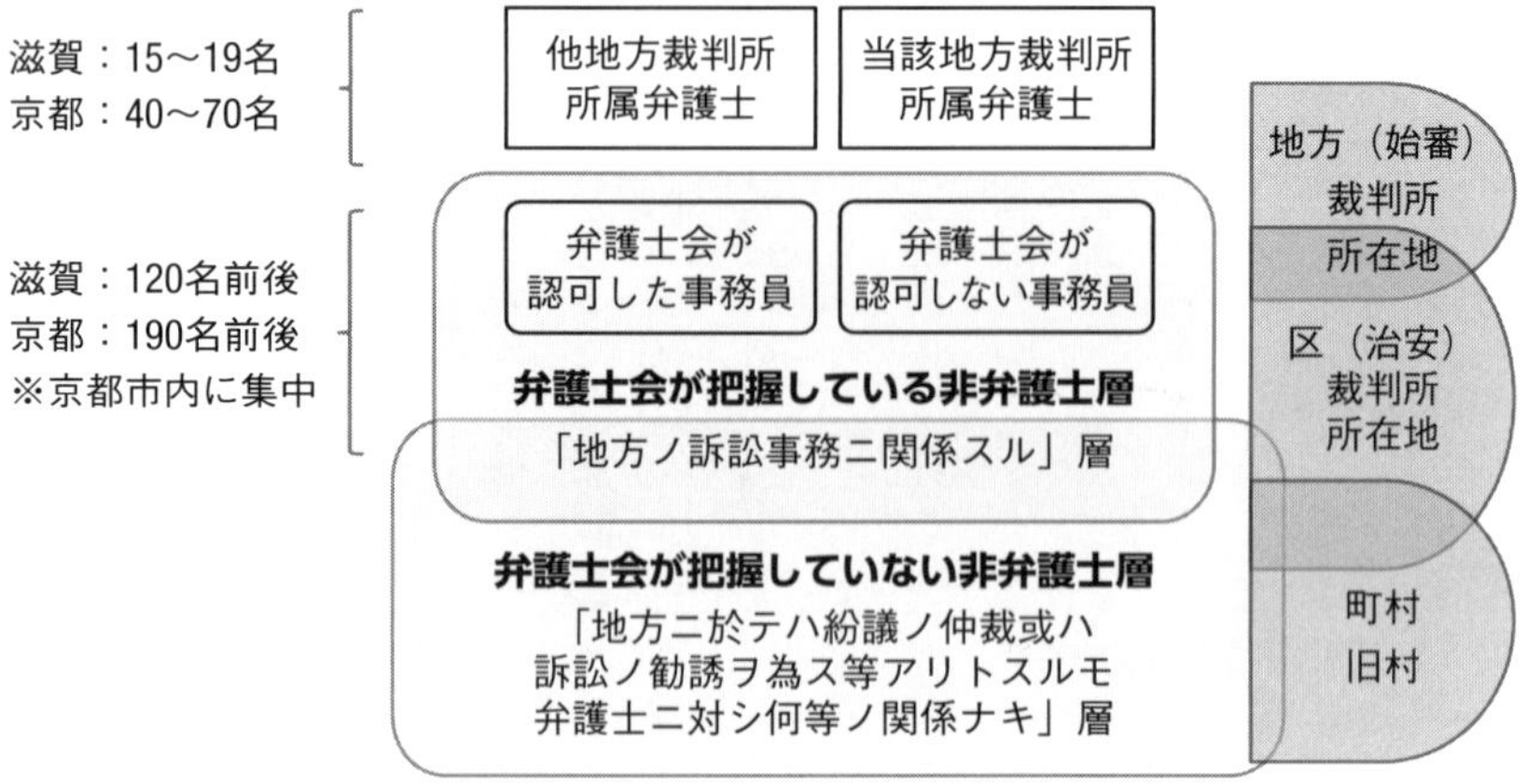

図3　地域における法的サービスの多層・多様な担い手像

名簿指定者数）は、一九〇五年指定者一三一名、一九一四年追加指定者六六名、合計一九七名となる。一九一九年までに死亡等により指定解除されるものが六五名存在するとはいえ、常に弁護士の数倍の量が確認される。滋賀県域の特定名簿指定者と対照的なのは、彼らの多くが京都市内に住居を置いていることである。居住地が判明している一七三名のうち、郡部居住者は一九名であり、残りは全て京都市内に居住している。それだけ彼らは同じ地域で弁護士と競合するのであり、ここに京都弁護士会がそのような非弁護士を規制しようとした理由を見ることができる。他方で、それにもかかわらず、彼らを有用と考え、事務員として雇用することに固執する会員弁護士も根強く存在した[19]。

　以上の一九〇〇年代・明治後半期の京滋地域における状況を整理したものが図3である。弁護士のみによって当該域の法的サービスの需要充足が行われていたわけではなく、末端の地域社会に遍在する非弁護士（「モグリ」あるいは「三百」）となにがしかの関係（提携＝弁護士会による認可、もしくは取り締まり＝非認可）を有し、さらにその背後に「ソノ地方ニ於テハ紛議ノ仲裁或ハ訴訟ノ勧誘ヲ為ス等アリトスルモ弁護士ニ対シ何等ノ関係ナキヲ以テ之ヲ登録スルノ必要ヲ認メ」ない層の存在も推察されるのである。人々は、訴訟提起にいたるまでのさまざまな法的サービス需要を、弁護士と一定の関係を持つ・持たないは別にして、多様な非弁護士層に求めていたのであり、その意味で多層的で多様な担い手が形成されていた。

つまるところ、こうした構造は、歴史的なものである。すなわち、近代欧米社会から移植された代言人・弁護士制度が、近世の公事宿・郷宿の基盤の上に、一九世紀末の近代日本の地域社会のなかに浸透・定着していく過程で形成された法的サービス需要充足のあり方であろうと考えられる。この構造はおおむね以下のような展開を遂げて（2）のように一九〇〇年代（明治三〇年代）においては、西欧近代の水準にある法典を基軸とした法制度、それを担う弁護士制度が整備されていた。そのような状況と、地域社会における法的サービスの需要充足が上述のような状況であったこととの落差をどのように考えるべきなのだろうか。

（3）一八八〇年代・明治前期日本における担い手の多層性・多様性

明治維新以後形成されてきた。[20]近世においては、公事宿や郷宿を担っていた層が、奉行所で開かれる法廷に出廷する訴訟当事者に宿泊の便宜を提供していた。彼らは同時に、訴訟当事者への法的助言、代書などの私的なサービスを提供し、腰掛当番、差紙送達、白洲への付添、宿預先などの半公的業務も担っていた。明治維新後も基本的にはこうしたあり方が継承された。明治初年においても、こうした公事宿・郷宿の系譜を引く者が、訴訟当事者の代理人として裁判所において弁論を行うだけではなく、法廷外において内済の交渉を行い、諸書類の作成を行っていたとされる。[21]

これに対して、一八七六年二月代言人規則（司法省甲第一号布達）の制定により、法廷における訴訟代理の業務独占を制度的に認められた代言人（弁護士）が、実態においても業務独占を確立していくことになる。同規則は、代言人に資格試験を導入し、これによって代言人たりうる者を、近代ヨーロッパ法の教育を受けた者、そうした素養を持つ者に限定する方向を示した。しかしながら、実際には、法令によって、法廷における訴訟代理が免許代言人の独占業務と規定されたからといって（「今般代言人規則別紙ノ通リ相設ケ候条、来ル（一八七六年）四月一日ヨリ以後ハ右規則通リ免許ヲ経サル者ヘ代言相頼候儀不相成候」）、直ちにそれが実現したわけではなかった。同規則自体が、「代言人無之」く、かつ「本人疾病事故」という「不得已場合」には本人に代わって「至親（父子兄弟又ハ叔姪）」を出廷させるか、または「至親」がいない場合には、「相当ノ代人」を出廷させることを認めていたからである。そのため代言人でない者、「代人」、さらには規定の本来の意味を超えて代人を業とする者が法廷に立つという状況が続くこととなった。[22] そして、一八八〇年五月一三日代言人規則改正（司法省甲第一号布達）においても、上述の「代人」を用いることができる前述の例外規定がそのまま引き継がれたが、同時に、「詞訟代人心得方」（司法省甲第二号布達）が制定され、「代人」には「一事件ヲ限リ受任」することが義務づけられ、もし二件以上受任し、または「詞訟ヲ教唆シ私利ヲ営ム等」の行為があれば、その代人の出廷を裁判官は停止すべきものと規定された。この規定は「複数の訴訟代理を受任し兼帯する代人（業として訴訟代理を行う代人）を法廷から排除することを意図するもの」であったとされる。[23] さらに、一八八四年一月二四日の太政官第一号布達は、前掲「詞訟代人心得方」の改正を行い、業としての代人による訴訟代理をより明確に制限するために「詞訟又ハ勧解ニ付已ムヲ得ス代人ヲ出サントスル者ハ親族又ハ相当ノ者ヲ撰ミ管轄裁判所ノ許可ヲ受ク可シ但代人タル者同時ニ二人以上ヨリ二件以上ヲ受任シ其他不適当ノ所為アリト認ムル時ハ裁判所ニ於テ之ヲ差止ムルコトアル可シ」とした。

以上のプロセスを、滋賀県域のうち、一八七九～九二年の民事判決原本が一部を除きほぼ残存している彦根地域の裁判所（京都始審裁判所彦根支庁・彦根始審裁判所・大津始審裁判所彦根支庁、彦根区裁判所・八二年から治安裁判所、判決数三一九九件）について、代言人と代人を業とする者による訴訟代理の実態を確認しておこう。[24]

訴訟代理の実態は、区裁判所・治安裁判所レベルと始審裁判所レベルでは、若干の差異が見られる。この点を図4、図5で確認しておこう。

図4、図5は、判決が下された事件について、代言人、代人とも関与せず本人のみが関与した事件（図中「本人のみ」）か、訴訟代理によるものか、そして後者については、一方もしくは双方に代言人のみが関与している事件

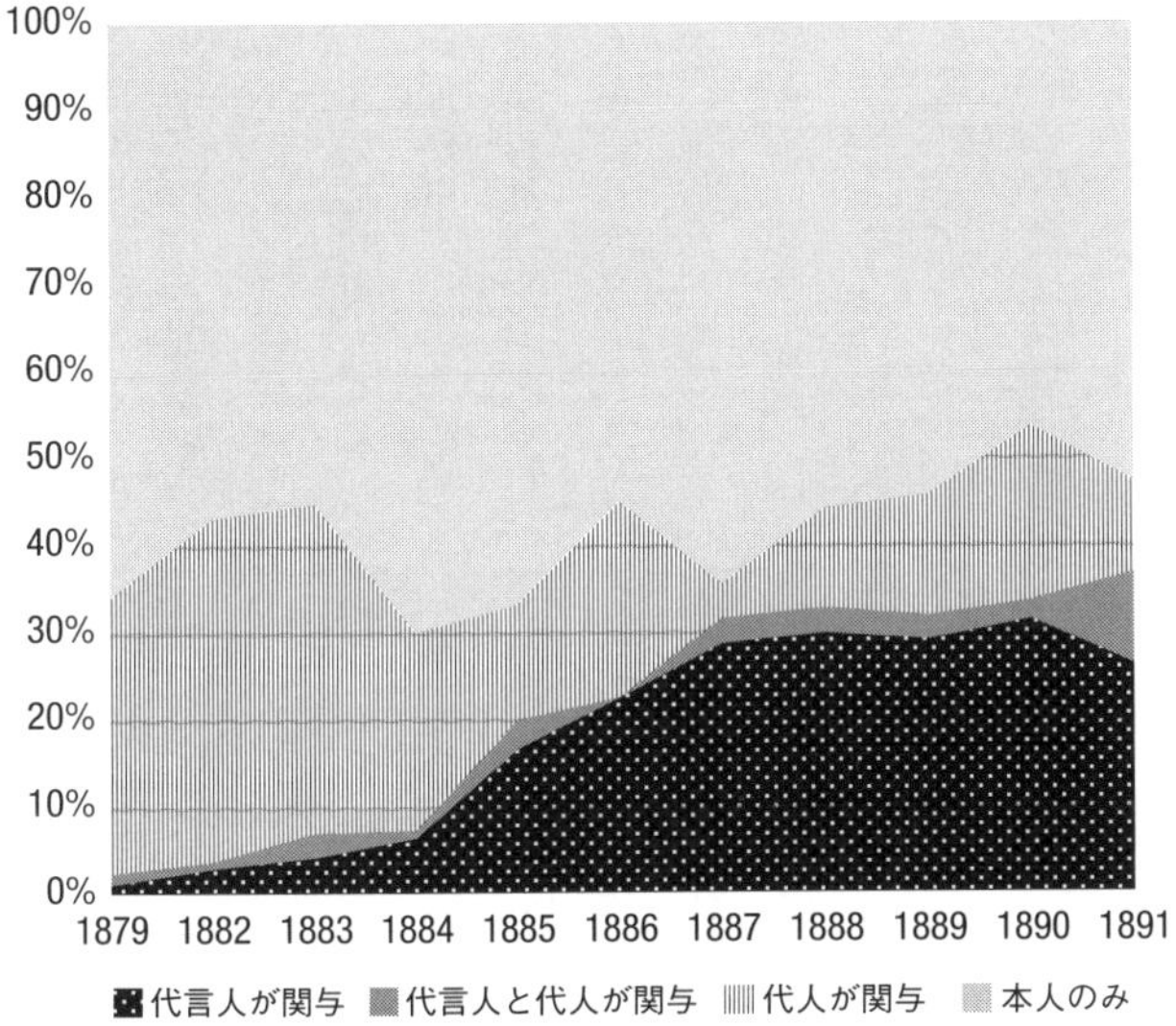

図4　彦根区・治安裁判所での代言人・代人関与判決数

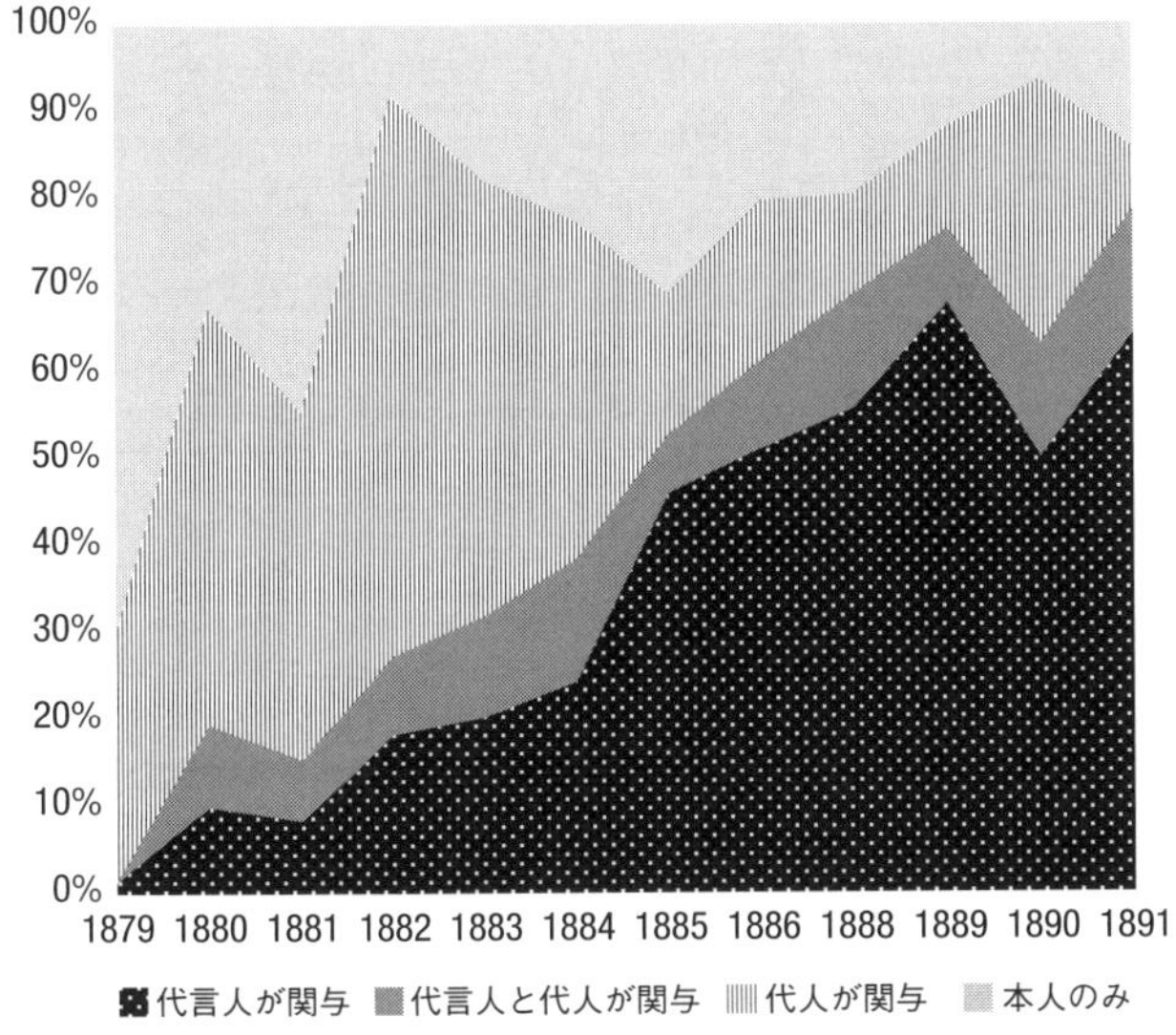

図5　地方・始審裁判所彦根支庁での代言人・代人関与判決数

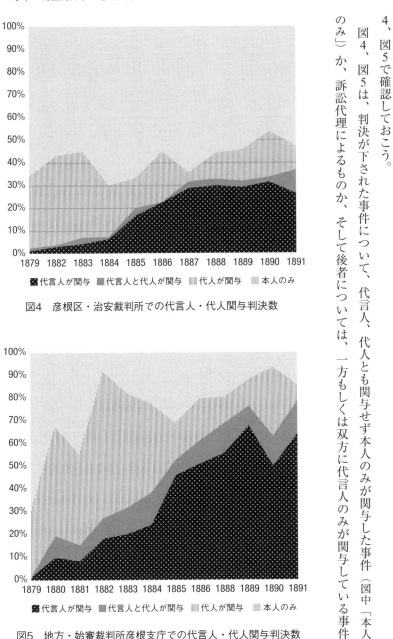

（図中「代言人が関与」）、代言人と代人が関与している事件（図中「代言人と代人が関与」）、一方もしくは双方に代人のみが関与している事件（図中「代人が関与」）に分けて、それぞれの割合を示したものである。

まず、区・治安裁判所レベルで訴訟代理についての図4によれば、本人のみが訴訟を追考する事件が常に半数以上を占め、訴訟代理との割合は一八九〇年の民事訴訟法・裁判所構成法制定の時期までほとんど変化していない。その場合でも、訴訟代理を代言人と代人のいずれによるかについて見れば、一八八五年を境に、代人による訴訟代理から、代言人による訴訟代理へ急速に移行している。これに対して、図5によれば、京都裁判所彦根支庁・彦根始審裁判所・大津始審裁判所彦根支庁における代言人・代人による訴訟代理の割合の推移を見ると、区・治安裁判所に比して、代人、代言人いずれを利用するかは別にして、訴訟代理そのものの利用率が、はるかに高い。同時期の推移としては、一八八四年までは、代人による訴訟代理の割合が高い状態（全体の四〇〜六〇％、代言人の関与は最大二四％）から、一八八五年以降、急速に代言人による訴訟代理の割合が増加している（割合は逆転し、四五〜六四％）。それに反比例して、代言人が関与せず、代人のみが関与する訴訟代理件数は急減している。また地方・始審裁判所レベルでは、本人訴訟の割合が区・治安裁判所レベルに比してかなり小さくなっているのが特徴的である（本人のみによる訴訟追行は一八八一年までは四〇％を超えるが、一八八五年以降は三〇％強から一八九〇年には一〇％を割るまでに減少）。

また、前掲「詞訟代人心得方」の、複数の事件について訴訟代理を担当している者は業として訴訟代理を営んでいるという蓋然性が高い、という想定[25]に従って、同時期の判決書中、三件以上の事件を担当する代人を抜き出す作業を行うと、代人を業として営んでいる可能性の高い人物を四六名確認することができた。とはいえ、こうした人々も、地方・始審裁判所レベルで顕著に見られるように、業としての代人に対する規制が強まると、次第に代言人・弁護士による法廷内の訴訟代理の業務独占の確立によって、法廷から次第に消えていくかのようである。た

訂正

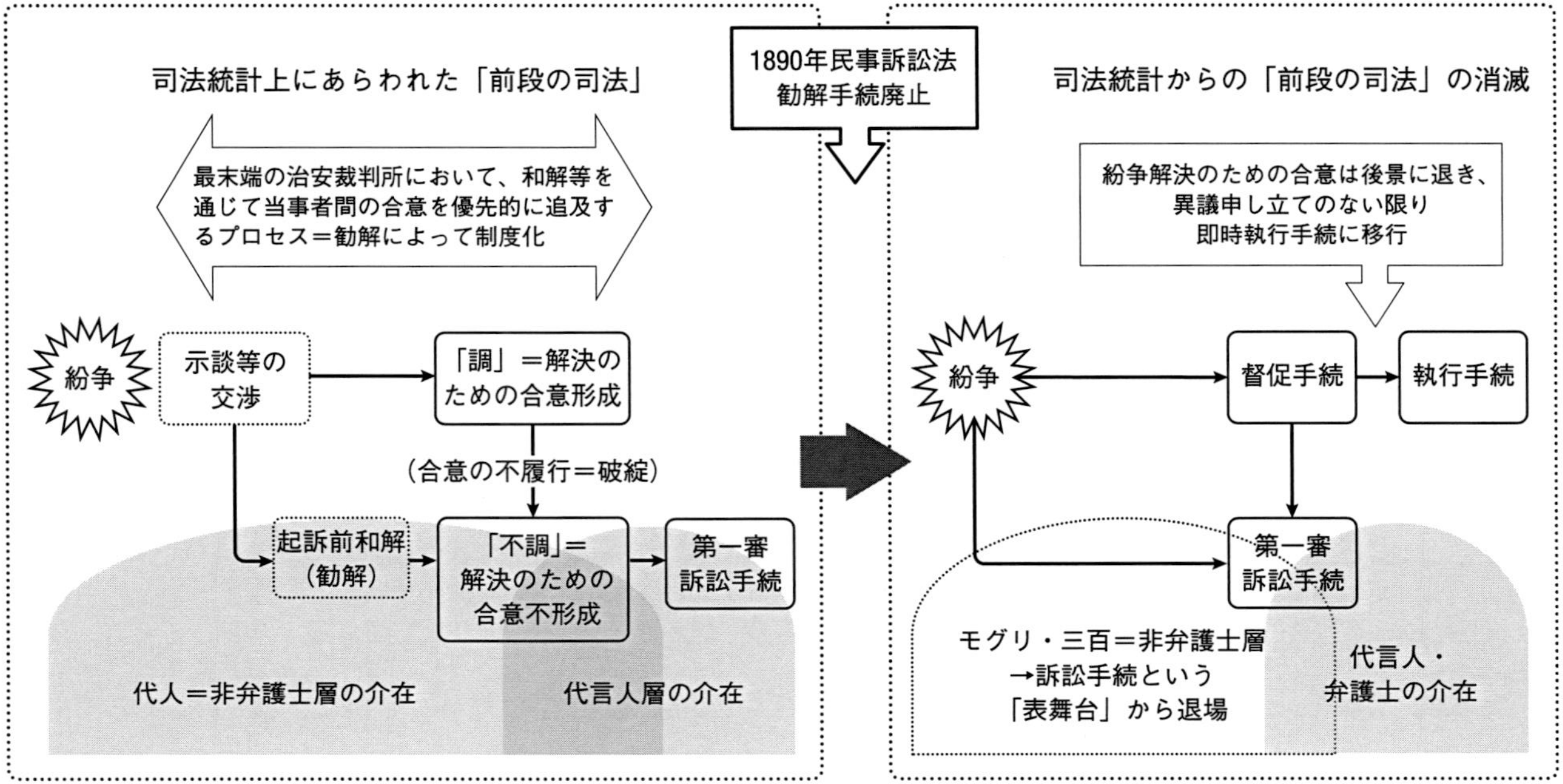

司法統計上にあらわれた「前段の司法」
最末端の治安裁判所において、和解等を通じて当事者間の合意を優先的に追及するプロセス＝勧解によって制度化
紛争
示談等の交渉
「調」＝解決のための合意形成
（合意の不履行＝破綻）
起訴前和解（勧解）
「不調」＝解決のための合意不形成
第一審訴訟手続
代人＝非弁護士層の介在
代言人層の介在
1890年民事訴訟法
勧解手続廃止
司法統計からの「前段の司法」の消滅
紛争解決のための合意は後景に退き、異議申し立てのない限り即時執行手続に移行
紛争
督促手続
執行手続
第一審訴訟手続
モグリ・三百＝非弁護士層→訴訟手続という「表舞台」から退場
代言人・弁護士の介在

だ、この点については、図6に示すように、勧解制度の廃止により、「前段の司法」が見えなくなっていくのと同様、代人を営む者たちは、まさに後景に退いていったというべきかもしれない。

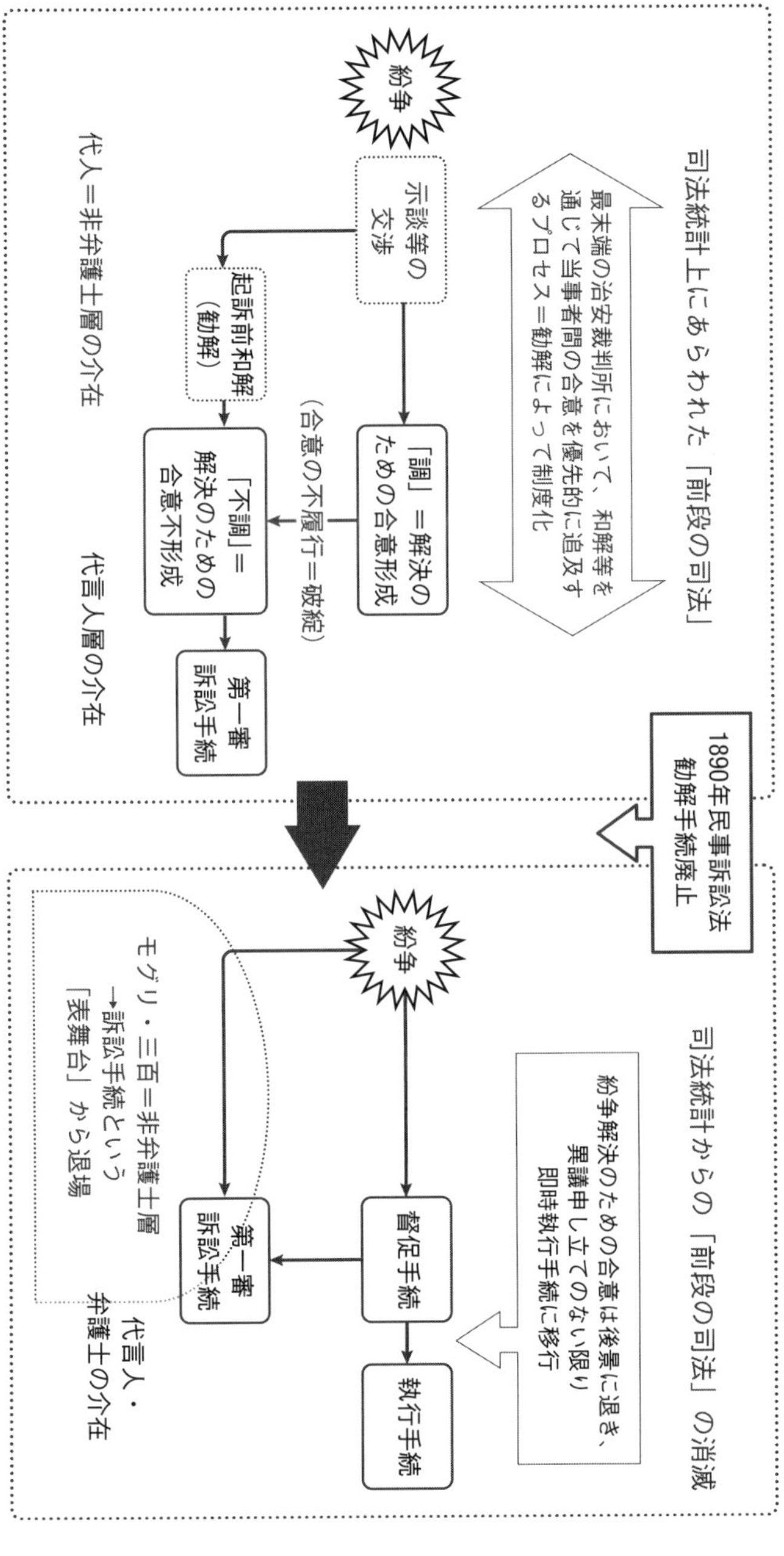

図6「前段の司法」の消滅とその担い手の「退場」

なぜなら、実際に、筆者が検討した滋賀・京都・大阪地域においては、訴訟手続の「表舞台」からは退場していったかのように見える明治一〇年代の代人たちは、（2）で検討したような、その後の明治後期の訴訟手続の背後に広がる「前段の司法」の場に「再び顔を見せる」こととなるからである。彼らは、弁護士との一定の関係を持ちながら、あるいはそれとは別個に、社会の末端における人々の法的サービスの多様で多層的な需要充足にかかわり続けた。[26] 代人の多くは、非弁護士として次第に訴訟上の代理業務から排除されながらも、法廷外の一般法律事務については引き続き従事し、そこから、上述した滋賀県に見られるような弁護士と非弁護士との地域社会の法的サービスの需要充足を巡る分業関係を構築していくのである。

おわりに――本書の構成

以上、本章では、近年の研究から得られた二つの視点、「前段の司法」という問題領域への注目、そして、そのことにより浮かび上がってくる人々の法的サービス需要に応える担い手の多様性への注目、この二つの視点によって、一八八〇～九〇年代（明治期）日本の法的サービス需要充足の構造を見てきた。ここで垣間見られた、人々の法的サービスの需要の充足とその担い手のあり方をどのように考えるべきなのだろうか。近年の研究が示唆しているように、同時期の西欧にもある程度共通して見られるものであるならば、冒頭で述べたような「近代的紛争解決テーゼ」という比較軸（近代市民社会においては、法専門家を介し「権利義務関係」確定のための裁判所での訴訟手続が普遍化するという比較軸）の再検討が必要となろう。

そこで本書は、こうした視点を共有しながら、古代ローマ、中世イタリア、近代フランス、近代ドイツ、近代オーストリア＝ハンガリー、現代中国、そして近代日本をそれぞれ専門とする共同研究者により、各国における「前段の司法」とその担い手についての再検討が行われた。その成果が本書である。以下では本書全体との関連で各章の位置づけを示しておこう。

まず、第一章と第二章は、近代日本における経験が検討される。「第一章　近代日本における無資格者による法廷代理とその終焉」（林真貴子）は、本章で指摘した一八八〇〜一九〇〇年代・明治期日本の法的サービスの担い手の多様性のあり方について、近世からの法実務家の系譜を引き、法専門家でない法実務家（代人）と、法実務家であると同時に法専門家である弁護士が並列して存在していたことを指摘し、これを法実務家・法専門家の二元体制とする。そして、この二元体制のなかで、代言人＝弁護士が「高尚なる専門職」としてのオモテの存在であるとすれば、無資格者たちは人々の日常的な紛争解決を支えるウラの存在であったとし、それがゆえに明治・大正期の民事訴訟法の改正議論のたびに無資格者たちによる訴訟代理の是非が議論されはしたが、否定されることがなかったことを指摘した。従来無資格者は、本章で指摘したように一八九〇年代以降には、訴訟代理という訴訟手続の表舞台から退場していくとされていたが、林によれば、法改正のたびにこうした無資格者の存在を前提にした立法議論が行われ、少なくとも区裁判所レベルでは彼らによる訴訟代理は、一九三三年弁護士法と法律事務取扱ノ取締ニ関スル法律の制定まで続いていたのではないかとしている。現在矢野達雄らが、中国地方の裁判所に残されている膨大な裁判所保存資料の調査・検討を進めており[27]、林自身もこれに加わっている。そうした事件処理にかかわって作成される事件簿等の書類のなかに、判決原本からは見えなくなった無資格者が姿をあらわしてくるのではないかと推測される。林の今後の研究により明らかにされていくことが期待される。

「第二章　明治期における刑事弁護――治罪法導入前後の状況」（田中亜紀子）は、一八八〇年制定の治罪法を契機とする刑事手続の整備のなかで、刑事弁護の担い手という面での法専門家と非法専門家についての検討を行うものである。治罪法は第二六六条により被告人が弁論を行う際に弁護人を用いることができるとし、その際代言人資格者のなかから選ぶことを命じたが、ただし書として、裁判所の許可を得た場合には例外として代言人でない者も弁護人とすることを認めた。また重罪裁判については必要的弁護制を採った（三七八条）。この第二六六条ただし書に、刑事手続における担い手の多様性が成立する可能性を見ることができるが、田中によれば当時の治罪法注釈書等の記述からそうした可能性は認められるものの、その実態については今後の検討課題としている。治罪法施行前の刑事手続の実態を分析した橋本誠一の研究[28]は、当時の刑事手続に、さまざまな訴訟補助者（差添人、代書人、郷宿など）が法的サービスを提供し、活発に活動していたという事実を指摘している。治罪法施行前について橋本が指摘する状況が、田中が課題とする治罪法以後どうなっていくのかが解明されれば、民事事件と同様、近世的な系譜を引く人的基盤によって担われた「前段の司法」が刑事手続においても立ちあらわれてくるのではないかと思われる。

第三～七章は、古代ローマ、中世、近代のヨーロッパを対象とする。本書の二つの視点から法的サービスの担い手の多様性を検討した。

まず、「第三章　共和政末期・元首政初期ローマにおける法的サービスの周辺——法学者・弁論家の活動と知的背景を中心に」（林智良）は、本書の二つの視点による再検討について、「ローマ法と、それを取り巻く社会の諸要素との相互関係」の探求を図る、いわゆる「ローマ法と社会」的アプローチの有用性を説く。その代表的な『ローマ法と社会ハンドブック』に依拠しながら、法専門家の核心をなす存在とみなされる法学者と弁論家に加えて、「影の法専門家」とも称すべき者が、学識の面でも法的サービスの質の面でも「グラデーション」を示しつつ取り囲む多様な準法専門家」として存在していたことが示唆される。彼らの提供する法的サービスが、法専門家と同様の法的な解答と起草、他者に代わっての弁論を核としながら、文書の代筆や当事者間の斡旋などを含めて、一般市民に提供され、人々もまたそれに期待していたことを明らかにした。

古代ローマにおいて、一般のローマ市民たちが、法専門家たちの法的解答といった法的サービスの均霑《きんてん》を受けており、それが単なる理念にとどまらなかったこと、そして、一般市民については、両者を介在するような多様な準法専門家が存在していたことが林智良によって指摘された。こうした法的サービスの介在者の、中世イタリア、近代フランスおよびドイツにおける制度的展開の一つとして、第四章以下では、公証人が取り上げられる。「第四章　中世ボローニャと『公証人術の書』――ロランディーノ・パッサッジェーリ研究序論」（阪上眞千子）、「第五章　フランス革命前後の公証人制度」（波多野敏）、「第六章　ドイツ公証制度史にみる需要と法専門家性――ハンブルクにおける公証制度の近代化を中心に」（的場かおり）は、いずれも、紛争の予防という面での「前段の司法」の局面において、そこでの市民の生活を法的な面において支えるヨーロッパ公証人の強固な伝統を明らかにする。

阪上は、中世ボローニャにおける代表的な公証人と、彼らが著した公証人術の書、その書式集を紹介するなかで、人々が裁判官や法助言者に頼らずとも公証人を介することによってその法的な生活を営み、紛争の発生に備えることができたことを示す。その意味で公証人は「前段の司法」の重要な担い手となっていたのである。波多野は、フランス革命において、アンシャンレジーム下の専門家（裁判官、弁護士）による司法制度の徹底的な否定が行われたにもかかわらず、フランスの公証人制度そのものは、革命の前後を通じて大きな改変を被ることなく、制度的にも人的にも継続性が維持された背景を検討する。ここでも公証制度の持つ役割、すなわち「前段の司法」の段階で、法的な問題についてあらかじめ文書を残すことで無用な紛争を避け、必要に応じて裁判所の力を借りずにこうした文書に書かれたことを実現させていく、という役割が、当時のフランスの法システムのなかに深く根づいていたことが明らかにされる。的場は、一九世紀前半のハンブルクの公証制度改革を、フランス併合時代に適用されたフランス法と解放後に制定された一八一五年の公証人条令との検討を通して明らかにする。これらの法整備を機に、筆記・記録技術者といった書面作成の職人的存在であった公証人が、法学識を備え、法の助言者、予防司法の担い手としての公証人へと変容することとなったと指摘する。

以上の三つの論考は、「前段の司法」において、法専門家としての公証人が介在し、紛争予防の役割を果たすことを強調し、そうした土壌が乏しい日本との違いを強調するものとなっている。今村与一は、さまざまな契約の成立やその効果を根拠づける「意思主義」が「日本の近代化のために移植された途端、裸の合意さえあれば、どんな財産でも動かせるといった誤解が生じた」ことを批判的に検討し、そうした「裸の意思」を過信することなく、それを一定の「形式」のなかで確認することによってはじめて当事者による自治が支えられる、と指摘している[29]。公証人の役割はそういうものであり、その存在は、権利義務関係の最終的確定が行われる「司法」の前提としての「前段の司法」における日本と西欧との対照性を際立たせるものであろう。

「第七章　在野法曹と非弁護士の間――オーストリア司法省文書にみる公的代理業」（上田理恵子）は、二〇世紀初頭オーストリア諸邦地域をとりあげ、この時期すでに法曹三者、公証人、法制官僚の質と量においてすでにヨーロッパにおける「後進地域」ではなかったにもかかわらず、この地域では多様な非法専門家が存在していたことを指摘する。本章では、このうちの一つ、「公的代理業」と称される人々を検討する。上田によれば、場合によっては「無資格者」「もぐり」とされ、あるいはその業務について取り締まりや制限を受けながらも、彼らが、人々の生活にかかわって官公庁に提出する税や兵役、営業にかかわる法的な事務処理についてさまざまな申請書を作成するということはなくならなかったとする。そして、政府が彼ら「代理業者」を「なくしきれなかった」ことを指摘するとともに、あるいは「地方の需要をふまえ、彼らがどうにか存続する余地を残していた」かもしれないとする。オーストリアのこの経験は、日本の一九三三年弁護士法制定過程において、司法省が非弁護士の業務を原則として容認しようとしたことと通底し、人々の日常の法的サービスの需要が、その内容と質において一定のグラデーションを持つとすれば、上田が指摘するように「『あいまい』な法律専門職についても、先進諸地域からの「遅れ」として断ずるのではなく、何度も問い直さねばならなくなってくる」のである。

最後に、「第八章　中国の法的サービス供給における基層法的サービス従事者の機能とその需要の背景――弁護士との比較から（一九八〇～二〇一七年）」（坂口一成）は、文化大革命期の反右派闘争（一九五七年）によりいったん弁護士制度が崩壊した後、改めて弁護士制度が再建されるなかで、人々の法的サービスの求めに誰が応えていたのかを分析する。一九七〇年頃から再建された中国の弁護士制度は、二〇一六年には三〇万人を超えるまで成長した。しかしながら、坂口によれば、弁護士のみが人々の法的サービス需要に応えてきたわけではない。つまり、弁護士制度再建と並行して一九八〇年代から「基層法的サービス従事者」と呼ばれる集団が存在し、庶民の法のアクセスや権利の実効性の確保という点では「町医者的存在」としての重要性を発揮してきたとされる。もちろんより高度な学識を擁する弁護士は増加の一途をたどりつつあり、また、法的サービスが質において多様であり、これまでサービス従事者たちが取り扱ってきた業務が、弁護士の行うサービスを「補充」し、いずれ弁護士によるサービス提供に「段階的に」置き換えられるものだという定式化がなされていることも事実である。その意味で本制度がこのまま安泰に継続するとは考えられていないようである。いずれにしても、弁護士と中国の基層法的サービス従事者の併存という姿は、本書の「前段の司法」の担い手の多様性という視点から興味深い経験を示してくれている。

以上、本書に収められた各章は、「前段の司法」とその担い手の「多様性」という視点でそれぞれの専門とする地域と時代の法的サービス需要充足のあり方を切り取った成果である。やはりそこには、そもそも「前段の司法」という局面で必要とされる法的サービスに応える担い手の資質とは何か、法的専門性がどの程度必要なのか、あるいは必要ではないのか、という点において、本書が意図したような共通性があるとともに、超えがたい差違があることも改めて実感された。また、「前段の司法」における紛争解決に向けた合意の調達や法的サービスへのアクセスという面で見られる共通性らしきものが確認できたが、それに対して、公証制度とその担い手に見られるように、権利義務関係の確定を軸とした「司法」の前段階として、そして紛争を予防するという面での「前段の司法」の機能に着目すると、日本と西欧との差違が逆に際立つものとなった。

本書は、各章担当者がそれぞれの専門とする時代と地域の紛争解決とその担い手の実相を明らかにすることを通じて、「前段の司法」とその担い手の多様性という視点にもとづく比較軸の構築を目指そうとした成果である。しかしながら、本書の各章を改めて概観してみると、新たな比較軸の構築という試みについては、問題意識のみが先行し、「模索」の域を超えられず、各章の示す豊富な史実を十分に受け止められるようなものになっていないことを痛感するばかりである。この点を改めて今後の課題としていきたいと考える。

［注］

（1）こうした「前段の司法」という問題領域の重要性を指摘するのは、石井三記「フランスにおける治安判事の誕生と勧解調停制度」川口由彦編著『調停の研究』勁草書房（二〇一二）、八二頁。なお、石井三記氏から、「前段の司法 infra-justice」について、B. Garnot, Histoire de la justice, France, 2009, p.697 が、裁判所の定める手続外で紛争を解決する手段、として説明している旨ご教示を得た。記して感謝する次第である。

（2）川口・前掲注（1）。

（3）石井・前掲注（1）八三頁。

（4）以下の勧解制度に関する叙述は、林真貴子「明治期日本・勧解制度にあらわれた紛争解決の特徴」川口・前掲（1）所収に依拠している。

（5）川口由彦「調停制度分析における法史学的視点」川口・前掲注（1）所収、三九頁。

（6）中野貞一郎訳『訴訟における時代思潮　フランツ・クライン　民事訴訟におけるローマ的要素とゲルマン的要素　ジウゼッペ・キヨヴェンダ』信山社（一九八九）中のクラインの演説部分、二四頁。なおクラインの同演説については本書第七章（上田理恵子）を参照。

（7）日本の統計については、『司法省第七民事統計年報』（一八八一年版）、フランスの数値については一八八一年版である*Compte général de l'administration de la justice civile et commerciale en France et en Algérie*, pendant l'année 1881, Paris, 1883 によった。滋賀県の代言人数が空値であるのは、京都地方裁判所大津支庁代言人として京都府内に参入されているからである。京阪滋地域は、大阪上等裁判所管轄であり、その下に、京都地方裁判所本庁、同大津支庁、彦根支庁、宮津支庁、大阪地方裁判所本庁、堺支庁がある。区裁判所については、京都地裁管轄の京都、宮津、大津、伏見、園部、彦根、福知山各区裁判所、そして大阪地裁管轄の中之島、天王寺、堺各区裁判所がある。一八八一年当時、京都、宮津、大津、彦根、堺各区裁判所は、民事勧解事務のみを扱い、それ以外の各区裁判所はそれぞれに定められた金額以下の民事事件と勧解を扱うものとされていた。

当時のフランスについては、商人から選ばれた非法専門家裁判官による商事裁判所（tribunaux de commerce）と経営者と労働者代表による労働審判所（conseils de prud'hommes）の特別裁判所が存在したが、表1、後掲の表2にはその事件数は含めていない。商業の中心であったリヨン市については、商事事件数が一八八一年には二万二〇〇〇件弱、一八九一年には一万五〇〇〇件弱存在した。労働審判所については、一八八一年、一八九一年ともに、調停を行う特殊部に約五〇〇〇件、特殊部で不調になって移送される判定部の事件は約一二〇〇～一四〇〇件あった。フランスのリヨン控訴院管轄区域は三つの県からなり、一六の始審裁判所を管轄していた。表1中、フランスの治安裁判所（justice de paix）民事第一審新受事件数は、後述する小勧解によって調停されず判決手続に廻った事件である。そのうえで、治安裁判所は、勧解＝調停手続を有することが大きな特徴である。その手続には、二種類あり、一つは、民事訴訟法第四八条に基づき、始審裁判所管轄の事件について裁判所へ係属される前に治安判事が調停勧試を行う大勧解（grande conciliation）である。もう一つは、治安裁判所管轄事件について調停前置主義（一八五五年五月二日法）に基づき行われる小勧解（petite consiliation）である。法廷内で調停に付される事件（affaires portées en conciliations à l'audience）と称される正式な召喚状に基づく大勧解は、一九世紀を通じて利用率が下がっていくとされる。これに対して治安判事の裁量により法廷外で当事者を呼び出し、簡便に行われてきた小勧解（affaires appelées en conciliations en dehors de l'audience）は、一八五五年法により勧解調停前置とされて以降、一八六〇～七〇年代に三五〇万件を数えるほどの利用率の高まりを見せる。以上石井・前掲注（1）七七―八一頁参照。上記制度については波多野敏・三阪佳弘「フランスの司法統計」『ヨーロッパの司法統計I――フランス・イギリス』東京大学社会科学研究所研究シリーズ三八（二〇一〇）二九―三〇頁も参照。

（8）石井・前掲注（1）八一、八四頁参照。

（9）以下勧解制度消滅の過程、勧解委員規則（案）をめぐる経緯については、林・前掲注（4）一七五―一八一頁に依拠している。

（10）日本については、『日本帝国司法省第十七民事統計年報　明治二十四年』、フランスについては*Compte général de l'administration* *de la justice civile et commerciale en France et en Algérie*, pendant l'année 1891, Paris, 1894.

(11) 橋本誠一『在野「法曹」と地域社会』法律文化社(二〇〇五)、とくに一六七頁以下「第二部　序日本弁護士史の再検討」を参照。

(12) 三阪佳弘「近代日本の地域社会と弁護士――一九〇〇年代の滋賀県域を題材として」法と政治六二―一号下(二〇一一)(以下三阪①)、同「明治末・大正期京滋地域における弁護士と非弁護士――続・近代日本の地域社会と弁護士」阪大法学六三―二(二〇一三)(以下三阪②)、同「明治前期民事判決原本にあらわれた代人――一八七七～九〇年の京滋阪地域の代人の事例」阪大法学六三―三＝四号(二〇一三)(以下三阪③)。

(13) 以下は、三阪①・前掲注(12)参照。

(14) 一九〇〇年前後滋賀県域には、地方裁判所本庁が大津、支部が彦根(一九〇三年まで裁判事務取扱)に、区裁判所が、大津、水口、八幡、彦根、長浜に設置されていた。

(15) 林真貴子「民事訴訟法制」山中永之佑編『新・日本近代法論』法律文化社(二〇〇二)。

(16) 一九〇〇年代からの京都・大津各地方裁判所検事局と連携した京都・大津各弁護士会による非弁護士対策は、一九〇五年に具体化された。第一に、会員が事務員を雇用する際には弁護士会の認可を受けることを義務づける「事務員認可制度」であり、第二に、弁護士会にとって悪質と考えられる非弁護士層(「モグリ」「三百」)をあらかじめ弁護士会が作製した名簿に指定し、そうした人物を事務所の事務員として訴訟事務に使用しない、あるいは訴訟の紹介を受けないこととする「特定名簿制度」である。弁護士との何らかの関係を持っている非弁護士層はこれによって把握されるが、これによっても把握されない「ソノ地方ニ於テハ紛議ノ仲裁或ハ訴訟ノ勧誘ヲ為ス等ア」る非弁護士層が存在することにも注意する必要がある。三阪②・前掲注(12)二九二頁以下参照。

(17) 三阪②・前掲注(12)参照、とくに三〇四頁以下参照。

(18) 橋本・前掲注(11)二四七頁以下参照。

(19) 三阪②・前掲注(12)三〇四頁以下参照。

(20) 橋本・前掲注(11)第一章参照。

(21) 吉田正志「明治初年のある代書・代言人の日誌――『出堺日誌・第三号』の紹介」服藤弘司先生傘寿記念論文集刊行会編『日本法制史論纂』創文社(二〇〇〇)四二六頁以下。

(22) この例外規定の運用に関する詳細な分析については、橋本誠一「明治前期における代理法の展開――弁護士史研究の一環として」静岡大学法政研究一一―三＝四(二〇〇七)を参照。代人に関する本章の叙述は、同論文に多くを依っている。また、橋本誠一「大審院法廷における代言人・代人――一八七五年～一八八〇年」静岡大学法政研究一四―三＝四号（二〇一〇）は、代言人と代人の併存状況について、一八七五～八〇年の大審院民事判決録の悉皆調査を行い、当該時期の大審院法廷においては、免許代言人でないものが代人（代理人）の肩書を利用して訴訟代理を引き受け、免許代理人と同様に法廷に立っていたとする。

(23) 以上橋本・前掲注（11）二三八頁。

(24) この時期の彦根地域の訴訟代理の実態については三阪佳弘「近代日本における『前段の司法』とその担い手――一八八〇年代滋賀県彦根地域の民事判決原本にあらわれた代言人と代人を素材として」中村浩爾・桐山孝信・山本健慈編『社会変革と社会科学――時代と対峙する思想と実践』昭和堂（二〇一七）を参照。

(25) 橋本・前掲注（22）（二〇一〇）が、大審院判決の悉皆調査で採った想定にならった。同七三頁以下参照。なお、明らかに「至親」等と思われる「代人」については三件以上受任していても対象から外した。

(26) 一八八〇年代（明治一〇年代）の業としての代人たちと一八九〇年代（明治二〇年代）以降の非弁護士層との人的系譜の連続性については、三阪②③・前掲注（12）参照。

(27) 矢野達雄・加藤高・紺谷浩司・居石正和・増田修「共同報告　裁判所所蔵文書から見た戦前司法の諸相――広島控訴印管内を中心に」法制史研究六〇（二〇一一）参照。なお、同共同研究の成果は、「広島修道大学『明治期と法と裁判』研究会」名で『修道法学』に順次発表されている。

(28) 橋本誠一「下田区裁判所の刑事司法手続――治罪法施行以前を中心に」同『明治初年の裁判――垂直的手続構造から水平的手続構造へ』晃洋書房（二〇一七）第五章、二九四―二九六頁参照。

(29) 今村与一『意思主義をめぐる法的思索』勁草書房（二〇一八）。引用部分は同書序章一頁。

第一章　近代日本における無資格者による法廷代理とその終焉

林　真貴子

はじめに

本章は、日本の近代法形成過程における法実務家・法専門家の二元体制とその終焉を明らかにしようとするものである。日本の法律家とくに弁護士についての歴史叙述は、大別すると、江戸時代の法実務家と明治以降のそれとを断絶したものとして描く断絶説と、前近代から近代明治以降の法実務家の連続性を描く連続説として整理できる。本章では、法実務家（legal practitioner）とは、多様な形で紛争や裁判に携わり、法実務の担い手となった人々をさすものとする。これに対して、法専門家（legal professional）という語は、西洋法学を学び、それを用いて法実務を行う者のみを含意するものとする。たとえば、江戸時代の公事宿主人は法実務家であっても法専門家ではない。明治期以降の代言人＝弁護士、裁判官等は法実務家であり、法専門家でもある、ということになる。

法実務家の歴史、とくに日本の弁護士史における断絶説とは、江戸時代にはのちの弁護士に通ずる職業に従事していた者はいなかったとして前近代についてはほとんど論じないか、または江戸時代の公事宿主人――奉行所の前で訴訟当事者相手の旅館を営みながら法的アドバイスを与えていたもの――に言及したとしても、明治以降の代言人＝弁護士と連続して論じうるようなものではなく、近代になって初めて弁護士は生まれたとする説と定義する。(1)これに対して連続説は、江戸時代の公事宿主人およびその手代番頭を務めることもあった公認の公事師が、現代の弁護士に相当する一定の法実務を担っており、その役割が明治維新後に変化したとする説とする。(2)先行研究では法実務家の定義として、前近代では幕府など権力によって公認されていたのか非公認であったのか、近代以降については法曹資格の有無を暗黙の前提として用いてきたように思われる。しかし、橋本誠一が無資格者による法実務の存在を明らかにしたことによって、(3)さらに、三阪佳弘が京滋地域について無資格者の法実務を具体的に検証したことによって、(4)法的役務の提供は法曹資格の有無にかかわらず行われてきたことが明らかになり、法実務家について視野を広げて考える必要性が出てきた。近代以降にも無資格者による法実務が、法廷での訴訟代理を含めて、有資格者による法実務と同様に行われていたことが明らかにされているのである。

こうして無資格者による法実務の実態は明らかにされつつあるけれども、無資格者がどのように法制度の中に位置づけられていたのか、とくに、このような無資格者による法実務がいつ頃どのように終焉したのかという検討は未だ十分には行われていない。(5)そこで本章では、資格の有無にかかわらず法実務とりわけ法廷代理を行っていた者が、法制度上ではどのように規定され、いかにして消滅していったのか、その終焉の過程を明らかにする。(6)紛争解決なるものが主として法専門家を介し判決手続によって裁判所で行われるものであるという観方を相対化するという本書のテーマに即して、本章は近代法継受過程における裁判所内外の紛争解決に携わる法実務家・法専門家の役割を解明し、もって法的需要のあり方を歴史的に問い直す一例となることを目指したい。

一　代言人・代人二元体制の成立

(1) 江戸時代末期からの連続性

江戸時代の法実務の担い手、すなわち政務処理を行い、「法」を解釈し執行する立場にいた人々として、評定所留役、奥右筆、町奉行所与力などを挙げることができる。[7] このような後世の法専門家と同様の役割を果たした人々のほかに、百姓など一般庶民が奉行所へ吟味等のために呼び出され、あるいは自ら公事訴訟を起こして奉行所へ赴き審理を受ける場合に、そうした当事者を助力する者が存在していた。[8] 訴え（「訴訟」）は名主の承認のもと、所定の手続に従い所定の役所に提起され、そこで審理され何らかの形で結論が出されていた。また、こうした通常の「訴訟」だけではなく、近世では最高権力者に直接訴える箱訴（目安箱への直訴の訴え）が広く制度化されていた。[9] 近世日本は訴訟が頻発した社会で、幕府・諸藩は別個に裁判権を有していたが、いずれも先例主義であり、さまざまな訴訟技術が発達したと考えられている。[10] こうした法実務はしかし、法典や法学の成立には全く向かわなかったが、権力に対する訴願、民事的訴訟の提起、行政訴訟類似の訴訟は広く行われており、訴訟当事者を支援し、その訴状が奉行所に受理されるように指揮した者たち（公事宿主人）の存在があった。公事宿主人・公事師たちが、地方から出てきた訴訟当事者たちに行っていた助言や代書とは、公事方御定書やそれまでの奉行所の慣例・手続を熟知したうえで、当事者に奉行所においていかに振る舞い、どのように答えるべきであるかを教え、奉行所が受け入れる形式で書類を作成することであった。[11] 近代以降の法専門家は、法を解釈し、また、その解釈を通じて新たな法創造に寄与しており、江戸時代の法実務家とは根本的に異なっている面もあるが、日本の近代西洋化以前にも一定の法実務があり、さらにはそうした知識・技能をもって当事者を支援していた者たちがいたのである。

近年では、このような公事宿主人・公事師たちの系譜に属すると思われる者たちが明治維新以後にどのような仕事をしていたのかについても、茎田佳寿子、[12]吉田正志、[13]増田修、[14]橋本誠一[15]の研究により大分明らかになってきた。貸金の取立てに東京から青森県七戸まで出かけた公事師の紀行文の研究や、代書人・代言人としての業務日誌を残した人物についての研究がなされたのである。こうした研究の進展により、初めて代書人、代言人の職掌が規定された一八七二（明治五）年司法職務定制（同年八月四日太政官無号達）以前における、法的役務の提供と訴訟とのかかわりとその江戸時代からの連続性、そして彼らが代人・代書人となっていったことなどが次第に明らかになってきた。[16]

(2) 代人についての規定

一八七二（明治五）年に司法職務定制[17]が初めて「証書人代書人代言人」の職制を定めた。代書人は「各區代書人ヲ置キ各人民ノ訴状ヲ編成シテ其ノ詞訟ノ遺漏無カラシム」（第四二条）とし、代言人については「各區代言人ヲ置キ自ラ訴フル能ハサル者ノ為ニ之ニ代リ其訴ノ事情ヲ陳述シテ冤枉無カラシム」（第四三条）として、代書や代言を依頼するかどうかは「本人ノ情願」（本人の自由）に任せること、代書人代言人は後日に「世話料」を請求できることが規定された。代書人や代言人と名乗る者は、訴状を作成するかまたは法廷で当事者の代わりに事情を正確に陳述して冤罪や枉法の裁きが起きないようにする者であるとされた。[18]しかし、代書人や代言人となる資格についての定めはなく、それらの開業についての制限はなかった。

一八七六（明治九）年代言人規則（二月二二日司法省甲第一号布達）第一条において、代言人となろうとする者はまず業務を行う予定の地の地方官の検査を受けるべきことが規定され、代言人はいわば資格試験を課されるようになる。[19]ところが、同代言人規則の冒頭の但書により、検査に合格していない者も、引き続き法廷で訴訟代理をすることが可能となったのであった。訴訟上の代人についての規制はすでに橋本誠一による詳細な研究[20]があり、本書第二章でも論じられているので、ここでは行論に必要な左の三つの資料を示し結論だけを述べておきたい。

[1]一八七六（明治九）年代言人規則　冒頭但書

「但四月一日以後代言人無之且本人疾病事故ニテ不得已場合ニハ其至親（父子兄弟又ハ叔姪）ノ内之ニ代ルヲ得ヘク若シ至親無之者ハ區戸長ノ證書ヲ以テ相當ノ代人ヲ出ス亦不苦」

[2]一八八〇（明治一三）年　改正代言人規則並ニ詞訟代人制限（五月一三日司法省甲第二号布達）

「明治九年甲第一号但書同甲第四號ヲ以テ詞訟代人ノ儀相達シ置候處今般代言人規則改正ニ付右代人ノ儀左ノ通可相心得此旨布達候事

詞訟代人ニ付原被告又ハ引合人等疾病事故アリ出頭シ難キ時又ハ免許代言人之ナキ歟又ハ已ムヲ得サルノ事情アリテ代言人ニ代言ヲ委託シ難キ場合ニ於テハ戸長又ハ區長ノ公證ヲ以テ親屬又ハ相當代人ヲ爲スヲ得然レトモ其代人タル者ハ一事件ヲ限リ受任スヘシ若シ二事件以上ヲ受任シ又ハ詞訟ヲ教唆シ私利ヲ營ム等ノ事アル時ハ裁判官ニ於テ直ニ其代人ヲ停止スヘシ」

[3]一八八四（明治一七）年一月二四日　太政官第一号布達（司法卿連署）

「明治十三年司法省甲第二号詞訟又ハ勧解ニ付代人ニ関スル布達左之通改正ス

詞訟又ハ勧解ニ付已ムヲ得ス代人ヲ出サントスル者ハ親屬又ハ相当ノ者ヲ撰ミ管轄裁判所ノ許可ヲ得ク可シ但シ代人タルモノ同時ニ二人以上ヨリ二件以上ヲ受任シ其ノ他不適當ノ所為アリト認ムル時ハ裁判所ニ於テ之ヲ差シ止ムルコトアル可シ」

代人とは一八七三（明治六）年代人規則により定められた代理人一般のことである。[21]代言人規則制定以後も引き続き親族や「相当の代人」が法廷で代理することが認められたために（資料①）、そうした「相当の代人」の中には代言人試験に合格していないが、江戸時代末期または明治初期から法実務を行っていた者が含まれていた。[22]明治九年の試験導入段階では、代言人の不足が懸念されたこともあり、その地域に代言人がいない場合には、本人出廷→親族による代理→代人による代理という順序により、代人による訴訟代理が認められていた。訴訟当事者本人には、代言人か親族による代人かまたは代人を依頼するかを自由に選ぶ権利はないのである。

ところが、明治一三年になると（資料②）、当事者が代人を選択することへの制限が弱まり、代人へ代理を委任することについての障壁が低くなった。しかし同時に、代人業に対する制限規定「一事件ヲ限リ受任スヘシ」が付された。さらに、もし代人が同時に二事件以上を受任したり、訴訟を教唆したりしたということがわかった場合には裁判所は当該代人を差し止めることができるとされ、裁判所の権限も強くなっている。続く明治一七年の代人に対する規則（資料③）は明治一三年（資料②）と同様の構造ではあるものの、さらに訴訟当事者が代人を選択しやすい制度設計になっている。何らかの事情があれば、親族または相当の者を代人として選任することが可能なのである。ただし、代人に対する規制はより明確になり、裁判所による差止の可能性も拡大している。要するところ、訴訟当事者が自らの意思で代言人を選ぶか代人を選ぶかは年を追うごとに自由になっていく半面、代人業への規制と裁判所が代人をコントロールする権限は強化されていったといえよう。

それでは、実際にどのぐらいの人数の代人が活動していたのであろうか。一八九〇（明治二三）年までの代言人の数は裁判官定員よりも少なく、[23]新聞報道や政府調査などによれば、代人の数は、資格を有する代言人のおよそ二倍から一〇倍、ときに二〇倍近い場合もあった。[24]たとえば、一八八三（明治一六）年の段階で栃木県下には一六人の代言人と約三〇〇人の代人が存在していたという。[25]三阪佳弘によれば、一八八〇年代に滋賀県域で「代人を業として営んでいる可能性の高い人物を、四六名確認することができた」[26]という。これは同時期に同地域で活動していた代言人一三名と比較すると三倍近い人数となる。[27]

（3）原則としての代言人制度と例外としての代人

次に、こうした代人を積極的に法体制の中に位置づけようとする議論はなかったのかを検討しよう。高知地方裁判所の判事をしていた鎌田影弼[28]が、民事代人規則を制定すべきことを進言したのに対して、箕作麟祥[29]、鶴田皓[30]らは拒絶していたようである。鎌田影弼は一八七九（明治一二）年八月に、明治九年代言人規則冒頭の但書（資料[1]）の代人についての規定を削除し、別に民事代人規則を制定し、訴訟代理を行う代人に対しても代言人規定を準用して、除斥事由を掲げるよう求めた。[31]

發第五十四號　明治十二年八月七日　執筆　起草委員　鎌田影弼

明治九年二月本省甲第一号布達但書ヲ削除セラレ更ニ民事代人規則ヲ設ラレ度意見書

明治九年二月御省甲第一号布達但書ニ照據シ當裁判所管内ニ於テ民事原告被告又ハ引合人タル者十ニ八九ハ他人ヲ以テ代人トシ戸長ノ証書ヲ要スルニ及ンテ戸長モ輙ク証書ヲ附與スル者ノ如シ蓋シ免許代言人アルモ之ニ依頼スルモノ多カラスシテ續々代人ノ出ル職トシテ之ニ由ルナルヘシ中ニ或ハ懲役一年以上實刑ノ刑ニ處セラレタルモノ又ハ身代限處分ヲ受シモノモ代人トナリテ訟庭ニ出ルニ至ル裁判官ニ於テ不當ノ代人ト認メルヿアルモ戸長ノ証書ヲ得タル以上ハ其代人ヲ差止ルノ権ナシ此ノ如ク代人其人ヲ得サルニ因リ弊害少カラス（面陳ニ非サレハ悉サヽルノ事情アリ）故ニ自今代人タル者ニ証書ヲ與フルノ式ヲ鄭重ニシテ代人タルヿヲ容易ナラセラシメ従来戸長ノ証書ヲ與フルモノ改テ郡區長ヨリ証書ヲ附與ス可キモノトシ（後略）（傍線は筆者）[32]

この史料には、訴訟当事者及び証人として出廷する者の大多数は、代人に代理を依頼しており、免許代言人がいたとしても免許代言人に依頼するものは多くなかったという裁判所判事の観方が示されている。そのうえで、容易に代人となることができないように、また不適切な代人が出廷している場合に戸長の証書があったとしても忌避できるように、除斥事由を策定することを求めたのである。この文書に続けて御布告案として三カ条からなる「民事代人規則」を示した。ここで注目すべき点は鎌田が当事者は代人を依頼する場合には「至親（父子兄弟叔姪）又ハ何人ニ限ラス」と規定し自由に選択できるようにした点である。[33]

しかし当該意見書には委員全員が不採用（否）の箇所に押印した。箕作がその理由として、明治九年甲第一号（資料1）の解釈を述べながら「代言人ヲ差出スハ原則ニシテ代人ヲ差出スハ例外タル可ク」とし、例外である代人についての規則を出すには及ばない旨を述べている。箕作は、代言人に代理を依頼することが原則なのであって、代人への依頼はあくまでも例外である、とする。代人は代言人よりも「権力ノ一層劣」る者であり、このような者には代言人の除斥事由は当然に適用されるのであって、改めて明文で規定する必要はないと述べる。ところが、箕作らは、訴訟当事者が代人を依頼するハードルを高くすると「人民ノ手数ヲ増シ時日ヲ遷延」することになるので、必要はないと考えたのである。このように代人については、その実人数の多さ・需要にもかかわらず、あくまでも例外であり、国家法の中に積極的に位置づけることをしない、いわばウラの制度であるという観方が示されている。

政府は、一八八〇（明治一三）年四月一三日付「代言人規則改正並詞訟代人制限」という司法省からの伺いに基づいて同年改正代言人規則を制定し、代言人に対する本格的な試験制度の導入と監督の強化とを行った。[34]司法省の伺いには、これまで代言人に対して「厳密ナル取締ノ方法」がなく、私利を図るものが多いので、検事による代言人の監督を規定し、さらに代言人相互に名誉を保ち品行を良くするように努めるために代言組合を設けて強制加入とし、代言組合のなかに「議会」を設けてその取り締まりを厳しくすれば、代言人の風習は漸次改良に向かうのではないかとの見解が示されていた。続けて代人のことにつき、次のように言及してその取り締まりを求めた。

…代言人各地方ニ相備ル迠實際上差支ノ生スヘキヲ慮リ詞訟上相當代人ヲ用ユルヲ許セシ処近来狡猾ノ徒名ヲ代人ニ藉リ代言人ニ紛ハシキ所業ヲ爲ス者之アル由ニ付今般代言人規則改正ト共ニ相當代人ノ方法ヲ改正シ更ニ一項ヲ増加シ若シ代人タル者代言営業ニ均キ事ヲ為シ其他不相當ト認ムルヿアル時ハ裁判官直チニ其代人タルヲ停止スルヿニ相定メ候…（傍線は筆者）[35]

この伺いからも、代人とは、代言人が各地方で実務を行うようになるまでの間、訴訟当事者の需要に応えるために、法廷での代理を許したものであることがわかる。さらに、狡猾なる者が代人の名のもとに、代言人に紛らわしい所業をしているので取り締まる必要がある、と述べている。親族やそれに類する人々の訴訟代理を認める一方、他方で、代人業が盛んにならないように企図したものである。代人は、親族や近隣の訴訟経験者等による訴訟代理や一〇ヶ月以上継続して雇用関係にある雇人による代理とともに、代人業者すなわち無資格者による法実務とが混然とした状態のまま、あくまでも代言人制度の「例外」（ウラ）として存在していた。司法省は、無資格でありながら弁護士に類似する実務を業として行っている点を問題視していたものの、むしろ親族や知人など素人による代人については政府・司法省も「公認」していたことが窺える。次節では、こうした無資格者による法廷での訴訟代理がいつからなくなったのかという点を検討する。

二　無資格者による法実務の位置づけ

(1)　一八八四（明治一七）年に始まる実際上の代人制限

前節でみてきたように、無資格者による訴訟代理は明治一三年から受任件数制限と裁判所による代人の差止めという形で行われた。明治一七年の代人に関する布達（資料3）もそれらを踏襲・強化していた。さらに、当時の新聞によると、明治一七年から大阪、京都の始審裁判所では代人に対する制限が始まったようである。[36] 代人に対する実際上の制限により、一八八四年二月一七日『朝日新聞』（大阪）は、大阪府下に存する千人の代人業営業者は困難になるだろうとの見通しを示している。さらに、翌一八八五（明治一八）年一月四日の『朝日新聞』（大阪）は、民事訴訟印紙規則の効用もあって、代人による訴訟に対する取り締まりが進んでいることを報じており、さらに、代言人許可願については大阪始審裁判所と中之島・天王寺の治安裁判所で厳格化されたと伝えている。[37] こうした傾向は三阪佳弘の京滋地域の代言人・代人についての研究によっても明らかにされており、「一八八五年を境に、代人による訴訟代理から、代言人による訴訟代理へと急速に移行」するという。[38]

(2)　民事訴訟法の施行と代人の制限

では、一八八四（明治一七）年の代人に関する太政官第一号布達（資料3）はいつまで効力があったのであろうか。同布達は、「同時ニ二人以上ヨリ二件以上」の受任はできないという制限があったとはいえ、無資格者による法廷での代理を認めるものであった。結論からいえば、ドイツ民事訴訟法を全面的に継受して成立した一八九〇（明治二三）年の民事訴訟法（法律第二九号）第六三条は、弁護士以外の者による訴訟代理を認めており、日本ではその

後も長く、無資格の代人による訴訟代理が認められていたのである。(39)

第六十三條　原告若クハ被告ハ自ラ訴訟ヲ爲ササルトキハ辯護士ヲ以テ訴訟代理人トシ之ヲ爲ス
辯護士ノ在ラサル場合ニ於テハ訴訟能力者タル親族若クハ雇人ヲ以テ訴訟代理人ト爲シ若シ此等ノ者ノ在ラサルトキハ他ノ訴訟能力者ヲ以テ訴訟代理人ト爲スコトヲ得
區裁判所ニ於テハ辯護士ノ在ルトキト雖モ訴訟能力者タル親族若クハ雇人ヲ以テ訴訟代理人ト爲スコトヲ得

同条第二項は、地方裁判所以上の法廷においても、弁護士がいない場合には訴訟能力者である親族または雇人が訴訟代理人となることができ、さらに、それらのいずれもいない場合には「他ノ訴訟能力者」が訴訟代理人となることができると規定している。また、同条第三項は、区裁判所においては、弁護士がいる場合であっても、親族または雇人は訴訟代理人となることができる、とする。近代日本では一八九一年の民事訴訟法施行後も、無資格者による法廷代理が継続するのである。同法施行以前と異なる点は、地方裁判所以上と区裁判所とにおける無資格者による訴訟代理の扱いを変えたことである。同条第二項のように、訴訟当事者に対して代理人を選ぶに際して制限をかける規制の仕方は、一八八〇（明治一三）年の詞訟代人制限（資料2）と同じであり、近代法施行後にも残存したといえよう。次項では、民事訴訟法第六三条がなぜこのような規定となったのかを検討しよう。

(3)　一八九〇（明治二三）年民事訴訟法制定過程での訴訟代理人規定の変遷

民事訴訟法の制定過程については鈴木正裕『近代民事訴訟法史・日本』有斐閣（二〇〇四）と松本博之『民事訴訟法の立法史と解釈学』信山社出版（二〇一五）で詳しく論じられているので、本項では民事訴訟編纂過程であらわれた代理人規定の変遷だけを追う。

①テッヒョー関連の諸草案

訴訟代理人の規定について、テッヒョー原案は代言人（弁護士）以外の代人を認める規定となっていた。『テヒヤウ氏訴訟規則修正原按』には第四章「訴訟代人及ヒ附添人」があり、「第一條　原被告及ヒ其法律上代人ハ自ラ爲シ又ハ代人ヲ以テ爲サシムルヲ得原被告ハ其代人ト共ニ裁判所ニ出廷シ又口頭ノ辨論又ハ辨護ヲ扶助スル爲メ附添人ヲ用フルヿヲ得」「第二條　本邦ノ代言人其他總ヘテ公権ヲ行フヿヲ得ル丁年男子ハ訴訟代人及ヒ附添人タルヿヲ得（第二項省略）」となっている。[40]この草案にはテッヒョー自身の趣意説明が付されており、フランス・ドイツその他の国々で導入されている弁護士強制（「代言必用ノ義務」）は批判されるべき点もあり、日本では導入できない事情――「學徳兼具ノ代言人」がなお少なく、地方によって学識を有する者さえいない状況――もあるので、第一条「訴訟本人及ヒ其法律上ノ代理者ハ自身或ハ代人ヲ以テ訴訟ヲナスヿヲ得」とした、という。[41]外国の訴訟法においても、訴訟能力ある者は皆、訴訟代人となり得ると規定するものや、「若干種」の人を訴訟代人に推薦する規定もあり、こうしたことは実際上の必要に応じて規定すべきである、という。テッヒョーは、弁護士強制を採用しているドイツ訴訟法でも、治安裁判所管轄事件ではそのようにはしていない。ただし、訴訟当事者が代言人ではない代人に委任する時は、裁判所が随意にその代人を容認しあるいは却下できるようにしておくべきである、という。[42]テッヒョーは、訴訟当事者の事情をよく知っていて親身になってくれる人物を代人とすることができるようにすべきであると考えていた。

テッヒョー原案の訴訟代理人についての規定はその後、訴訟規則取調委員の会議にて修正され、さらに、「附添人」が削除された。[43]訴訟規則取調委員によれば、『テヒヤウ氏訴訟規則修正原按』から『訴訟規則会議員修正案完』への変更――「第四章　訴訟代人及ヒ附添人」から「第四章　訴訟代人」とし、さらに第百条二項を付加したこと――の理由は、付添人の弊害をなくすことであり、「我邦在来代言人ニ非サル者附添人ト爲ルコトアリテ訴訟ノ結果ヲ妨ケ人民ノ権利ヲ害スル」ことが少なからずあったので、今、附添人を認めるとその弊害を再燃させてしまう恐れがあるので削除した、という。[44]続けて、「畢竟始審裁判所以上ノ訴訟ニハ必ス代言人ヲ用フルヲ至當トス是獨佛共ニ然ル所以ナリ然レトモ我邦今日代言人ノ員數ニ乏シ此規定ヲ爲スモ到底行ハレサルヘシ」[45]（傍線は筆者）と述べる。訴訟規則取調委員は、少なくとも地方裁判所以上においては弁護士強制が必要であるが、代言人の数が足りず、実行できないので、致し方なく訴訟代人をみとめる第二項を入れた、という。[46]だが、こうした弁護士強制を是とする訴訟規則取調委員の見解は、その後の法典編纂過程で否定されていくことになる。

②民事訴訟法編纂過程

民事訴訟法第六三条の代理人の規定について、弁護士強制を排して本人訴訟を認めることが決せられたのは、一八八八（明治二一）年一月二〇日の法律取調委員会においてであった。法律取調報告委員は上級審における弁護士強制導入を企図して条文を作成したが、同日の会議によって次に掲げる第六二条の「此法律ノ規定ニ従ヒ辯護士ニ依レル代理ヲ要セサル時ニ限リ」という文言が削除されたのである。なお、先行する裁判所構成法において代言人の職名を弁護士とすることが決まっており、民事訴訟法案も弁護士とするものの、議事録では代言人として議論されている場合が多い。

第四節　訴訟代理人及ヒ補佐人

第六十二條　此法律ノ規定ニ従ヒ辯護士ニ依レル代理ヲ要セサル時ニ限リ原告被告ハ自ラ争訟ヲ爲シ又ハ各訴訟能力者ヲ以テ訴訟代理人トシテ之ヲ爲ス事ヲ得[47]

報告委員[48]である小松斉治が弁護士強制に反対したのをうけて、南部甕男は「今日ノ代言人ト云フ者ニ依テ訴訟シナケレハナラ［ナ］ント云フノハ實ハ最モ束縛ノ主義カラ出タルモノ」であるとし、代言人の法学識についての疑念を示し、また代言人が不足していることを述べて、ある審級以上では必ず代言人を用いなければならないということでは甚だ不適当なのであって、「何ウカ代言人ヲ用ユルト否トハ人民ニ御任セニナッテ良シイ」とした。[49]これに反対した三好退蔵は、勧解、仲裁、民間の和解等で解決できなかった事件が訴訟になっているのであり、「訴訟ニナッタ以上ハ其専門トシテ訴訟代言ヲスル代言者ニ依テ権利ヲ主張スル」ことが必要であると述べ、控訴審以上は必ず代言人を用いなければならないように制限したいと述べる。さらに三好は、「貧民ノ為メニ自カラ其フ云フ費用ヲ要セスシテ訴訟ヲ爲サシムルカ事カ出来ル法律モ設ケラル」ると述べて、弁護士強制の場合には法律扶助に類するような制度が導入されるであろうことを示す。訴訟は一の専門技術なので、代言人に任せた方が代言料だけで済み、余計な費用が掛からない、という。三好は代言人訴訟と本人訴訟とでは弁論の要領が全く異なり、本人訴訟では不利益な申立てをしても一向に気づかないで負けることもあり、「代言人ノ方ガ本人ノ権利ヲ保護スル大ヒニ人民ノ利益ト思ヒマス」と述べ、口頭審理を原則とするならば代言人による訴訟が必要であるし、裁判所の手間も省ける、と主張する。

しかし、南部は控訴院以上の裁判所で必ず代言人を要するということの根拠がわからないと反論する。清岡公張もまた、本人訴訟を禁ずる「原料」には乏しいとし、「人ノ自由権利ヲ禁シテ仕舞ウ事ニナルト道理上カラ見テモ面白クナイ」という。さらに清岡は代言人を用いなければ訴訟ができないことになるとかえって「専売トナツテ世襲財産」のようになり、むしろ「書生等ガ訴訟シテ代人ガ何カデヤル方ガ便利又安クモアル」と述べて、弁護士強制に強く反対する。西は控訴院において本人が出てきてもわけがわからないときには代言人を頼むように勧めるが、「銭ガナイ」ということになると、「仕方ガナイ代言人ノ方へ相談シテ代言シテヤッテ呉レト言ヒ承諾ノ上無報酬デ

代言ヲ引受ケテ」させているのだ、という。(50)

法律取調報告委員の示した原案に従って、控訴審以上（少なくとも大審院で）は弁護士強制をすべきであると考えたのは三好退蔵、西成度、松岡康毅だけであった。それ以外の法律取調委員たちは、大審院における弁護士強制にも反対であった。原案が修正され、本人訴訟のみならず無資格者による訴訟代理をも認める趨勢になると、松岡は代人の制限をしなければならないと主張し、他の委員も「潜リ代言人」の弊害を気にはした。だが、一八八八（明治二一）年四月一三日に同条は次のように修正されたのである。

第六十二条　原告被告ハ自ラ争訟ヲ爲シ又ハ各訴訟能力者ヲ以テ訴訟代人トシテ之ヲ爲ス事ヲ得

（修正ノ理由）　總テ民事ノ訴訟ハ如何ナル程度ニアルヲ問ハス自ラ之ヲ爲シ又ハ之ヲ辯護士ニ依頼スルモ其本人ノ自由ニ任スヘキ事ニ議定相成タル所ノ主義ニ基キ辯護ニ依レル代理云々ヲ削除シタリ又訴訟代理人ノ理ノ一字ヲ削リシハ翻譯局ノ更正ニ係ル(51)

この文言から明らかなように、訴訟当事者は本人訴訟を行うかまたは「各訴訟能力者」に代理を委任することができる、と規定された。「修正ノ理由」からわかることは、弁護士強制主義を排したのみならず、この段階では弁護士とそれ以外の無資格者による訴訟代理とが均しく認められているということである。この点は再調査案の審議段階で、すなわち一八八八年一一月九日に大幅な修正が行われ、公布された民事訴訟法第六三条の条文が示された。

民事訴訟法再調査案（法律取調委員会の再調査）

第六十三条　原告被告ハ訴訟能力者ヲ以テ訴訟代理人ト為シ争訟ヲ為スヿヲ得

〈十一月九日議決〉

第六十三條

原告被告ハ自ラ訴訟ヲ爲シ又ハ辯護士ヲ以テ訴訟代理人トシ之ヲ爲ス

辯護士ノアラサル場合ニ於テハ訴訟能力者タル親族若クハ雇人ヲ以テ訴訟代理人ト爲シ若シ此等ノ者アラサルトキハ他ノ訴訟能力者ヲ以テ訴訟代理人ト爲スコトヲ得

區裁判所ニ於テハ辯護士ノアルトキト雖モ訴訟能力者タル親族若クハ雇人ヲ以テ訴訟代理人ト爲スコトヲ得(52)

この段階において、本人訴訟をしない場合の訴訟代理は弁護士に委任することが原則となったのである。しかし同時に、「弁護士ノアラサル場合」には訴訟能力者である親族か雇人を訴訟代理人とすることができ、さらに親族も雇人もいない場合には「他ノ訴訟能力者」を代理人とすることができた。第六三条はその後、元老院に提出され（元老院提出法案では第六四条(53)）、字句修正のみで通過した。一八八九年一二月九日に元老院で議定されたのち、法制局での審議は省略された。民事訴訟法第六三条については元老院通過案と公布された条文との間に全く差異はない。なお、民事訴訟法第一二七条からも弁護士以外の無資格者による訴訟代理を幅広く認めていることがわかる。(54)

こうして近代法典が施行された後にも、代人は「他ノ訴訟能力者」として法廷での訴訟代理を行うことができたのである。しかし訴訟当事者が代言人（弁護士）か代人かを自由に選択できない方式は、一八七六（明治九）年の資料①の規定と同様であり、一八八〇年以降にはみられなかった規定の仕方が蘇ったようにもみえる。

（4）民事訴訟法施行後における議論

民事訴訟法施行後においても第六三条をめぐっては種々の議論が存した。第六三条第三項をみると、区裁判所においては弁護士がいる場合であっても、親族若しくは雇人に訴訟代理を委任することができることになっている。この第二項と第三項との関係性に疑義が生じた。すなわち、区裁判所において、弁護士が存在している状況下で、親族や雇人には訴訟代理を委任できない場合に、「他の訴訟能力者」に訴訟代理を委任できるのであろうか、という点である。司法部内における法律研究の任意団体である法曹会[55]で議論が行われ決議が出されたので、それらの議論を確認したい。

まず法曹会は一八九二（明治二五）年七月の本会議において、明治一七年太政官第一号布達（3）が消滅していることを確認する決議を行っている[56]。これにより、同布達を用いて、訴訟の開始前に不適切な代人を差し止めることができなくなった。さらに、翌一八九三年には区裁判所における代人の扱いについて、議論となった。

訴訟代理人ノ件[57]　民事上區裁判所ニ於ケル訴訟代理人ハ弁護士ノアル場合ト雖モ本人ノ意旨ニ任スルヲ得ヘシトノコト（明治廿六年十月四日委員會決議）

區裁判所ニ於テハ辯護士ノ在ル時ト雖トモ訴訟能力者タル親族若クハ雇人ヲ以テ訴訟代理人ト爲スコトヲ得ルハ勿論ナルモ若シ是等ノ者ノ在ラサル場合ハ他ニ辯護士ノ在ルアルモ《（マヽ）》尚ホ他ノ訴訟能力者ヲ以テ訴訟代理人ト爲スコトヲ得ヘキヤ

この議案に対して甲説と乙説が示され、「訴訟能力者タル親族若クハ雇人ノ在ラサルトキハ辯護士ノ在ル時ト雖トモ尚ホ他ノ訴訟能力者ヲ以テ訴訟代理人ト爲スコトヲ得ヘシ」とした甲説に決せられた。その理由は、区裁判所に係属する事件は「些細ニシテ迅速ニ審理シ且ツ決落セシメンコトヲ目的」とするので、「法律ニ通暁シ訴訟ニ巧妙」である弁護士が存在していたとしても、親族もしくは雇人をして訴訟代理人とすることができるのはもちろんであり、もしこれらの人々がいなかったとしても、「他ノ訴訟能力者」に訴訟代理を委任することができるのは当然である、とする。甲説はさらに、「彼重大ナル事件ヲ審理スル地方裁判所」においてもなお、弁護士が存在しない場合には親族もしくは雇人に訴訟代理を委任できるのであって、迅速な審理と決着を目的とする些細な事件を扱う区裁判所において弁護士を代理人とすることを原則としたならば、当事者が大いに迷惑する、と述べる。これに対して乙説は、弁護士以外の訴訟代理を否定していた。乙説は「他ノ訴訟能力者」を訴訟代理人とすることに反対し、「他ノ訴訟能力者」を訴訟代理人とすると「濫訴ノ弊生シ大ニ社會ノ秩序ヲ害スル」ことになるので、第三項は「法律ハ此等ノ弊ヲ豫防センカ爲メニ他ノ訴訟能力者ヲ以テ訴訟代理人ト爲スコトヲ許サヽルモノ」となっていると主張した。だが決議は、甲説を採用し、「民訴第六十三條第三項ノ規定ハ同條第二項ノ規定ノ除外例ナルカ故辯護士ノアル場合ト雖モ本人ノ意旨ニ任スルコトヲ得」とした。ここからわかるように、一八九一年に民事訴訟法が施行された後にも、区裁判所では、弁護士が存在している場合であっても、親族・雇人がいなければ「他ノ訴訟能力者」を代理人として選択することができたのであった。これはすなわち、無資格の代人が、区裁判所を舞台に引き続き法廷での訴訟代理を継続できたことを意味する。

だが、この解釈は法曹会において直ちに批判され、一八九四（明治二七）年二月には否定されることになる。

訴訟代理人ノ件　區裁判所ニ於テモ辯護士在ルトキハ親族若クハ雇人ノ外他ノ訴訟能力者ヲ以テ訴訟代理人ト爲スヲ得ストノコト（明治廿七年二月十五日委員会決議）[58]

第一案第二案ニ對スル決議

區裁判所ニ於テモ辯護士在ルトキハ第六十三條第三項ノ明文ニ依リ親族若クハ雇人ノ外他ノ訴訟能力者ヲ以テ

訴訟代理人ト爲スヿヲ得ス

第一案第二案ともに結論は同様であるが、そこで述べられている理由を確認しよう。第一案（提案者石尾一郎助）[59]は、民訴法六三条一項は本人訴訟をしない場合には弁護士をもって訴訟するべきことを規定しており、「原則トシテ辯護士代理主義ヲ採用」しているとしたうえで、立法者は訴訟事件が区裁判所に係属した場合に、「一ノ例外ヲ設」けたのであり、同条第三項に「辯護士アルモ親族又ハ雇人ノミヲ以テ訴訟代理ヲ爲サシムルヲ得ル」と規定したのであり、「第一項第二項ノ規定ヲ適用シ親族雇人ナク辯護士アル場合ニ於テハ必ス辯護士ニ訴訟委任スヘキモノニシテ他ノ訴訟能力者ニ委任スルヲ得サルモノナリ」とする。第二案（提案者田中芳春）も、「抑モ民事訴訟法第六十三條ノ第三項ハ同條第二項ト共ニ同條第一項ノ除外例ニシテ決シテ該第三項ハ該第二項ノ除外例ニアラス」とし、「同條第三項ハ區裁判所ニ於テハ辯護士アルトキト雖トモ親族若クハ雇人ヲ以テ訴訟代理人ト爲スコトヲ得ト規定セルニ過キ」ず、それゆえ、「辯護士アル場合ニ於テ親族若クハ雇人ナキトキハ必ス同條第一項ノ原則ニ従ハサルヘカラス」と述べる。第二案は、第六三条第二項は弁護士がいない場合の「補充的救済」を与えるためのものであり、同第三項は「區裁判所ニ於テハ同條第一項ノ原則ニ對シ純然タル例外法ヲ示セリ是レ必竟區裁判所ノ事件ハ軽微ニシテ且迅速ノ審理ヲ要スルニヨリ特別ナル一ノ便宜法ヲ設ケタ」ものであるが、それはあくまで「親族若クハ雇人」が訴訟代理をなすことを許すに過ぎず、弁護士がいる場合にもなお「他ノ訴訟能力者」を訴訟代理人とすることを許すものではない、とした。続けて、本条の解釈は「所謂三百代言ヲ駆除シ以テ濫訴ノ弊ヲ防キ以テ民法實行ノ整粛ヲ謀ル目的」からすれば、弁護士がいる場合に「他ノ訴訟能力者」に訴訟代理人を依頼できると解釈することはできない、とした。こうして、区裁判所においては弁護士が存在する場合であっても、親族もしくは雇人に訴訟代理を委任することはできるが、弁護士がいる場合には「他ノ訴訟能力者」に依頼することはできないことが決議されたのである。

その後の二度にわたる民事訴訟法改正においても、第六三条に相当する規定は生き続けて現行法にも引き継がれ、簡易裁判所においては「弁護士ではない者」を訴訟代理人とすることができる、となっている。[60] 明治三六年草案に繋がる旧法典調査会案では、上告審における弁護士強制の導入を試みようとしたが、成功しなかった。旧法典調査会案の段階ではむしろ、区裁判所においては弁護士がいる場合であっても「他ノ訴訟能力者」に訴訟代理を認めることを明白に規定しようとしていた。[61] だが、成立した大正民事訴訟法第七九条は地方裁判所以上については本人訴訟が認められているものの、訴訟代理人は弁護士に限定したといえよう。かつての「他ノ訴訟能力者」は区裁判所の「許可を得て」代理人となれること、この許可はいつでも取消しうることが規定された。[62] 区裁判所については、無資格の代人が、なお引き続き出廷することができたと考えられる。ただし、無資格者は条文上は区裁判所が事物管轄を有する通常訴訟で訴訟代理をすることもできたが、督促手続や非訟事件手続などの代理が主であったのではないだろうか。いずれにしても、区裁判所を舞台に、かつての代人は「他ノ訴訟能力者」として、一九三〇（昭和五）年に大正民事訴訟法が施行された後は「弁護士ニ非サル者」として、訴訟代理を行っていたと考えられる。

おわりに

以上の検討から、区裁判所においては無資格者による訴訟代理が一九三三年弁護士法及び「法律事務取扱ノ取締ニ関スル法律」の施行まで続いたと考えるべきであろう。[63] 代言人制度が未だ十分に機能しておらず、代言人の数も非常に少なかった一八八〇年代において、無資格で法実務を行っていた代人は人数も多く、大審院での訴訟代理も含めて幅広く活躍し、明治民事訴訟法施行後も「他ノ訴訟能力者」として訴訟代理をすることもあった。区裁判所においては長く法廷での代理を務めていたと思われる。しかしながら、「他ノ訴訟能力者」という表現が象徴するように、あくまでも、例外または残余の存在であり、法実務家として積極的に国家法に位置づけられることはなかった。[64] こうしてみると代人は近代法継受の時期に、代言人＝弁護士を高尚なる専門家として成立させるために、[65] 現実の法的需要にこたえる必要から生まれた、ウラの制度であった。国家法におけるウラは、日常世界においてはオモテでもありうる。近代法継受期に、日常的な紛争解決・法実務を中心的に担っていたのは江戸時代以来の（新規参入などもあったであろうが）代人たちであり、代言人は西洋法学の導入に寄与する法専門家を目指すという二元体制であったと考えられよう。さらに近代法確立期には、区裁判所における訴訟手続や督促手続を支える、いわば「前段の司法」の担い手として存在し、日常的な紛争解決を下支えしていたといえよう。[66] こうした代言人（弁護士）・代人（他ノ訴訟能力者・弁護士ニ非サル者）の二元体制の終焉――法廷における――は、一九三〇年代になろう。

［注］

（1）奥平昌洪『日本弁護士史』厳南堂（一九七一［一九一四］）、大野正男『職業史としての弁護士及び弁護士団体の歴史（日弁連法務研究財団編）』日本評論社（二〇一三［一九七〇］）、ラビノヴィッツ、R.W.（後藤登訳）「日本弁護士の史的発達」自由と正義八―九（一九五七）六―一七頁。公事宿の行政組織の一部としての機能の側面に光を当てたものとして、吉田正志「仙台城下の御用宿」藤田覚編『近世法の再検討』山川出版社（二〇〇五）、のち吉田正志『仙台藩刑事法の研究』慈学社（二〇一二）所収、坂本忠久『近世都市社会の「訴訟」と行政』創文社（二〇〇七）など。

（2）瀧川政次郎『公事師・公事宿の研究』赤坂書院（一九八四）。Darryl E. Flaherty, *Public Law, Private Practice: Politics, Profit, and the Legal Profession in Nineteenth-Century Japan*, Harvard University Asia Center, 2013.

（3）橋本誠一『在野「法曹」と地域社会』法律文化社（二〇〇五）。

（4）三阪佳弘「近代日本の地域社会と弁護士――一九〇〇年代の滋賀県域を題材として」法と政治六二―一下（二〇一一）、三阪佳弘「明治末・大正期京滋地域における弁護士と非弁護士――続・近代日本の地域社会と弁護士」阪大法学六三―二（二〇一三）、三阪佳弘「明治前期民事判決原本にあらわれた代人――一八七七―一八九〇年の京滋阪地域の代人の事例」阪大法学六三―三＝四（二〇一三）八八一―九二一頁、三阪佳弘「近代日本における「前段の司法」とその担い手」中村浩爾・桐山孝信・山本健慈編『社会変革と社会科学』昭和堂（二〇一七）三一七―三三五頁。

(5) 橋本誠一「明治前期における代理法の展開――弁護士史研究の一環として」静岡大学法政研究一一―一＝四（二〇〇七）二〇五―三〇三頁は詳しい制度的検討をしている。

(6) 林真貴子「日本における法専門職の成立――職域の形成とその独占」鈴木秀光・高谷知佳・林真貴子・屋敷二郎編『法の流通』慈学社（二〇〇九）六五七頁注一二、一三で多少論じた。

(7) 本間修平「徳川幕府奥右筆の史的考察」服藤弘司・小山貞夫編『法と権力の史的考察（世良教授還暦記念・上）』創文社（一九七八）五三三―五六七頁、平松義郎『江戸の罪と罰』平凡社（二〇一〇［一九八八］）、神保文夫「幕府法曹と法の創造――江戸時代の法実務と実務法学」國學院大學日本文化研究所編『法文化のなかの創造性』創文社（二〇〇五）、高塩博『江戸幕府法の基礎的研究〈論考篇〉』汲古書院（二〇一七）八九―一二八頁。幕府、各藩によってその職名は異なるため一般化は困難であるが、大平祐一『目安箱の研究』創文社（二〇〇三）二一七―二八〇頁の田原藩の箱訴処理では、藩年寄が村奉行に吟味を命じており、直接の尋問は村奉行が行い、最終的に量刑を決める段階では村奉行が藩年寄に相談している。

(8) 服藤弘司『刑事法と民事法』創文社（一九八三）七〇九頁以下、服藤弘司「近世民事裁判と『公事師』」大竹秀男・服藤弘司編『幕藩制国家の法と支配』有斐閣（一九八四）三三二頁以下。近年では筆工（筆耕）と商家手代に注目した中舎林太郎『江戸時代庶民の法的知識・技術――飛騨国を中心に』日本評論社（二〇一一）などがあり、庶民の身近にいた法実務家の活動解明という問題意識は、近代ではたとえば中山弥保「司法代書人法制定沿革小史」慶應義塾大学大学院法学研究科論文集五四号（二〇一四）一三九―一九五頁にもみられる。こうした近世以来の法実務と法専門職化との位相を明らかにする理論的研究が俟たれる。江藤价泰『司法書士の社会的役割と未来――歴史と司法制度改革を通じて』日本評論社（二〇一四）など参照。

(9) 大平祐一「訴えの保障――近世訴状箱（目安箱）制度の研究序説」服藤弘司先生傘寿記念論文集刊行会編『日本法制史論纂――紛争処理と統治システム』創文社（二〇〇〇）一二九頁、のち大平祐一『目安箱の研究』創文社（二〇〇三）所収。箱訴において庄屋を訴えている村惣百姓側は、訴状作成者を秘匿し、「六拾六部（廻國巡礼）、旅僧、浪人等、その所在を確認できない者をあげて責任の追及をのがれ」（同書二四五頁）たとされており、こうした訴状作成等を行っていた者についても今後の研究の進展を期待する。

(10) 大平祐一『近世日本の訴訟と法』創文社（二〇一三）など。

(11) 茎田佳寿子『幕末日本の法意識』巌南堂書店（一九八七）の「村方出入と名主越訴一件」（一四九―二〇三頁）では、勘定奉行へ越訴する際に、公事宿の指導を隠して公事馴れたものではない様子を示しながら、当該公事宿の詰日に合わせるために、登庁がなく不可能となった駕籠訴から即座に欠込訴へと切り換えるなど、訴状受理の技術が示されている。その後は公事宿預けとなり、堂々と公事宿主人および下代（筆頭の宿代などを含め）の指揮を受けることができた（一七四―一七九頁）。高橋敏『江戸の訴訟』岩波書店（一九九七）には公事宿の役割が、高橋敏「大原幽学と江戸訴訟」歴史学研究会編『紛争と訴訟の文化史』青木書店（二〇〇〇）一六七―二〇〇頁には訴訟費用を抑えるために、「差添人を臨時の頼人で済ませ」ていたことなどが描かれている。安竹貴彦「大阪市立大学学術情報総合センター所蔵「評儀帳――大坂町奉行所関係文書（三 其之肆～柒）」法学雑誌五〇―四（二〇〇四）二五五―二六三頁には公事訴訟人の公事場での振舞いや付添い、代人の姿も垣間見える。

(12) 茎田佳寿子「公事宿から代言人へ」日本歴史四九一（一九八九）。茎田・前掲注（11）の名主越訴と同じ公事宿池田屋の明治二年から三年にかけての活動を紹介している。

(13) 吉田正志「明治初年のある代書・代言人の日誌――『出堺日誌・第三号』の紹介」服藤弘司先生傘寿記念論文集刊行会編『日本法制史論纂――紛争処理と統治システム』創文社（二〇〇〇）四二〇―五四四頁、吉田正志「明治三―四年のある民事訴訟と公事宿」吉田正志『公事宿・郷宿から代書人・代言人への転換過程に関する研究』科研報告書（二〇〇四）二一頁以下、吉田正志「史料紹介 明治三―四年のある民事訴訟と公事宿――「武蔵国秩父郡坂石村出入一件控」の概要」法史学研究会会報第一〇号（二〇〇五）一〇七―一一八頁。

(14) 増田修「明治初年のある公事師の貸金取立旅日記――上野和兵衛『陸奥紀行』（明治四年十月十四日～明治五年五月九日）の紹介」修道法学二六―二（二〇〇四）三一〇―三三七頁。

(15) 橋本誠一『明治初年の裁判――垂直的手続構造から水平的手続構造へ』晃洋書房（二〇一七）一三三―一九六頁。千葉裁判所を主要な舞台として代言業務を行っていた代言人鳥海秀七の業務日誌を紹介している。なお、国際日本研究センターのデータベースから鳥海秀七は代人になっていたことがわかる。

(16) 橋本・前掲注（15）一―九〇頁は、江戸時代から明治初期までの裁判を垂直的手続構造とし、近代以降の水平的手続構造と区別する。吉田正志『仙台藩刑事法の研究』慈学社（二〇一二）一一四―一一三頁。

(17) 福島正夫「司法職務定制の制定とその意義――江藤新平とブスケの功業」法学新報八三巻七―九号（一九七七）二五―五三頁、菊山正明『明治国家の形成と司法制度』御茶の水書房（一九九三）、蕪山嚴『司法官試補制度沿革――続明治前期の司法について』慈学社（二〇〇七）三三三―三六九頁、園尾隆司『民事訴訟・執行・破産の近現代史』弘文堂（二〇〇九）一一二頁、山口亮介「明治初期における「司法」の展開過程に関する一試論――ブスケ・江藤新平と司法職務定制」法政研究七七―三（二〇一〇）五〇一―五四〇頁など。

（18）当該期の代書人、代言人の裁判所における活動は、たとえば矢野達雄・加藤高・紺谷浩司「資料：自明治六（一八七三）年至同九（一八七六）年（聴訟記録）『裁判言渡及之ニ類スル書類綴』（民事第一九號）について――山口地方裁判所所蔵裁判史料より（一、二・完）」修道法学四〇巻一号、二号（二〇一七、二〇一八）などからもよくわかる。

（19）具体的な免許取得手続は、明治九年二月二二日司法省達第二五号達代言人規則中手続に定められている。地方官による検査は、明治一三年五月一三日司法省丙第八号達代言人取扱手続によって改められ、司法卿が試験問題を作成し、各地方裁判所の検事に下付し、検事が試験実施をすることとなった（第二条、第三条）。ここから本格的な資格試験が始まったとされる所以である。

（20）橋本・前掲注（5）二〇五―三〇三頁。

（21）明治六年六月一八日　第二一五号布告「人民一般商業及ヒ其他ノ事ニ因リ代人ヲ以テ契約取引等致シ候規則別紙ノ通被定候條此旨相達候事」。

（22）明治九年司法省甲第四号達により、至親の定義には一般人民の雇人で十ヶ月以上継続して雇われている者を含むとされた。

（23）林屋礼二・菅原郁夫・林真貴子編著『統計から見た明治期の民事裁判』信山社出版（二〇〇五）五三頁。

（24）橋本誠一「大審院法廷における代言人・代人――一八七五―一八八〇年」静岡大学法政研究一四巻三＝四号（二〇一〇）。我部政男編『明治十五年明治十六年地方巡察使復命書　上・下』三一書房（一九八〇―一九八一）上巻二六三、四五五、六六一頁、下巻九一三頁など。

（25）我部・前掲注（24）下巻一〇〇三頁。なお、我部・前掲書の上巻には代言人、代書人、代人についての報告が多数あり、それらは橋本・前掲注（3）二一三―二二〇頁に一覧表となっている。

（26）三阪・前掲注（4）「近代日本における「前段の司法」とその担い手」三三〇頁。

（27）三阪・前掲注（4）「近代日本における「前段の司法」とその担い手」三二九頁表6。

（28）鎌田影弼（一八四二―一八八八）。明治期の裁判官、佐賀県知事。大植四郎編『明治過去帳』東京美術（一九七一［一九三五］）二六二頁。

（29）箕作麟祥（一八四六―一八九七）。明治一〇年司法大書記官、一三年元老院議官、その後貴族院議員、行政裁判所長官。前掲注（28）『明治過去帳』五二七頁、宮地正人・佐藤能丸・櫻井良樹編『明治時代史大辞典　第三巻』吉川弘文館（二〇一三）五四二頁など。

（30）鶴田皓（一八三五―一八八八）。明治一〇年司法大書記官、同一二年元老院議官兼検事、一四年大審院検事長。前掲注（28）『明治過去帳』二五九頁、前掲注(29)『明治時代史大辞典 第二巻』七一八頁、藤田正・吉井蒼生夫・小澤隆司・林真貴子編『日本近現代法史（資料・年表）第二版』信山社出版（二〇一五）三九五頁など。

(31) 改正代言人規則第三条第一号は未成年者、第二号は身代限処分を受けて債務の弁済を終えていない者、第三号は盗罪詐欺罪で刑罰に処せられた者、第四号は国事犯を除いて懲役または禁錮一年以上の刑を受けた者（ただし翌年改正され、「国事犯を除く」の文言は削除）となっている。

(32)『修補課各委員意見書　第一巻二冊の内』（XB一〇〇S四―一A、法務図書館所蔵）。閲覧は国立国会図書館デジタルアーカイブに依った。本件には牟田口通照司法権大書記官の押印もある。

(33) 前掲注(32)『修補課各委員意見書　第一巻二冊の内』のなかの「民事代人規則」。

(34)『太政類典』第四編　明治十三年第五十三巻第六類訴訟・民事裁判所（審理一）。

(35) 同上。

(36) 一八八四（明治一七）年二月六日『朝日新聞』（大阪）では大阪始審裁判所において制限が始まることが示され、さらに、一八八四年二月一三日『朝日新聞』（大阪）では京都始審裁判所においても訴訟代人取り扱い方を改正し、本人出頭を促すこと、さらに代人の許可を厳格化（身代限処分後償還していない者、刑事事件で実刑を受けた者は不可）する方針であることが伝えられた。

(37) 一八八五（明治一八）年八月一九日『朝日新聞』（大阪）。

(38) 三阪・前掲注(4)「近代日本における「前段の司法」とその担い手」三二六―三二七頁。

(39) 後掲注(60)表2に示したように、代人は民事のみならず刑事訴訟法上でも認められ、現在の特別弁護人制度に繋がっていく。

(40)「テヒヤウ氏訴訟規則修正原按」松本博之・徳田和之編著『民事訴訟法［明治編］（一）テッヒョー草案Ⅰ 日本立法資料全書一九一』信山社出版（二〇〇八）一四一頁。

(41)「哲憑氏訴訟規則按説明書」松本博之・徳田和之編著『民事訴訟法［明治編］（三）テッヒョー草案Ⅲ 日本立法資料全書一九三』信山社出版（二〇〇八）三五頁。

(42) 同上、三六―三七頁。代人を認める理由について、「本草按ハ（既ニ述ヘシ如ク代言必用ノ義務ナルモノヲ設ケサル訴訟法等ヲ模範トシテ）……訴訟本人ニ許スニ代言人ヲ任用スルノ外又相對上親密ナルモノ或ハ其訴訟ニ於テ論明スヘキ事柄ニ付キ恰モ好ク訴訟本人ト互ニ業務上ノ結托アルモノヲ代人ニ依頼スルコトヲ以テセリ即チ他言ヲ以テ之ヲ云ヘハ其事實ヲ詳知明悉シ熱心以テ委托者ノ利益ヲ保庇スルノ好證アルモノハ訴訟代人トナルヲ得ヘシトセルモノナリ」とする。

(43)「訴訟規則会議員修正案 完」松本博之・徳田和之編著『民事訴訟法［明治編］（二）テッヒョー草案Ⅱ 日本立法資料全書一九二

信山社出版（二〇〇八）一四頁。なお、第九十九條と第百条については「訴訟規則会議員修正案 完」と「訴訟法草案 第一巻」との間にほとんど違いはなく、第九十九條の「自カラ」が「自ラ」となるのみである（七一頁）。訴訟規則取調委員については林真貴子「勧解制度消滅の経緯とその論理」阪大法学四六—一（一九九六）。

（44）「日本訴訟規則修正案説明」松本博之・徳田和之編著『民事訴訟法［明治編］（二）テッヒョー草案Ⅱ日本立法資料全書一九二』信山社出版（二〇〇八）二九五頁。無資格の法実務家は、原告または被告に本人訴訟を勧め、付添人として同行していたという。

（45）同上、二九六頁。

（46）同上、二九六頁。「此規則タルヤ原案前條ノ所謂附添人ト異ナレリ原案ノ附添人ハ辯論ヲ扶助シ訴訟手續ヲ指揮スルカ爲メニスト雖モ修正ノ代言人ハ専ラ辯論ヲ引受クルモノト爲シ而シテ其他ノ訴訟手續ハ一切之ニ關係セシメサルモノトス是代言人ハ訴訟ノ代言ヲ業トスルモノ……」とある。

（47）「民事訴訟法草按議案議事筆記第七回」法務大臣官房司法法制調査部監修『日本近代立法資料叢書二二』商事法務研究会（一九八五）一五一—一六八頁、松本博之・徳田和幸編著『民事訴訟法［明治二三年］（二）日本立法資料全集一九五』信山社出版（二〇一四）一七六—一九七頁。

（48）法律取調委員会（一八八六（明治一九）年八月六日—一八九一（明治二四）年五月五日）のメンバーは細川潤次郎、鶴田皓、清岡公張、渡正元、村田保、尾崎忠治、西成度、南部甕男、さらに箕作麟祥、三好退蔵、松岡康毅、一八八八年五月以降は鶴田皓に代わって槇村正直、尾崎三良、北畠治房が任命された。そして法律取調報告委員は小松斉治、三坂繁人、今村信行、本多康直、都築馨六、渡辺廉吉である。鈴木正裕『近代日本民事訴訟法史・日本』有斐閣（二〇〇四）一一七—一四〇頁、鈴木正裕『近代民事訴訟法史・日本2』有斐閣（二〇〇六）参照。

（49）前掲注（47）『日本近代立法資料叢書二二』一五一—一五二頁、『日本立法資料全集一九五』一七七—一七八頁。

（50）本多康直もまた、「代言人ニ依ラナケレハナラント定メレハ法律ニ依テ［代言人に対して］無報酬デ命スル事ニナリマスカラ自カラ原告被告貧窮人モ権利ヲ得ラルヽヨウニナル」が、「法律ニ依テ誰モ勝手ニトナルト」代言人に依頼しなくてもよくなるので、かえって人民の権利伸長にはよくない、という（前掲注（47）『日本立法資料全集一九五』一八二頁）。

（51）「民事訴訟法草案議案第六号更正」松本博之・徳田和幸編著『民事訴訟法［明治二三年］（一）日本立法資料全集一九四』信山社出版（二〇一四）一八一—一八二頁。

（52）松本博之・徳田和幸編著『民事訴訟法［明治二三年］（四）日本立法資料全集一九七』信山社出版（二〇一五）一一—一二頁。

（53）松本博之・徳田和幸編著『民事訴訟法［明治二三年］（五）日本立法資料全集一九八』信山社出版（二〇一五）一三、一一四—

一一五頁。

（54）第一二七条の条文については表1及び注（60）の表2を参照されたい。

表1　明治民事訴訟法草案における訴訟代人規定の変遷

民事訴訟法草案名	訴訟代人の規定	訴訟代人退廷命令の規定	備考（出典等）
『哲憑氏訴訟規則翻訳原案修正　完』	第二篇第四章　訴訟代人及附添人 第一條　原被告及ヒ其法律上代人ハ自ラ又ハ代人ヲ以テ訴訟ヲナスコトヲ得原被告ハ亦其代人ト共ニ裁判所ニ出廷シ并ニ口頭上権利伸張又ハ辯護ニ關シ保助ヲ受ル爲メ附添人ヲ用フルコトヲ得 第二條　内國ノ代言人其他公権ヲ有スル丁年ノ内國各人ハ訴訟代人及附添人タルコトヲ許サルヘキモノトス 外国ノ代言人ハ國際條約ヲ以テ相互ヲ保證シタルトキ又ハ司法大臣ヨリ日本裁判所ニ出廷スルコトヲ認可シタルトキニ限リ許サルヽモノトス	第四編第一章第三節　口頭上審問 第十五條　裁判所ハ適當ノ供述ヲ爲スノ能力ナキ原被告ニ對シ以後ノ供述ヲ差止メ更ニ期日ヲ定メ代言人ヲシテ代理セシメ又ハ代言人ノ附添ヲ以テ出廷セシムルコトヲ得ルモノトス其原被告期日ニ至テ此命令ニ背キ代言人ノ附添ナクシテ自身ニ出廷シ其供述不適當ナルカ爲ニ再度發玄ヲ差○出ス（○止ム）ヘキ時ハ申立ニ依リ自己ニ退廷シタリシト同一ニ處置ス可シ 代言人ニ非ラサル訴訟代人及ヒ附添人其職務ヲ盡ス能力ヲ有セサル時又ハ他人ノ訴訟ヲ擔當スルヲ職業ト爲ス時ハ之ヲ退廷セシムルコトヲ得此場合ニ於テ原被告本人在廷セサル時ハ更ニ裁判期日ヲ定メ其期日ニ原被告ヲ呼出ス際退廷決議書ヲ之ニ送達ス可キモノトス又原被告本人ヲ更ニ呼出ス可キモノトス又原被告本人ヲ更ニ呼出ス場合ニ於テハ代言人ニ非ラサル訴訟代人○呼（○及）ヒ附添人ヲ許サヽルコトヲ通告スルヲ得	法務図書館 XB500T1–5 http://dl.ndl.go.jp/info:ndljp/pid/1367752 前掲注（40）二九〇頁以下。
『テヒャウ氏訴訟規則修正原按　完』	第二篇第四章　訴訟代人及ヒ附添人 第一條　原被告及ヒ其法律上代人ハ自ラ訴訟ヲ為シ又ハ代人ヲ以テ爲サシムルヲ得原被告ハ其代人ト共ニ裁判所ニ出廷シ又口頭ノ辨論又ハ辨護ヲ扶助スル爲メ附添人ヲ用フルヿヲ得 第二條　本邦ノ代言人其他總ヘテ公権ヲ行フヿヲ得ル丁年男子ハ訴訟代人及ヒ附添人タルヿヲ得 外國ノ代言人ニハ其國ト本邦トノ條約ニ因リ互ニ同等ノ取分ヲ約シアル時又ハ司法卿ヨリ日本裁判所ニ出庭スルヲ認可シタル時ニ限リ之ヲ允ルス	第四篇第一章第三節　口頭對審 第十五條　裁判所ハ適当ノ陳述ヲナス能ハサル原被告ニ対シ其陳述ヲ差止メ更ニ期日ヲ定メ代言人ヲシテ代辨セシメ又ハ其附添人トシテ出庭セシムルコトヲ得期日ニ至テ此命令ニ背キ附添人ナクシテ出廷シ其陳述不適当ナルカ為ニ再度陳述ヲ差止ルコトアル時ハ一方ノ申立ニ依リ自己ニ退廷ヲ請求シタルモノト看做スコトヲ得 代言人ニ非サル訴訟代人及ヒ附添人其職務ヲ尽ノ能力ヲ有セサル時又ハ職業ト同シク常ニ之ヲ為ス時ハ之ヲ退廷セシ○メ（○ム）其職務ノ執行ヲ止ルコトヲ得此場合ニ於テ原被告本人自己ニ在廷セサルトキハ更ニ期日ヲ定テ原被告ヲ呼出シ其呼出状送達ノ時退廷ノ決議ヲモ併テ之ニ送達スヘシ又原被告本人ヲ呼出シタル場合ニ於テハ再度代言人ニアラサル訴訟代人及ヒ附添人ヲ用ルコトヲ禁スルヲ得 前項ノ規則ニ従ヒ発シタル命令ニ対シ上訴ヲ為スヲ許サス	法務図書館 XB500T1–7 http://dl.ndl.go.jp/info:ndljp/pid/1367747 本条文に関しては『テヒャウ氏訴訟規則修正原案　第一巻』『テヒャウ氏訴訟規則修正原案　第二巻』も同じ。 前掲注（40）一四一頁以下。

民事訴訟法草案名	訴訟代人の規定	訴訟代人退廷命令の規定	備考（出典等）
『訴訟法規則修正案 完』文中標題は「テヒヤウ氏訴訟規則修正原案 完」	第○六十六（○二十八）條 訴訟本人及其法律上ノ代人ハ民法ノ規則ニ牴触セサル限リハ訴訟代人ヲ差出シ若クハ附添人ト共ニ出廷スルヿヲ得 公権ヲ具有スル丁年男子ハ訴訟代人及ヒ附添人アルヿヲ得但代言人ニアラサル訴訟代人及附添人ハ其給料ニ就キ裁判所ニ訟求スルヿヲ得ス	八月二十五日午後会議 中村宮城出席 第三十一條 裁判所ハ分明ニ陳述ヲ爲スヿ能ハサル原被告ニ對シ陳述ヲ差止メ更ニ期日ヲ定メ代言人ヲシテ代辯セシメ又ハ附添人トシテ出廷セシムルヿヲ命スルヲ得若シ其期日ニ至リ代言人又ハ附添人ナクシテ出廷シ其陳述不分明○瞭（○ナ）ルカ爲ニ再度陳述ヲ差止メルヿアル時ハ對手人ノ請求ニ因リ自カラ退廷シタルト看做スヿヲ得 訴訟代人又ハ附添人其任ニ堪ヘサル時又ハ訴訟代人附添人ヲ職業ノ如ク爲ス者アル時ハ之ヲ退廷セシメ且訴訟ニ従事スルヿヲ止ムルヲ得此ノ場合ニ於テ原被告本人在廷セサル時ハ更ニ期日ヲ定メ呼出状ヲ発ス可シ其呼出状ニハ代人ヲ退廷セシメタル決議書ヲ添テ送達ス可シ又本人ヲ呼出シタル場合ニ於テ再度代言人ニアラサル訴訟代人及ヒ附添人ヲ用フルヿヲ禁スルヲ得 本條ノ規則ニ基キ發シタル命令ニ對シテハ故障ヲ許サス	法務図書館 XB500S6-1 一八八五年八月一〇日付 http://dl.ndl.go.jp/info:ndljp/pid/1367746
『訴訟規則會議員修正案 完』	第四章 訴訟代人 第九十九條 原被告及ヒ其法律上ノ代人ハ自カラ訴訟ヲ爲シ又ハ代人ヲ以テ訴訟ヲ爲シ又ハ其代人ト共ニ出廷スルコトヲ得 第百條 代言人ハ訴訟代人ト爲ルコトヲ得又本人又ハ訴訟代人ト共ニ出廷シテ辨論若クハ辨護ヲ爲スコトヲ得 代言人ニアラサル者ト雖モ訴訟ヲ受クヘキ裁判所ノ允許ヲ得ルニ於テハ其事件ニ限リ訴訟代人ト爲ルコトヲ得但其謝金ニ付テハ裁判所ニ訟求スルコトヲ得ス	第二百七十二條 原被告本人相當ノ陳述ヲ爲シ能ハサル者ナル時ハ裁判所ハ其者ノ陳述ヲ停止シ更ニ期日ヲ定メ代言人ヲシテ代辯セシメ又ハ訴訟代人ヲ差出ス可キコトヲ命スルヲ得但此命令ニ従ハサル者ハ對手人ノ請願ニ因リ自ラ退廷シタル者ト看做スコトヲ得 代言人ニ非サル訴訟代人其任ニ適セサル時又ハ代理ヲ生業トスル者ナル時ハ裁判所ハ之ニ退廷ヲ命シ更ニ期日ヲ定メ呼出状及ヒ退廷ノ決議書ヲ本人ニ送達ス可シ此ノ場合ニ於テハ再度代言人ニ非サル他ノ代人ヲ用ユルコトヲ禁スルヲ得 本條ノ命令ニ對シテハ抗告ヲ許サス	法務図書館 XB500S8-1 http://dl.ndl.go.jp/info:ndljp/pid/1367769
『訴訟法草案 第一巻』	第四章 訴訟代人 第九十九條 原被告及ヒ其法律上ノ代人ハ自ラ訴訟ヲ爲シ又ハ代人ヲ以テ訴訟ヲ爲シ又ハ其代人ト共ニ出廷スルコトヲ得 第百條 代言人ハ訴訟代人ト爲ルコトヲ得又本人又ハ訴訟代人ト共ニ出廷シテ辨論若クハ辨護ヲ爲スコトヲ得 代言人ニアラサル者ト雖モ訴訟ヲ受クヘキ裁判所ノ允許ヲ得ルニ於テハ其事件ニ限リ訴訟代人ト爲ルコトヲ得但其謝金ニ付テハ裁判所ニ訟求スルコトヲ得ス		法務図書館 XB500S9-1 http://dl.ndl.go.jp/info:ndljp/pid/1367767 本草案は第二一九条まで採録されている。

『訴訟法草案完』（テッヒョー草案）	第八十五条　原被告及ヒ其法律上代人ハ自ラ訴訟ヲ爲シ又ハ代人ヲ以テ訴訟ヲ爲シ又ハ其代人ト共ニ出廷スルコトヲ得 第八十六條　代言人ハ訴訟代人トナルコトヲ得又本人若クハ訴訟代人ト共ニ出廷シテ辯論ヲ爲スコトヲ得 代言人ニ非サル者ト雖モ豫メ訴訟ヲ受ク可キ裁判所ノ允許ヲ得ルニ於テハ其事件ニ限リ訴訟代人ト爲ルコトヲ得 但其手數料ニ付テハ裁判所ニ訟求スルコトヲ許サス 共同訴訟人中ノ一人若クハ數人ハ裁判所ノ允許ヲ受ケスト雖モ總員ノ爲メ訴訟代人ト爲ルコトヲ得	第二百五十條　原被告本人相當ノ陳述ヲ爲ス能ハサル時ハ裁判所ハ其陳述ヲ停止シ更ニ期日ヲ定メ代言人ヲシテ代辯セシメ又ハ訴訟代人ヲ差出ス可キコトヲ命スルヲ得 但此命令ニ従ハサル者ハ對手人ノ申立ニ因リ自ラ退廷シタル者ト看做スコトヲ得 代言人ニ非サル訴訟代人其任ニ適セサル時又ハ訴訟代理ヲ生業トスル者ナル時ハ裁判所ハ之ニ退廷ヲ命シ更ニ期日ヲ定メ呼出状及ヒ退廷ノ決議書ヲ本人ニ送達ス可シ 此場合ニ於テハ再度代言人ニ非サル他ノ代人ヲ用フルコトヲ禁スルヲ得 本條ノ命令ニ對シテハ抗告ヲ許サス	法務図書館 XB500S13-1 http://dl.ndl.go.jp/info:ndljp/pid/1367771　なお本箇所については XB500S2-1 も同じ。
『民事訴訟法草案議案』民事訴訟法草案議案第六号更正／第十号	第六十二條　原告被告ハ自ラ争訟ヲ爲シ又ハ各訴訟能力者ヲ以テ訴訟代人トシテ之ヲ爲ス事ヲ得 （修正ノ理由）総テ民事ノ訴訟ハ如何ナル程度ニアルヲ問ハス自ラ之ヲ為シ又ハ之ヲ辯護士ニ依頼スルモ其本人ノ自由ニ任スヘキ事ニ議定相成タル所ノ主義ニ基キ辯護ニ依レル代理云々ヲ削除シタリ又訴訟代理人ノ理ノ一字ヲ削リシハ翻譯局ノ更正ニ係ル	第百二十五條　裁判所ハ適當ノ演述ヲ爲ス能力ノ缺ケタル原告若クハ被告又ハ訴訟代人若クハ輔佐人ニ其後ノ演述ヲ禁シ且新期日ヲ定メ辯護士ヲシテ代テ演述セシムヘキヿヲ命スヘシ 裁判所ハ裁判所ニ於テ辯論ヲ業トスル訴訟代人若クハ輔佐人ヲ退クルヿヲ得此場合ニ於テハ新期日ヲ定メ且斥退ノ決定ヲ原告若クハ被告ニ送達スルヿヲ要ス 本条ノ規定ニ従ヒ爲シタル命ニ對シテ不服ヲ申立ツルヿヲ得ス	法務図書館 XB500M2-2 http://dl.ndl.go.jp/info:ndljp/pid/1367795
民事訴訟法再調査案（法律取調委員会の再調査）	第六十三條　原告被告ハ自ラ訴訟ヲ爲シ又ハ辯護士ヲ以テ訴訟代理人トシ之ヲ爲ス 辯護士ノアラサル場合ニ於テハ訴訟能力者タル親族若クハ雇人ヲ以テ訴訟代理人ト爲シ若シ此等ノ者ノアラサル𪜈ハ他ノ訴訟能力者ヲ以テ訴訟代理人ト爲スヿヲ得 區裁判所ニ於テハ辯護士ノアル𪜈ト雖モ訴訟能力者タル親族若クハ雇人ヲ以テ訴訟代理人ト爲スヿヲ得	第百二十七條　裁判所ハ相當ノ演述術ヲ爲ス能力ノ缺ケタル原告若クハ被告又ハ訴訟代人若クハ輔佐人ニ其後ノ演述ヲ禁シ且新期日ヲ定メ辯護士ヲシテ演述セシム可キヿヲ命ス可シ 裁判所ハ裁判所ニ於テ辯論ヲ業トスル訴訟代理人若クハ輔佐人ヲ退斥セシムルコトヲ得此場合ニ於テハ新期日ヲ定メ且退斥ノ決定ヲ原告若クハ被告ニ送達ス可シ 本条ノ規定ニ從ヒ爲シタル命ニ對シテハ不服ヲ申立ツルヿヲ得ス 辯護士ニハ本條ノ規定ヲ適用セス	法務図書館 XB500M7-1 http://dl.ndl.go.jp/info:ndljp/pid/1367803　一八八八年九月七日
民事訴訟法（第二版）（元老院提出案）	第六十四條　原告若クハ被告ハ自ラ訴訟ヲ爲シ又ハ辯護士ヲ以テ訴訟代理人トシ之ヲ爲ス 辯護士ノ在ラサル場合ニ於テハ訴訟能力者タル親族若クハ雇人ヲ以テ訴訟代理人ト爲シ若シ此等ノ者ノ在ラサルトキハ他ノ訴訟能力者ヲ以テ訴訟代理人ト爲スコトヲ得 區裁判所ニ於テハ辯護士ノ在ルトキト雖モ訴訟能力者タル親族若クハ雇人ヲ以テ訴訟代理人ト爲スコトヲ得	第百二十七條　裁判所ハ相當ノ演術ヲ爲ス能力ノ缺ケタル原告若クハ被告又ハ訴訟代理人若クハ補佐人ニ其後ノ演述ヲ禁シ且新期日ヲ定メ辯護士ヲシテ演述セシム可キヿヲ命ス可シ　裁判所ハ裁判所ニ於テ辯論ヲ業トスル訴訟代理人若クハ補佐人ヲ退斥セシムルコトヲ得此場合ニ於テハ新期日ヲ定メ且退斥ノ決定ヲ原告若クハ被告ニ送達ス可シ　本条ノ規定ニ從ヒ爲シタル命ニ対シテ不服ヲ申立ツルヿヲ得ス　辯護士ニハ本條ノ規定ヲ適用セス	前掲注（53）。

民事訴訟法草案名	訴訟代人の規定	訴訟代人退廷命令の規定	備考（出典等）
民事訴訟法（第三版）（元老院通過案）	第六十三條　原告若クハ被告ハ自ラ訴訟ヲ爲ササルトキハ辯護士ヲ以テ訴訟代理人トシ之ヲ爲ス　辯護士ノ在ラサル場合ニ於テハ訴訟能力者タル親族若クハ雇人ヲ以テ訴訟代理人ト爲シ若シ此等ノ者ノ在ラサルトキハ他ノ訴訟能力者ヲ以テ訴訟代理人ト爲スコトヲ得　區裁判所ニ於テハ辯護士ノ在ルトキト雖モ訴訟能力者タル親族若クハ雇人ヲ以テ訴訟代理人ト爲スコトヲ得	第百二十七條　裁判所ハ相當ノ演術ヲ爲ス能力ノ缺ケタル原告若クハ被告又ハ訴訟代理人若クハ補佐人ニ其後ノ演述ヲ禁シ且新期日ヲ定メ辯護士ヲシテ演述セシム可キコトヲ命ス可シ　裁判所ハ裁判所ニ於テ辯論ヲ業トスル訴訟代理人若クハ補佐人ヲ退斥セシムルコトヲ得此場合ニ於テハ新期日ヲ定メ且退斥ノ決定ヲ原告若クハ被告ニ送達ス可シ　本条ノ規定ニ従ヒ爲シタル命ニ対シテ不服ヲ申立ツルコトヲ得ス　辯護士ニハ本條ノ規定ヲ適用セス	『民事訴訟法草案』（XB500M8-1）http://dl.ndl.go.jp/info:ndljp/pid/1367805

注記：表1はできるだけ原資料に忠実に筆写し、表2は当用漢字に改め項番号を付した。

（55）法曹会は一八九一（明治二四）年七月九日、当時の大審院長児島惟謙が松岡康毅検事総長にはかり、「大審院および東京控訴院の判事および検事、東京地方裁判所の所長、部長および検事正、ならびに司法省民事、刑事各局長の参集を求め、法律研究団体」として創立したものである（『法曹會史』法曹会（一九六九）四頁）。近代法典編纂がひと段落し、近代国家への歩みを確固たるものとした段階で、司法部内の意見をまとめるとともに、法典の「正当ノ解釈」をしたいと考えて作られた任意団体であるが、歴代会長を大審院長経験者が務めており、さらに、全国の裁判所職員に入会勧誘をしていることからも明らかなように、司法部内における法律問題についての解釈の統一と意見集約に機能した団体といえよう。発足当時の会員数は「三六五八人（うち、高等官一五〇〇人、判任官二一〇〇人と推定されている）」で、会の中心的事業である雑誌編集に着手したところ、講読申出に対する許否についての紹介が殺到し、「幹事会で、警察官、代書人、公証人、執達吏等に対する有料頒布をみとめることに」したので、『法曹記事』の合計印刷部数は六千部に達したといわれている（同書一六頁）。任意団体とはいえ、その構成員から同会の決議は重要な意味と実効性とを持っていたことは明らかであり、「大審院判例と並ぶ権威あるもの」（同書二一頁）とされた。

（56）『法曹記事』第一〇号明治二五年九月三〇日（一八九二）の「本會ノ決議　訴訟代理人ノ件」において、「民事訴訟法實施ニ付テハ明治十七年太政官第一號布達ハ消滅セシトノ〻（明治廿五年七月六日委員會決議）」となった。これは、「民事訴訟法制定以前ニ在テハ訴訟代理人ニ種々ナル弊害アリシニヨリ之カ制限スルノ法モ亦必要ニシテ裁判所ハ其代理トナル者ノ性質如何ニ依テ之ヲ許否シタル〻ナリシカ今ヤ訴訟法ヲ實施シ其手續完全ナルノミナラス一方ニハ代言人ノ資格モ亦全備シタルニヨリ當事者ハ民事訴訟法第六十三條ノ區別ニ從ヒ隨意ニ代理ヲ以テ為ス事ヲ得ヘキ者ニシテ裁判所ハ同法第百二十七條ノ制裁ニ基ク處分ヲ為スノ外代理人ヲ許否スル權ナキ者ト信ス然ルニ或論者ハ曰ク訴訟法上ニ在テハ素ヨリ其手續ニ依ルノ外道ナシト雖モ明治十七年太政官布達第壹號ハ尚ホ依然トシテ存スル者ナルヲ以テ訴訟ノ始メニ於テ代理者ヲ許否スルノ權アリトセリ果シテ然ルヤ」という議案であった。これに対する決議によって、代人は受任件数制限を受けなくなったのである。

(57)『法曹記事』第二三号 明治二六年一一月一〇日（一八九三）八―一一頁。

(58)『法曹記事』第二七号 明治二七年二月二八日（一八九四）五〇四―五一〇頁。本多康直・今村信行『民事訴訟法註解』博文社（一八九〇）二〇九頁には既に同様の見解が示されている。

(59) 石尾一郎助（一八六一―一九二三）は明治期の裁判官、その後弁護士。佐賀（旧鍋島藩）出身で、一八八〇（明治一三）年から仏留学、一八八二年九月に司法省法学校に入学し、一八八八年帝国大学法科大学仏法科を卒業（法学士）、同年一二月より千葉治安裁判所詰判事試補、その後東京地方裁判所判事、一八九四年に東京控訴院判事となり、一八九五（明治二八）年三月から弁護士に。著書に『民法代理論』（有斐閣）、『商事会社法註解』（有斐閣）などがある。『明治弁護士列伝』五―八頁参照。

田中芳春（一八六七―一九三三）明治、大正期の裁判官、弁護士。山口県阿武郡萩町出身、一八九二年東京法学院卒業、一八九八年判検事登用第一回試験に及第し、同年司法官試補（広島区裁判所詰）、一九〇〇年広島区裁判所判事、一九〇一年山口地方裁判所判事、一九一三年京城地方法院水原支庁判事。一九二〇（大正九）年九月朝鮮総督府判事を退官、その後内地で判事として勤務、一九三〇（昭和五年）より勅任官。『官報』など参照。

(60) 次頁表2参照。

表2　制定法における無資格者の訴訟代理・刑事弁護に関する規定

一八九〇（明治二三）年法律第二九号民事訴訟法	第六三条①原告若クハ被告ハ自ラ訴訟ヲ為ササルトキハ弁護士ヲ以テ訴訟代理人トシ之ヲ為ス②弁護士ノ在ラサル場合ニ於テハ訴訟能力者タル親族若クハ雇人ヲ以テ訴訟代理人ト為シ若シ此等ノ者ノ在ラサルトキハ他ノ訴訟能力者ヲ以テ訴訟代理人ト為スコトヲ得③区裁判所ニ於テハ弁護士ノ在ルトキト雖モ訴訟能力者タル親族若クハ雇人ヲ以テ訴訟代理人ト為スコトヲ得	第一二七条①裁判所ハ相当ノ演術ヲ為ス能力ノ欠ケタル原告若クハ被告又ハ訴訟代理人若クハ輔佐人ニ其後ノ演述ヲ禁シ且新期日ヲ定メ弁護士ヲシテ演述セシム可キコトヲ命ス可シ②裁判所ハ裁判所ニ於テ弁論ヲ業トスル訴訟代理人若クハ輔佐人ヲ退斥セシムルコトヲ得此場合ニ於テハ新期日ヲ定メ且退斥ノ決定ヲ原告若クハ被告ニ送達ス可シ③本条ノ規定ニ従ヒ為シタル命ニ対シテ不服ヲ申立ツルコトヲ得ス④弁護士ニハ本条ノ規定ヲ適用セス
一九二六（大正一五）年法律第六一号民事訴訟法	第七九条①法令ニ依リテ裁判上ノ行為ヲ為スコトヲ得ル代理人ノ外弁護士ニ非サレハ訴訟代理人タルコトヲ得ス但シ区裁判所ニ於テハ許可ヲ得テ弁護士ニ非サル者ヲ訴訟代理人ト為スコトヲ得②前項ノ許可ハ何時ニテモ之ヲ取消スコトヲ得	第一三五条①裁判所ハ訴訟関係ヲ明瞭ナラシムル為必要ナル陳述ヲ為スコト能ハサル当事者、代理人又ハ輔佐人ノ陳述ヲ禁シ弁論続行ノ為新期日ヲ定ムルコトヲ得②前項ノ規定ニ依リテ陳述ヲ禁シタル場合ニ於テ必要アリト認ムルトキハ裁判所ハ弁護士ノ附添ヲ命スルコトヲ得③訴訟代理人ノ陳述ヲ禁シ又ハ弁護士ノ附添ヲ命シタルトキハ本人ニ其ノ旨ヲ通知スルコトヲ要ス
一九九六（平成八）年法律第一〇九号民事訴訟法	第五四条①法令により裁判上の行為をすることができる代理人のほか、弁護士でなければ訴訟代理人となることができない。ただし、簡易裁判所においては、その許可を得て、弁護士でない者を訴訟代理人とすることができる。②前項の許可は、いつでも取消すことができる。	第一五五条①裁判所は、訴訟関係を明瞭にするために必要な陳述をすることができない当事者、代理人又は補佐人の陳述を禁じ、口頭弁論の続行のため新たな期日を定めることができる。②前項の規定により陳述を禁じた場合において、必要があると認めるときは、裁判所は、弁護士の付添いを命ずることができる。
一八九〇（明治二三）年法律第九六号刑事訴訟法	第一七九条①被告人ハ弁論ノ為メ弁護人ヲ用ユルコトヲ得②弁護人ハ裁判所所属ノ弁護士中ヨリ之ヲ選任ス可シ但裁判所ノ允許ヲ得タルトキハ弁護士ニ非サル者ト雖モ弁護人ト為スコトヲ得	
一九二二（大正一一）年法律第七五号刑事訴訟法	第四〇条①弁護人ハ弁護士中ヨリ之ヲ選任スヘシ②裁判所又ハ予審判事ノ許可ヲ得タルトキハ弁護士ニ非サル者ヲ弁護人ニ選任スルコトヲ得	
一九四八（昭和二三）年法律第一三一号刑事訴訟法	第三一条①弁護人は弁護士の中からこれを選任しなければならない。②簡易裁判所又は地方裁判所においては、裁判所の許可を得たときは、弁護士でない者を弁護人に選任することができる。ただし、地方裁判所においては、他に弁護士の中から選任された弁護人がある場合に限る。 第三八七条 控訴審では、弁護士以外の者を弁護人に選任することはできない。 第三八八条 控訴審では、被告人のためにする弁論は、弁護人でなければ、これをすることができない。 ※昭和二四年法一一六号で第三一条二項に「、家庭裁判所」が挿入された。	

注記：表1はできるだけ原資料に忠実に筆写し、表2は当用漢字に改め項番号を付した。

(61) 一九〇三（明治三六）年の法案に至る。民事訴訟法改正案――旧法典調査会案「第七十九條　當事者ハ自ラ訴訟ヲ爲サザルトキハ辯護士ヲ訴訟代理人ト爲スコトヲ要ス」「管轄裁判所ノ所在地ニ辯護士ナキトキハ他ノ訴訟能力者ヲ訴訟代理人ト爲スコトヲ得」「區裁判所ニ於テハ辯護士アルトキト雖モ他ノ訴訟能力者ヲ訴訟代理人ト爲スコトヲ得」「第八十條　上告審ニ於テハ當事者ハ辯護士ヲ訴訟代理人ト爲スコトヲ要ス」。

(62)「民事訴訟法改正案修正意見類聚」には民事訴訟法改正の条文につき、各弁護士会、裁判所長、検事正から収集した意見が示されており、第七九条はそれらの意見が取り入れられているように見受けられる。

(63) かつて無資格者による法廷での訴訟代理は一九〇〇年頃にはなくなるのではないかと推測したが（林真貴子・前掲注（6）六五七頁注（13））、区裁判所での訴訟代理を含めて考えた場合には誤りであった。

(64) 一九二七年頃にも、紛議解決の引受業者を公認しようとする動きもあったが実現しなかった（池田寅二郎文書（東京大学大学院法学政治学研究科附属近代日本法政史料センター原資料部所蔵）一六―二二、林真貴子・前掲注（6）六四九頁）。

(65) 一八九三（明治二六）年弁護士法もまた、欧米諸国の弁護士制度を本格的に研究した法の継受と考えられる。ドイツ、フランス、英国、イタリアの制度を中心に、欧州各国の弁護士制度が検討されていた。ただし、欧州各国の制度については、山脇玄による **Alexander Brix**, *Organisation der Advokatur in Preussen, Oesterreich, Sachsen, Oldenburg, Braunschweig, Baden, Württemberg, Mecklenburg-Schwerin und Strelitz, Schweiz, Frankreich und England*, Wien:Braumüller, 1868 の翻訳によって検討されたようである。山脇玄については小野博司「近代法の翻訳者たち（一）山脇玄と守屋善兵衛」法政策研究第一六集（二〇一五）参照。

(66) 三阪・前掲注（4）「近代日本における前段の司法とその担い手」三一七―三一八頁。三阪佳弘「近代法体系の成立――司法制度の展開を素材として」明治維新史学会編『講座明治維新　第五巻立憲制と帝国への道』有志舎（二〇一二）二〇一―二三一頁。

第二章　明治期における刑事弁護――治罪法導入前後の状況

田中　亜紀子

はじめに

法専門家を介して裁判所で紛争解決が行われているという大枠には含まれるものの、「権利義務関係」の確定を目指す民事事件と、被告人に関する犯罪の事実を明らかにした上で量刑判断を行うことを目指す刑事事件とでは、法的サービスに求められる内容やその担い手にかなりの差異があるといわざるをえない。他方において民事・刑事の差異はあるにせよ、日本が西欧諸国の司法制度を導入した明治期の刑事司法における法的サービスとその担い手について考察することは、前近代と近代、日本国内外、そして民事事件と刑事事件における法的サービスを比較する上での素材を提供することにつながると考えられる。そこで本章では、近代的な刑事司法における法的サービスとして刑事弁護が導入された治罪法を主たる対象とし、治罪法導入前後における刑事弁護の実態と認識についての検討を通じて、関係で刑事事件における法専門家にかかわる本書の第一の視点（序章参照）に答える。

また、本書の第二の視点である、法専門家の背後にある多種多層な非法専門家の存在とその役割の大きさについては、司法改革を経た現在においては、刑事司法における法専門家による法的サービスが被疑者・被告人の代理人として行う弁護活動だけではなく犯罪被害者支援に関する活動に拡大したことに対応して、たとえば心理カウンセラーや被害者支援団体などの存在が大きな意味を持ってきている。また、この他にも、非専門家としては司法通訳、精神鑑定などを行う学識経験者などの存在も挙げることができる。[1] しかしながら刑事司法の近代化が行われた当時においては、法的サービスの受領者は被疑者・被告人、提供者は弁護人という図式が定着する過渡期であり、それ以外の関係者については資料などから十分に描き出すことは難しいと考えられるため、非法専門家については治罪法に規定された非代言人である弁護人の可能性（治罪法第二六六条）[2] について考察するにとどまる。

一　刑事司法の近代化

（1）刑事司法の整備と刑事司法関係者

本章の対象である一八八〇（明治一三）年刑法および治罪法が制定される以前の刑事司法については、罪の認定およびその処断を担当する官吏の執務のための準則として編纂された仮刑律、後に出版が認められたが当初は裁判実務担当者のための内部準則であった新律綱領、そして前者に対する内容の修正や補充とともに中国の律や西洋法制の参照が行われた改定律例がある。明治新政府は西欧諸国に対抗できる近代国家を目指して法体制の整備を試みていたが、これら明治初期の刑事法は基本的に中国の律を基礎として構成されたものであった。[3]

司法制度に関しては、一八七二（明治五）年に司法職務定制[4] が定められた。そこでは刑事事件について、検事の職務は、「第一　各裁判所ニ出張シ聴断ノ当否ヲ監視ス」「第二　検事ノ職ハ罪証事端発スルニ始リ裁断処決ニ止リ未発ヲ警察スルノ事ニ干預セス」「第三　罪犯ノ探索捕亡ヲ監督指令ス」（第二二条）、すなわち裁判所における訴訟を監督するとともに犯罪発生後の捜査を指揮することが規定されていた。同時に「検事ハ裁判ヲ求ムルノ権アリテ裁判ヲ為スノ権ナシ故ニ判事ニ向テ意見ヲ陳スルニハ判事ノ取舍ニ任シ論断処決ハ判事ノ専任トシテ検事預ルコトヲ得ス」（第三一条）、すなわち刑事訴追をその職務とすることも規定された。なお、司法職務定制には、現在の弁護士である代言人について、「各区代言人ヲ置キ自ラ訴フル能ハザル者ノ為ニ之ニ代リ其訴ノ事情ヲ陳述シテ枉冤無カラシム　但シ代言人ヲ用フルト用ヒザルトハ其本人ノ情願ニ任ス」（第四三条第一）とあり、各区に代言人を置き、自ら訴えることができない者のために、代わってその訴えの事情を陳述させ、「枉冤」（冤罪）のないように図るものの、代言人を用いるかどうかは本人の自由とされていた。なお、明治初期段階は民事事件と刑事事件の区別が未だ明確に分けられてはいない時期であることから刑事事件は完全に対象外であったとまではいえないが、上で述べた代言人の法的サービスは民事事件を対象としていたものと考えられる。

その後の一八七四（明治七）年検事職制章程司法警察規則[5]においても検事の職務は刑事訴追であって裁判を行う権利はないことが規定されていたが、一八七六（明治九）年司法警察仮規則[6]では検事の職務内容がより詳細になり、「違警犯ヲ除クノ外総テ罪犯」に関する告訴・告発の受理、現行犯に対する検視処分、検視明細書の作成等、裁判所への起訴（第四条）、そして重罪犯や犯情繁雑事件における糾問判事への下調請求と下調済後の起訴（第六条）がその職務と規定されるようになったという点において、刑事事件における検察官の役割が拡大した。ただし、検察官が法的サービスの提供者とはいいがたく、その一方で、主たる担い手となるべき代言人については未だこの時点では規定に登場していない。

このようにボアソナード（後述）の影響の下で制定された近代的な刑法（旧刑法）及び刑事訴訟法である治罪法が制定される一八八〇（明治一三）年に先立って、司法制度および法曹ならびに警察等の法曹周辺領域職業に関する規定とともに、市民に対する法的サービスを担うべき存在である代言人に関する規定も整備されていった。たとえば一八七六（明治九）年代言人規則[7]では、代言人になろうとする者は、代言を行おうとする裁判所を示した願書を記して所管地方官の検査を求め、地方官は検査を行った検査の結果を司法省に提出し、免許を許す者については司法卿が免許状を下付することが規定（第一条）されていた。また、同第二条ではその検査について、「布告布達沿革ノ概略ニ通スル者」「刑律ノ概略ニ通スル者」「現今裁判上手続ノ概略ニ通スル者」とあり、法令、刑事法および裁判手続の概略に通じているか否かを「一ノ議案ヲ出」（代言人規則中手続第三条）[8]して検査するものとした。代言人の職域が一応民事事件に限られていた時期において、すでに刑事法の知識が必要とされていたことは、刑事立法の制定作業を踏まえて刑事弁護制度の導入を想定していたものと考えられなくもない。また、知識だけではなく、「本人品行並ニ履歴如何」（代言人規則第二条四）、つまり本人の品行および履歴も検査の対象とされていた。なお、代言人規則前文但書には「四月一日以後代言人無之且ツ本人疾病事故ニテ不得已場合ニ於テハ其至親（父子兄弟又ハ叔姪）ノ内之ニ代ルヲ得ヘク若シ至親無之者ハ区戸長ノ証書ヲ以テ相当ノ代人ヲ出ス亦不苦」とあり、代言人以外の者が代人として出てくることは認められていた。ただしこの代人については、「父子兄弟又ハ叔姪」とあることから、法的知識の有無よりもあくまで本人の代わりとなりうる血縁者であることが重視されていたと考えざるをえない。

（2）治罪法制定以前の刑事弁護および代言人に対する評価

刑事弁護が導入された治罪法制定以前において、刑事司法における代言人および刑事事件当事者に対する法的援助についてはどのような考えが示されていたか、あるいはどのような対応がとられていたか確認する。

①「犯罪吟味願ニ付代人ノ事」に関する伺指令[9]

第六条　（明治八年七月一四日司法省甲第一二号布達）是迄犯罪吟味願ニ付本人事故アレハ　代人差出シ候慣習モ候処以来ハ可相成本人罷出可申若シ萬々不得止事故之レアリ代人差出シ候得ハ其時々願出許可ヲ可受候条此旨布達候事

〔参考〕
［敦賀県伺］明治八年五月十日
代人或ハ代言人ヲ以テ現行ニ非サル他人ノ非違ヲ告訴スルアルトモ事誣告ニ出ル時ハ反坐スル筈ノ儀ニ付刑法上ニ於テ代人或ハ代言人ヲ用ヒタル訴状ハ受理不及儀ニ候哉伺上候也
［指令］明治八年九月二十七日
伺ノ通
但シ犯罪告訴ノ儀ニ付テハ代言人等用ヒ候儀不相成尤モ代人ノ儀ハ本年甲第十二号布達ノ通可心得事

ここでは、刑事事件において当人に支障がある場合は代人を差し出していた慣習に対して、今後は本人出頭を原則とするが、どうしても事情がある場合は代人について適宜許可を受けることとした明治八年七月司法省布達につき、誣告罪の例を挙げながら、刑法上において代人または代言人による訴状は受理しないことになるのかという敦賀県の伺いに対して、伺いの通りであると答えた上で、犯罪告訴については代言人の関与は否定しながらも、上記布達の趣旨から代人については必ずしも除外するわけではないと述べている。明治九年代言人規則前文但書にも例外的に血縁者の代人を認める規定が見られたが、代人については例外的には認めながらも、代言人の関与は否定したところに、未だ刑事司法においては刑事弁護等の法的サービスが必要であるという認識を司法省が有していなかったこと、同時に非代言人が代人という形で裁判に関与することを徹底的に排除する意思は有していなかったことがうかがわれる。

②廣澤参議暗殺事件における「弁護官」

治罪法以前の刑事弁護に関する政府の対応としては、一八七五（明治八）年二月に司法省が定めた「廣澤故参議暗殺事件別局裁判規則」が挙げられる。[10] これは一八七一（明治四）年一月廣澤真臣参議暗殺事件に関連する被疑者六名の刑事裁判のための規則であり、イギリスの陪審制度を模範にしたものとされている。同規則に基づいて裁判を担当したのは、原告官として検事・警察のべ六名、弁護官二名、裁判官一二名、そして有罪無罪の決定権を有する参座一二名であった。司法卿によって同省内の官吏から二名が選ばれる「弁護官」（第四条）については、被告人のために弁護するという役割が与えられており、その点については刑事弁護の先駆けといえなくもない。しかし、被告人のために弁護すべきと思われる時は参議に対して意見を述べるものの、糾弾の善悪・罪の有無・裁判の当否など法律上の意見を論じる権限を与えられていないという点で、刑事弁護の形式をなぞったにすぎないものであった。また、弁護官に選ばれた司法省明法中法官荒木博臣および権中法官長野文炳の参議に対する意見は、被告人はいかに糾問を受けても真実を述べるより他に道はないものと思うから、とくに弁護というほどの意見を持たないというものであった。

「弁護官」については、形式的なものであったにせよ、西洋諸国に倣って刑事裁判を行う上では被告人のために弁護する者が必要なのだという認識が政府関係者にある程度普及する契機になった可能性は考えられる。しかしながら、「弁護官」が代言人ではなく司法省関係者が司法卿によって選ばれていること、犯罪事実の有無や検察の立証に対する意見を述べることができたわけではなく単に被告人のためになるようなことがあれば発言を行うことが許可されている程度であること、さらに実際に行われた発言内容が弁護になっていないこと、そしてそもそも特定の事件に限定して設けられた制度であることから、その後の刑事弁護導入においてとくに大きな影響を及ぼしたとは考えられない。

③磯部四郎「刑事代言人ヲ許スノ議上申案」[11]

一八七九（明治一二）年六月、司法省修補課において法律の制定、法律問題の疑義裁定等に従事していた磯部四郎は、「凡ソ犯罪ヲ告ケラル、者ハ其情願ニ由リ代言人ヲシテ代言セシムルコトヲ許ス」布告案を意見書と共に提出して刑事弁護導入を主張した。磯部の主張は、誤判が生じた場合の弊害が大きい刑事裁判において、「原告タル者ハ堂々タル官吏ニシテ学力智識ニ富ムノ人ナリ之ニ反シ其被告タル者ハ大概愚昧卑賤ノ民ナリ其囚ハレテ獄庭ニ到ルヤ畏懼ニ勝ヘス自ラ其辞ヲ尽シ其情ヲ明ニシ以テ原告ノ論スル所ヲ破ルヲ得ルハ萬ニ一ヲ望ムヘカラス其ヲシテ呑恨泣冤ナカラシメント欲スルハ蓋シ甚タ難シトス知ル可シ」、すなわち、原告である検察官が学識に富む官吏であることに対して、被告である者の多くは法廷で原告の主張を論破することは困難であることから、誤判を防止するためには刑事弁護が必要であり、速やかに「刑事代言人」を許可するべきであるというものであった。なお、磯部の「刑事代言人」は、「情願ニ由リ」とあることから私選弁護人を想定していたものと考えられる。この意見書については、鶴田皓から立案趣旨は理解できるものの、詞訟代言人は「今日ニ於テ其弊ヲ矯正セサル可カラス」「是非ヲ転倒シ黒白ヲ変彩スルアラハ其弊タル亦如何ソヤ」、すなわち、当時の代言人への不信[12]や訴訟の混乱に関する懸念から、時期尚早として否定的な意見が述べられていた。

磯部の提案に関しては穂積陳重『法窓夜話』でも取り上げられており[13]、そこでは一〇人の委員の中で八人までが反対し、賛成した者は箕作麟祥博士だけであったこと、そして磯部の主張に対しては、一部の利益だけを称揚して十分に弊害を検討しておらず、偏った不公平な説である、罪人は強情を張ったり詐弁を弄したりして罪を免れようとするものであり、「然ルニ、今又代言人ヲ許サントス、恐クハ其弁護ハ罪囚ノ冤枉ヲ伸べ其屈辱ヲ雪グニ適セズシテ、却テ其強戻狡猾ヲ媒助スルノ好具タランノミ」、すなわち、そのような者に代言人を用いることを許したならば、冤罪防止ではなく罪人の強戻狡猾に手助けをしてしまうだけだという批判的な意見が述べられ、司法卿大木喬任、司法大輔山田顕義の両氏も決議書の否決欄に捺印するなど、治罪法制定の前年においてもなお刑事弁護不要論が強かったことを指摘している。ここからは当時の立法関係者の間では被告人は狡猾であるという印象を持っていたことから、刑事弁護を導入することは誤判の防止に役立つよりも被告人を増長させてしまうことへの懸念が強かったことがみてとれる。そして、このような状況においては被告人に対する法的支援が必要であることへの理解を得ることは容易ではなかったこともうかがわれる。

しかしながら、その翌年の治罪法では一転して刑事弁護が規定された。これについて穂積は、「想ふに、これは治罪法起草者たるボアソナード氏が、磯部博士の説を賛成したからであらう。当時の大官連は、開国当時に泰西の新文明に魂消た余習が仍ほ存し、且つ鋭意彼の長を採つて我文明を進めやうとの熱心にも駆られた結果、非常なる外国人崇拝者であつたから、御雇外国人の云ふ事なら、一も二も無く尤もと考へて鵜呑にするを例としたから、磯部博士は日本人なるが故に前年に反対せられ、ボアソナードは外国人なるが故に翌年に賛成せられたのであらう。」と、治罪法起草者であるボアソナードの影響を示唆しているが、ひとりボアソナードの存在だけが要因であったのかどうかについてはさらなる考察が必要であろう。

二　治罪法における弁護士

（1）治罪法および代言人規則における刑事弁護に関する規定

①治罪法[14]

近代日本における刑事弁護は、フランス法制を継受した治罪法によって導入された。治罪法は、i．刑事裁判の公開原則を規定し、ii．刑事弁護を認め、iii．裁判所長の職権で代言人を選任する等の手続を規定し、iv．弁護人の選任および改選については書面化することを規定し、v．重罪公判において弁護士が必要条件であることを明記し、vi．弁護士の接見交通権などに関する規定を明記した。以下ではそれぞれの概要を確認する。

ⅰ．刑事裁判の公開原則

民事事件の一般傍聴についてはすでに、一八七五（明治八）年に認められていたが、刑事事件については治罪法でようやく認められることになった。その内容は、「重罪軽罪違警罪ノ訊問弁論及ヒ裁判言渡ハ之ヲ公行ス否ラサル時ハ其言渡ノ効力ナカル可シ」（第二六三条）、つまり違警罪のような軽微な事件も含めて、刑事裁判の訊問、弁論、そして判決の言い渡しは公開で行われ、公開でなかった場合はその判決は無効とするものであった。また、「被告事件公安ヲ害シ又ハ猥褻ニ渉リ風俗ヲ害スルノ恐アル時ハ裁判所ニ於テ検察官ノ請求ニ因リ又ハ職権ヲ以テ其訊問及ヒ弁論ノ傍聴ヲ禁スルコトヲ得其裁判言渡ヲ為スニ当テハ傍聴ヲ許ス可シ」（第二六四条）とあるように、治安や風俗面で害を及ぼす可能性がある場合は訊問および弁論の傍聴を禁じることは可能であったが、その場合であっても判決言い渡しは傍聴を許可することが規定された。

ⅱ．刑事弁護を認める

「被告人ハ弁論ノ為メ弁護人ヲ用フルコトヲ得　弁護人ハ裁判所所属ノ代言人中ヨリ之ヲ選任ス可シ但裁判所ノ允許ヲ得タル時ハ代言人ニ非サル者ト雖モ弁護人ト為スコトヲ得」（第二六六条）とあるように、刑事事件において被告人が自身の弁論のために弁護人を利用することが認められた。すでに確認した通り、前年においては刑事弁護導入は時期尚早というよりもより強固な否定的見解が立法関係者の多数を占めていたことを踏まえると、刑事弁護を認めたこの規定は画期的なものであった。なお、弁護人は裁判所所属の代言人から選任するものとされており、ここに刑事事件について被告人に対する法的サービスを提供する専門職としての代言人が登場した。ただし同条後段には、非代言人による弁護活動を条件付きで認める規定があり[15]、この点については後で取り上げるものとする。

ⅲ．裁判所長の職権で代言人を選任する等の手続

違警罪および軽罪とは異なり、重罪裁判については、重罪裁判所長あるいはその委任を受けた陪席判事が、被告

人に対して弁護士を選任したか否かを質問し、被告人が自ら弁護人を選任できない場合は、裁判所長の職権により裁判所所属代言人から弁護人を選任することが規定された（第三七八条）[16]。ただし同条では、「被告人及ヒ代言人ヨリ異議ノ申立ナキ時ハ代言人一名ヲシテ被告人数名ノ弁護ヲ為サシムルコトヲ得」と規定しているが、これについては、当時の代言人の数を考慮すればやむを得ない事情があったとしても、被告人それぞれに対する十分な弁護の保障という点で疑念を抱かざるをえない。他方において、弁護人選任から三日以降でなければ弁論を行うことはできないとした点については、弁護士が全国的に充足していない状況において、少なくとも手続の形式面においては刑事弁護の実現に向けての配慮が示されていたといえる。

iv. 弁護人選任および改選に関する書面化

第三七九条は弁護人に支障が生じた場合あるいは被告人による改選申し立てに正当の理由があった場合、さらに被告人自らが弁護人を選任しない場合は第三七八条の手続に従って裁判所長が弁護人を選任し、改選から三日間は弁護を停止することを規定していた。そして第三八〇条では、弁護人の選任については書記が訊問の調書を作成して手続通り弁護人の選任が行われたことを記載すること、弁論中に弁護士を改選し弁論を停止した時は公判始末書（判決書）にその旨記載することが規定されていた。

v. 重罪裁判において弁護士が必要条件であることの明記

治罪法では、「弁護人ナクシテ弁論ヲ為シタル時ハ刑ノ言渡ノ効ナカル可シ」（第三八一条）として、重罪事件について弁護人を欠いた弁論を行った場合の判決は無効という規定を置いた。全ての刑事事件ではないものの、一定の重罪事件については弁護人による弁論（そしてその弁護人は原則として諸裁判所所属の免許代言人）が必要条件であることを明記したことは、刑事裁判の公開原則同様に、治罪法をそれ以前の刑事手続法とは異なった近代的なものたらしめたと評価することができよう。

vi．弁護士の接見交通権などに関する規定

刑事弁護に関連して、第三八二条では、第三七八条に基づく選任手続が終了した後に被告人と接見すること、そして書記局で一切の訴訟書類を閲読し抄写することができる旨規定した。同条には重罪裁判所に移された被告人が判決を受けるまでの間に接見することができる者は弁護人のみであることも規定されており、刑事弁護における弁護人の特別な地位を保障するものと評価できる。しかしながら同条但し書きには被告人を勾留する場所の裁判所長の許可を得た者はその対象外とするという規定もある。この但し書きについては、第二六六条と同様に代言人以外の者が刑事裁判にかかわりえたという点において、明治期の刑事被告人およびその関係者にとって法的支援と法的支援のいずれがより重視されていたのかについて考察する一つの素材となりうると考えられる。

②一八八一（明治一四）年大審院諸裁判所所属代言人規則[17]

治罪法に関連した代言人規則は、代言人を「治罪法中所属代言人ト称スルハ大審院及ヒ各裁判所所在ノ地ニ住居スル免許代言人ヲ云フ」（第一条）、すなわち大審院および各裁判所の所在地に住居する免許代言人と定義し、治罪法三七八条によって裁判所の職権で弁護人に選ばれた場合は正当の理由がなければ拒否することができないとする受任義務（第二条）、当時は一年ごとに更新していた代言人免許の満期に際してはたとえ営業を継続しないあるいは廃業する場合であっても引き受けた事件が終結するまでは代言弁護を担当することを定めた継続担当義務（第三条）、他の訴訟事件のため代言・弁護の任務を怠ることの禁止（第四条）、そして裁判所が職権をもって代言人弁護人を選任した場合であってもその謝金は被告人負担（第五条）を規定した。これらの規定に関しては、裁判官や検察官に対して自身の法的知識を用いて被告人を支援するのだという熱意の程度は個人差があることが考えられるため、裁判所の職権で弁護人に選ばれた場合については代言人自身のモチベーションに関する懸念を抱かざるをえない。また、代言人への謝金は、一般人をして代言人への依頼を躊躇させる一因となることが考えられるが、刑事事

件において被告人が自ら弁護人を選任した場合に限らず、裁判所の職権で選任した場合であっても、謝金を被告人が負担することについては、経済的負担が増すという意味において、刑事弁護制度の導入は一定の資産を有しない者にとっては必ずしも望ましいものではなかったという側面を有していたといえよう。

以上、治罪法に規定された刑事弁護に関する主な条文および代言人規則を確認したが、運用実態はともかくとして、刑事裁判における被告人に関する規定としては戦後と比べてそれほど遜色ない制度がこの段階で規定されていた。他方において、とくに地方において顕著な代言人不足、自白の重視や禁止されていながらも存在していた拷問をはじめとする取り調べ上の問題、一般人の刑事手続などへの知識不足、そして弁護人を自発的に選任する知識や資力のない被告人といった問題が考えられうる時期において、刑事弁護を行うことになった代言人がどのような法的支援を行いえたのかという点においては資料の制約などもあり、未だ明らかにすることが困難な状況にある。そのような状況において、刑事弁護の一端を明らかにする目的で、以下では治罪法施行当初に行われた刑事弁護の一例として愛知県重罪裁判所の傍聴記を取り上げる。

(2) 治罪法施行期における刑事弁護の実例

ここでは刑事弁護の一例として、一八八二(明治一五)年四月という治罪法施行初期段階における愛知県重罪裁判所の傍聴記を取り上げ、具体的にどのような刑事弁護が行われていたのか確認する。四月二三日の愛知新聞[18]によれば、愛知県重罪裁判所における最初の事件は六件あり、その内訳は持兇窃盗四件、その他は、「官文書を棄汚」「殴打死に致したる」であった。六件の被告人には、それぞれ美濃部貞亮[19]、吉村明道、鈴木重固、中島元、千賀金五郎、疋田東一といった代言人がついたことが紹介されているとともに、この地域における最初の公判裁判ということで裁判傍聴人に対する心得も掲載されていた。

四月二八日および二九日[20]の同新聞には、美濃部が弁護を担当した第一号の持兇窃盗事件（短刀を所持して某宅へ侵入し、窃盗を行ったとされる事件）の傍聴記事が掲載されている。そこではまず裁判長による人定質問および被告人に対する注意、公訴状の朗読、裁判長ならびに陪席判事による罪状確認（某「宅に忍ひ入るの有様を尋ね戸をこぢ開きたる短刀を持ちなから宅内に進み入りやを問ふ被告ハ短刀ハ戸外に放擲し戸内に積ミ有る米俵ハ之れを外より推し倒して内にいり立去る時復右の刀を携へ還りし旨を答ふ」）と証拠確認（「裁判長ハ更に盗取りたる物品を被告に示し是れ汝が盗取りたるものに相違なきやと被告相違なき旨を答ふ」）が行われた。前者については、被害者宅に侵入した際に凶器を実際に所持していたか否かを問うものであったが、被告人は侵入の際には凶器は戸外に放り出していると答えており、侵入の際には凶器を所持していなかったと主張した。

その後、検察官が裁判長の許可を得て侵入の模様を再度訊問するなどした後（「此時検察官ハ裁判長に乞ひ更に四郎左工門方に忍ひいるの模様を被告江訊問す被告ハ短刀を以て戸をこぢ開け米俵を排ゐて忍入る等前説の如く陳述し米俵ハ敢て指さす而して去る時短刀を持ち還へる旨を答ふ」）、裁判長が弁護人の美濃部に対して、「証憑の弁明を為し且自己の利益となるへき反証を差出すへき」旨、すなわち刑事弁護の機会を与えているが、この時点では美濃部も被告人も異議なきと答えている。しかしながら、検察官が被告に対して「単に外より戸内に積める米俵を排ゐて入ると云ふも積入の掛縄を利刀を以て切断したるが如くなるハ如何仔細のあることならんと」、すなわち侵入した際には凶器を所持していなかったという被告人の主張に対して、米俵の掛縄に刃物による切断と思われる痕跡があることはなぜなのかという、凶器の所持を疑わせるかのような質問を行った際には、美濃部は裁判長に対して検察官の質問が誘導をうかがわせるものであるとして異議を申し立てている。

また、検察官による事実に関する質問が終了し、弁護側の「事実の弁解」では、被害者宅への侵入を取り上げ、「抑も此件たるや持兇器とハ言ふへからす何となれば持刀の儘戸内に入るや否は証なし」、すなわち侵入の際に短刀を所持していなかったため「持兇器」ではないと主張し、米俵の掛縄を刃物で切断した可能性については巡査の検証書以外の証拠がなく、さらにその検証書については加工の痕跡があるため証拠になりえない（「勝手に切り張等を加へ剱へ記名の所にも切り張りを施し森寺の検印あるのみ是れ誠に証となすに足らす」、「巡査の治罪法百六十条に由て検証調書を作る斯くなるも当時に在りてハ犯罪の程度未た知るべからざるか故に或ハ可ならんなれども今日公判の場合に至てハ不可なり且此検証調書ハ切り張り等を施し法律に触るあれば無効力」）として、被害者宅に侵入した際には凶器は被害者宅の外の路傍にあり、「持兇器」の構成要件は満たしていない旨を主張している。加えて窃盗の被害物とされる米穀についても、窃取する意図がなく当該物品を刺すことはないし、掛縄を切断した刃物は（被告人の刃物は当時戸外にあるので）被告人のものではない（「犯罪者ハ米穀を窃取するに意なし之を窃取するに意なくして徒らに物品に指すの理由なし積俵掛縄に利刀を以て切断するが如き跡あるも犯罪者の刀を以て之れを断ちたるにあらざるや明かなり」）として、窃盗の構成要件すらも満たしていないと主張している。そして弁論の後半部分においても、検察官の法律適用の意見書に対し、「今検察官の朗読者持兇器窃盗犯なるを以て軽懲役に該る云々とあれとも前に事実の陳弁に於て説く如く決して持兇器犯罪と視做を得ず故に唯た重禁錮に該る者と思惟す」、すなわち持兇器ではないことから、刑罰については軽懲役ではなく重禁錮が妥当であると主張している。

以上の美濃部の弁護人としての主張を確認する限りにおいては、刑事法廷における検察官の言動が誘導ではないかという異議申し立てを直ちに行っている点、持兇器窃盗の構成要件について「持兇器」という事実に関する反論を行っている点、巡査作成の証拠能力に疑義を示している点、そして「持兇器」ではないことから検察官の求刑よりも軽い刑罰が妥当である旨を述べている点において、治罪法施行から間もない時期としてはかなり適切な弁論を行っていたものと考えられる。他方において、当該新聞記事からは、そもそも被告人が美濃部を選任したのかあるいは裁判所の職権による選任であったのか、公判前に被告人と接見を行ったのか否か、打ち合わせを行いえたのか否か、そして美濃部の刑事弁護は被告人にとって満足のいくものであったのか否かはうかがい知ることはできない。この点を明らかにするためには、刑事事件の裁判傍聴が認められ、また刑事弁護が注目を集めた治罪法施行当初の刑事弁護に関する重罪裁判開廷地域の新聞報道や刑事弁護を行っていた代言人自身の記録などを踏まえたさらなる考察が必要であることはいうまでもない。しかしながらこの当時の代言人の活動内容については資料上の制約があることから、以下では、それ以外の資料を用いた考察として、治罪法制定後に出版された治罪法に関する文献を取り上げて導入当時の刑事弁護がどのようなものとして語られたのかを検討する。

三　治罪法における刑事弁護

本節では、治罪法に関する当時の文献において刑事弁護との関係でとくに重要だと考えられる、刑事弁護を認めた第二六六条と重罪公判において弁護士が必要条件であることを明記した第三八一条がどのように説明されたのかを確認することを通じて、治罪法における刑事弁護の一端を考察する。注目する対象は、①刑事弁護はなぜ必要だと説明しているのか、②弁護人（代言人と非代言人）とはどのような人物を想定していたのか、そして③重罪裁判では刑事弁護を必要条件としたのはなぜだと考えていたのか、以上の三点である。

（1）清浦圭吾『治罪法講義　随聴随筆』(21)

清浦は刑事弁護について、被告人が刑事法廷で自身の弁護を行うことは可能かもしれないが、弁護が不十分であるための冤罪に陥る可能性がある、そこで、法律に通暁した者を選任して弁護を行わせることを許したのだとして、その趣旨は妥当であると評価している（「凡ソ被告人公廷ニ出テ、自ラ其身ヲ弁護スルヲ得可シト雖モ或ハ弁護ノ至ラサル所アリ為メニ冤枉ニ陥ルコトナキヲ保シ難シ故ニ法律ニ通暁セル者ヲ選ヒ之ヲシテ弁護ヲ為サシムルコトヲ許シタルハ実ニ至当ノ法ト謂フ可キナリ」)。

刑事弁護を行う弁護人については、通常は訴訟が提起された裁判所所属の代言人であるが、被告人または親族の情願により裁判所の許可を得た時は代言人ではない者も可能であるという条文をそのまま述べるに留まる。そして、裁判所所属の代言人については一八八一(明治一四)年司法省甲第八号達を示して、当該裁判所所在地に住所を有する代言人を指すと説明している(「所属代言人ト称スル者ハ其裁判所々在ノ地ニ住スル代言人ヲ指スモノナリ而シテ代言人所在ノ地トハ先キニ第二十一条ニ於テ清浦氏ノ説明セシ如ク其衙門ヲ構置セシ場所ヲ謂フ」)。ただし、参考として掲載されているドイツ治罪法では、刑事弁護を行い得る者として「第百二十三条　代言ニ選用スルコトヲ得ル者ハ独乙ノ裁判所ヨリ免許ヲ受ケタル代言人並ニ独乙大学校ノ法律教師是ナリ」「第百二十五条　官ヨリ命ス可キ代言人ハ裁判所々長其管下ニ住居セシ代言人ノ中ヨリ選挙スルコトトス　代言人トシテハ未タ裁判官ヲ奉職セサル司法官吏並ニ成規ニ照準シ司法事務ノ第一試験ニ及第シタル法律者モ亦其任ニ当ルコトヲ得ルナリ」、つまり裁判所から免許を受けた代言人と並んで大学の法律教師が挙げられ(第一二三条)、また、裁判所が職権で選任する代言人としては裁判官任官前の司法官や司法事務従事者の中で一定の試験の及第した法律者も対象者としており(第一二五条)、日本とは異なる法曹養成システムが存在していたとはいえ、刑事弁護については、ドイツでは法律の知識ないし法律の専門家であることが重視されていたことを清浦が認識していたことがうかがわれる。

軽罪以下の事件では被告人が選任した場合を除いて弁護人を用いることはないが、重罪事件についてはその事件の重大さに鑑み、被告人が弁護人を選任していない場合は裁判所が選任すべきものとした第三八一条については、被告人の保護および裁判の公平を社会に示す意義があると説明している(「是実ニ被告人ヲ保護シ裁判ノ公平ナルコトヲ社会ニ示スノ良法ト謂フ可シ」)。なお、治罪法制定当時の代言人の数は七九九人(判事八五四人)[22]であり、重罪裁判が行われるすべての裁判所に十分な代言人がいたとはいえない状況であった。その状況に対して一八八二（明治一五）年には、太政官布告第一号「治罪法第三百八十一条第一項ニ若シ弁護人ナクシテ弁論ヲ為シタル時ハ刑ノ言渡ノ効ナカルヘシト有之候得共其裁判所々属ノ代言人無之場所ニ於テハ当分ノ内弁護人ヲ用ヒサルモ其刑ノ言渡ハ無効ノ限リニ在ラス」[23]、すなわち裁判所所属の代言人がいない場所については当分の間は弁護人を用いない場合であっても刑の言い渡しは無効としないとする例外的措置が施された。この布告について清浦は、第二六六条の非代言人による弁護人を用いることで代言人がいない場所においても対応することは可能ではないか（「右ノ布告アリト雖トモ被告人ノ自カラ選任スル弁護人ハ代言人ニ限ラサルヲ以テ裁判所々属代言人之ナキ場合ト雖トモ裁判所ノ允許ヲ得テ之ヲ任スルヲ得可キナリ」）と述べており、非代言人による弁護人に関する規定を設けた理由の一つとしては代言人不足から生じる刑事弁護の問題をある程度解消することがあるという認識があったことをうかがわせる。

このほか、重罪事件の弁護人については、被告人自身に弁護に必要な能力がある場合に、他人の協力は必要ではないとして刑事弁護を固辞しても弁護人を用いなければならないのかという問いに対しては、確かに刑事弁護は被告人の保護のために設けられた制度ではあるが、すでに重罪裁判を行う際に必要なものとなっているため被告人の情願によって退けることはないこと、そして、たとえ学識ある者であっても自分自身に関する事件については過ちが生じることもあるため弁護人は必要であり、結論として被告人の情願にかかわらず弁護人を用いなければならず、そうではない場合の判決は無効となる旨を答えている。

以上、清浦によれば、①被告人自身による弁護では十分な弁護を行うことができない場合に備えて法律に詳しい弁護人による弁護を認めた刑事弁護制度は妥当であり、②弁護人については裁判所所属の免許代言人を原則としながらも、代言人不在の地においては当面は弁護人がなくても刑の言い渡しは有効であるとした太政官布告に関して、そのような代言人不在の地においては裁判所が非代言人に許可を与えて弁護人とすることも考えられることを述べている。また、③重罪裁判の刑事弁護については当初は被告人の保護のために設けられた制度だが、制度化した今日においては被告人の意向によって弁護人を用いないということはできないことなどを述べている。この中で興味深い指摘は、代言人不在の地においては非代言人に弁護人としての許可を与えることに対して必ずしも否定的ではなかったことである。

(2) 井上操『治罪法講義 下』(24)

刑事弁護について井上は、被告人に弁護の権利を与え、被告人だけでは十分な弁護ができない場合は弁護人を用いて十分に弁護させることによって「公平無私ノ裁判ヲ受ケシメンカ為」のものであると述べている。また、被告人には弁護の権利が与えられているが、その相手方の検察官は社会秩序の維持のために設けられた「公衆ノ代人」であり、権威を誇示する危険性あるいはそうでなくても法律に詳しい人であることから一般人が対抗することは困難である。したがって、検察官との力関係を保てるよう、検察官に匹敵する存在として弁護人が必要であるとする(「被告人ノ敵手タル検察官ハ社会ノ安寧ヲ保護センカ為メニ設ケタル公衆ノ代人ナルモ公権ヲ借リ妄ニ威ヲ張ルノ恐或ハ是レアルヘク又仮令ヒ然ラサルモ達識明法ノ人ナレハ社会通常人民ノ相敵スルヲ得サルヤ疑ナキナリ故ニ之レニ匹敵スル相応ノモノ無カラサルヘカラス是レ即チ弁護人ノ設ケアル所以ナリ」)。

井上は、刑事裁判における弁護人とは、裁判所所属の免許代言人であり、代言人とは法律に通じている専門職であるため代言人から弁護人を選ぶよう規定されていると説明する。そして、非代言人による刑事弁護については、非代言人であっても代言人より法律の知識を持つ人がいないわけではない、また、代言人が不足している地域においてはやむをえず「親属故旧」の中で適切な人に刑事弁護を行うことはありうる(「代言人ナラサルモ法律ニ明了ナルコト代言人ニ優リタルモノナキニアラス此等ノ者アルトキハ之レニ弁護セシムルコトアルナリ又代言人ノ無キ場合ニテハ止ムヲ得ス親属故旧ノ能ク其任ニ耐ユルモノヲシテ弁護セシムルコトヲ得ヘシ」）が、できる限り代言人に弁護をさせるべきであると述べている。その理由は職業として刑事弁護を行う者は一般に通常人よりも優れていること、そして専門職である代言人を差し置いて非代言人に刑事弁護を行わせることは、被告人の利益のために刑事弁護を用いる権利を与えた立法趣旨に反する（「今此優リタル所ノ代言人ヲ措キ強ヒテ代言人ニアラサル者ヲシテ弁護ヲ為サシメントスルハ被告人ノ利益ノ為メ充分ニ弁護スルノ権利ヲ与ヘタル法律ノ精神ニ背クモノナレハ」）と述べている。ただし、代言人の数が不足していた状況を踏まえ、非代言人による弁護人を排除していては弁護人を確保することができないことから、消極的に非代言人による刑事弁護を認める姿勢を示している（「サレトモ今日ハ代言人少ナク且常人中ニモ代言人ヨリ却テ優リタル者ナキニアラス故ニ代言人無キ所ニテハ之レヲ拒メハ到底弁護人ナキニ至ルヲ以テ拒ムヘカラサルナリ」）。

重罪裁判では弁護人を用いなければならない理由については、事件の重大性に鑑みて可能な限り誤判をなくすためであると説明している（「重罪ハ其事件容易ナラサルモノナレハ又従テ其被告人ニ大ナル関係アリ故ニ成ルヘク錯誤ナキヲ欲シテナリ」）。また、すでに確認した所属代言人がない場合には弁護人を用いなくても無効とはしない旨を述べた布告と本条文との関係については、所属代言人がいる裁判所において代言人による弁護人を用いなかった場合のみ判決を無効とするという趣旨であるとした。そして所属代言人がいない裁判所においては非代言人を用いることは可能ではあるものの、非代言人の許否は裁判官の裁量であることから、弁護人を用いない刑事裁判はありうるとは可能ではあるものの、非代言人の許否は裁判官の裁量であることから、弁護人を用いない刑事裁判はありうる上、それに対して被告人は異議の申し立てを行うことができないと説明している（「弁護人ハ必シモ代言人ニノミ限ルト云フ訳ニアラサレハ所属代言人ナキトキハ被告人ノ親属故旧ニモ命スルコトアルヘシ然レトモ之レヲ命スルト否トハ裁判長ノ権利ニシテ必シモ親属故旧等ニ命セサルヘカラサルニアラス故ニ弁護人ヲ命セサルコトモ亦是レアルヘシ此時ニ於テ裁判官刑ノ言渡ヲナスモ其裁判無効トナラサルヲ以テ被告人ハ異議ノ申立テヲナスヲ得ス」）。

以上、裁判の公平性を維持するためには刑事弁護が必要であること、そして被告人の弁護の権利を保障するためには検察官に匹敵する存在としての法的知識に富んだ弁護人が必要であるとする井上は、先の清浦とは異なり、非代言人については消極的な評価を示している。井上は、代言人が不足している地域においては「親属故旧」に弁護人を頼むことはありうるし、非代言人であっても代言人より法的知識を有する人がいないとはいえないとしながらも、刑事弁護の趣旨および刑事弁護の専門性を鑑みると代言人を差し置いて非代言人が弁護を行うことについては否定的な考えを持っていることがうかがわれる。

（3）江木衷『現行　治罪原論　上巻　第一篇〜第五篇』[25]

江木のテキストは条文ごとに解説を行うものではなく、それぞれの項目ごとに見解を述べたものである。その中で江木は、刑事事件における被告人について、被告人自身による弁護権および弁護人を用いる権利を述べた上で、理論上は被告人は必ず弁護人を用いる権利を有するべきであるにもかかわらず、治罪法では公判の被告人のみにその権利を与えたことに疑念を示している。江木はまた、被告人の他に弁護を担当する者は、必ずしも弁護人に限られておらず、裁判官および検察官も被告人の利益を保護すべきことは当然である（「被告人ノ外弁護ノ任ニ当ルモノハ必スシモ弁護人ニ限ラス裁判官及ヒ検察官ト雖被告人ノ利益ヲ保護スルコトアルヘキハ当然ナリ」）と述べており、刑事裁判における被告人およびその権利保護について注意を喚起している。

弁護人については、被告人の利益の代表者であることから、被告人が自ら保護することのできないあらゆる権利を用いることが弁護人の職務であり、被告人の意思に反する場合であっても被告人の利益になることを行う義務があることを述べている（「弁護人ハ被告人ノ適法ナル利益ノ代表者ナレハ被告人ノ自ラ保護スルコトヲ得ヘキ萬種ノ権利ヲ悉ク利用セサルヘカラサルハ法律ノ弁護人ニ命シタル職務ナリ故ニ苟モ被告人ノ利益タランニハ設ヒ被告人ノ意思ニ反スルモ亦之ヲ行フヘキヲ其義務トス」)。ただし、被告人の刑事弁護権は被告人の意思で自由に放擲できない権利ではないことから、上訴権などについては被告人の意思に従うこと(「被告人ノ意思ヲ以テ自由ニ放擲スルコトヲ得ヘカラサル権利ニアラサレハ其意思ニ反シテ之ヲ行フコトヲ得ス例ヘハ被告人ノ自由ニ存廃スルコトヲ得ヘキ上訴権ノ如キ是レナリ」)も述べている。

刑事弁護については弁護人を用いる権利が公判だけに限定されていることへの批判を行い、また、裁判官および検察官も被告人の利益を保護すべき者であるという指摘を行うなどの特徴がみられる反面、非代言人の弁護人や重罪事件について弁護人が必要であることの理由については、江木は条文の説明以上の見解は述べていない。

(4) 磯部四郎『現行日本治罪法講義　下巻』[26]

すでに確認した通り、治罪法制定に先んじて刑事弁護の導入を訴えていた磯部は、検察との力関係を保つために刑事弁護は必要であることを主張している。その主張内容は本書においてもとくに変化はなく、法律の知識に富む検察官とそうではない被告人という図式における法律の知識の差、そして国家の代人であるために時に権威を誇示することもある検察官への懸念から、検察官に対抗できる弁論者である弁護人が必要であると述べている。また、法律の専門的知識を有していることから裁判所所属の免許代言人から弁護人を選任すべきという原則がありながらも裁判所の許可があれば非代言人による刑事弁護も可能である例外的措置については、被告人の資産状況から代言人を依頼できないという状況や代言人を十分に信用できない場合があることを想定している(「被告人無資力ニシテ代言人ヲ依嘱スル能ハサルカ若クハ代言人ニ充分ノ信用ヲ措カサル被告人ハ代言人ニ非ラサル者ヲモ弁護人ト為スコトヲ得」)。

そして、重罪裁判では弁護人が必要であることについては、被告人と検察官が敵対の地位にある以上、同等の弁論を保障しなければ裁判の公明正大、そして司法権の信用を維持することができなくなるため弁護人を認めたが、裁判所の不注意あるいは被告人が弁護人を選任する権利があることを知らなかったために、弁護人を選任せずに弁論を終え、刑の言い渡しを受けることへの懸念から、弁護人を用いなかった場合は刑の言い渡しを無効とするという規定を設けたと説明し、この規定によって被告人の弁護権は確保されると評価している（「実ニ此制裁アリテ被告人ノ弁護権ハ爰ニ確然動カスヘカラサルモノトナレリ本条ノ被告人ニ於ケル洵ニ貴重ナル法文ト云フヘキナリ」）。

このように磯部は、治罪法制定以前より主張していた刑事弁護論とほぼ同様の趣旨を説明しているが、弁護人としての非代言人については、資産状況から代言人を依頼できない場合や代言人を信用できない被告人を想定しており、この点については、自身の資産状況が許す範囲で弁護人を依頼することができる非代言人の存在や、代言人よりも身近な紛争解決者が刑事事件においてもある程度頼りにされていた可能性が推測できる。

以上、一八八一（明治一四）年から一八九〇（明治二三）年までに出版された治罪法に関する書籍の中で四冊を取り上げて刑事弁護に関する記述を検討した結果、①刑事弁護の必要性については、被告人の弁護権を保障するためには法律の知識について検察官との間の格差を是正するために法律の知識を有する代言人を念頭においた弁護人が必要であること、そして裁判の公正さの観点から刑事弁護が必要であることについてある程度の共通認識が見られた。②弁護人、とくに非代言人による弁護人については、地方における代言人不足、被告人の資産状況、あるいは代言人に対する不信といった事情を想定していた清浦と磯部に対して、法専門職による刑事弁護が行われるべきであり非代言人による刑事弁護はあくまで例外的な措置であるとする井上、そしてとくに補足説明を行っていない江木というように評価に差異は見られるが、法的知識に裏付けられた法専門職による法的サービスが行われるべきであるとする理念としての刑事弁護とその実施を徹底化できない事情との間で検事弁護の実践を検討しようとした姿勢はうかがわれる。そして、③の重罪裁判では弁護人が任意ではなく必要なものとされたことについては、重罪裁判ということの重大性が指摘されているが、弁護人による弁論がなされなかった場合の制裁をめぐっては直ちに太政官布告による手当てがなされたこともあり、裁判所所属の代言人がいない場合は非代言人を用いることで対応できるのではないかという意見を示した清浦と、この制裁は裁判所所属の代言人がいるにもかかわらずその中から代言人を選任せずに裁判を行った場合に限定されるものであり、非代言人の許否は裁判所の裁量であることから、所属代言人がいない場合はあえて非代言人による弁護人を許可しなかった場合であっても当該太政官布告を適用すれば問題がないとする井上との間には、②と重複するが、非代言人に対する評価が異なっていることが判明した。

おわりに

本章では、紛争解決者としての法専門家および彼らの背後にある多種多層な非法専門家の存在や役割の大きさを考察する一つの素材として、治罪法導入による近代日本の刑事事件における法専門家および非法専門家について若干の考察を行った。

第二次世界大戦までの日本の刑事司法は職権主義が採用されており、そこでは「弁護人の役割は審判の対象（客体）とされた被告人の弁明を審判者に伝える補助的な役割にとどまり、審判者の真実究明に不可欠な存在とはいえないから、弁護人の存在意義は薄い」[27]と語られることが多い。そのような時代の制約を受けながらも、治罪法において刑事弁護を認めたことは、弁護人として刑事法廷に法専門家である代言人を登場させ、法律の専門知識に基づいて弁論を行う刑事弁護人と、明治以降もなお代人という身分をまとって法廷に出ていた非代言人とを区別する契機となった。治罪法による刑事弁護は、とくに重罪裁判に関しては被告人自らが弁護人を選任しなかった場合は裁判所の職権で裁判所所属弁護士の中から弁護人を選ぶという形がとられており、さらに裁判所の職権による弁護人については代言人が原則として弁護を拒否することができないものであった。また、全体として代言人が不足していた時期であることから、現在以上に(28)裁判所の職権による弁護人である可能性が高かったことが考えられる。そのような状況においても、取り上げた愛知重罪裁判の事例のように、代言人が熱意をもって適切な弁護を行っていたことをうかがわせる事件もあったが、明治期の代言人という法専門家による刑事弁護が一般的にどのように行われ、刑事弁護を支える専門知識や技術の取得がどのような形で行われえたのかについては、今後さらなる事例を集めた上で改めて考察する必要がある。

また、治罪法施行前後における刑事弁護において、「法専門家の背後にある多種多層な非法専門家」の存在および役割を考える際の一つの素材となりうるのが非代言人による弁護人であろう。重罪裁判については必ず弁護人を付けなければならないことを述べた治罪法第三八一条に関して清浦が指摘しているように、代言人が不足している地域においては裁判所が非代言人による弁護人を許可することで対応することも可能であった。しかしこの問題に対して、代言人がいない地域においては当面は弁護人を用いなくても判決の効果は無効としないとする太政官布告による解決が図られたことを考えると、治罪法施行当初の政府の姿勢は、非法専門家である非代言人による弁護人は極力排除することを目指すものであったといわざるをえない。他方において裁判所の許可を得た場合は非代言人を弁護人として用いることができるとした第二六二条但書を否定する布告等は出されていないことを考慮すると、非代言人による弁護人はその後も消極的ではあるが存在し、磯部が指摘したように資産状況などから代言人に依頼できない層や紛争解決者としての代言人を信頼できない者の受け皿として機能しえたといえよう。

その他、民事事件とは異なり、刑事事件においては裁判官および検察官も含まれうる法専門家以外の関係者として警察の存在を挙げることができる。明治期の治罪法解説書の出版には警察官向けのものも少なからず存在し、治罪法の知識が警察実務を行う上で必須のものとして認識されかつその理解に努めたことがうかがわれる。ただし、警察を多種多層な非法専門家に含めるのか否かという点については、当時における地域住民の相談者ないしは紛争解決者としての役割を担っていたことは否定できない反面、法的サービス提供者というイメージには合致しえないことから消極的な判断をせざるをえず、その意味において、刑事事件における非法専門家の存在を認めることは難しい。近代の刑事事件においては多種多層な非法専門家の参加による紛争解決を目指すこと自体が志向されていなかったと断言するまでには考察が深められてはいないが、少なくとも、長きにわたり刑事事件における被告人および被害者たちの圧倒的無力感や疎外感を導いてしまった一つの要因が、刑事事件における非法専門家の排除である可能性を指摘したい。

［注］

（1）後藤昭編『シリーズ刑事司法を考える第3巻　刑事司法を担う人々』岩波書店（二〇一七）。

（2）現在の特別弁護人（刑事訴訟法第三一条二項）類似制度。ただし特別弁護人制度は簡易裁判所また地方裁判所において、裁判所の許可を得た時に、弁護士でない者を弁護人に選任することができるとしながらも、地方裁判所においては、他に弁護士の中から選任された弁護人がある場合、つまり弁護士である弁護人とともに弁護活動を行う場合に限られているが、治罪法における非代言人についてはそのような制限はない。

（3）出口雄一・神野潔・十川陽一・山本英貴編著『概説日本法制史』弘文堂（二〇一八）三八二―三八四頁。

（4）一八七二（明治五）年八月三日太政官無号達。

（5）一八七四（明治七）年一月二八日太政官達第一四号。

（6）一八七六（明治九）年四月二四日司法省達第四八号。

（7）一八七六（明治九）年二月二二日司法省甲第一号布達。

（8）一八七六（明治九）年二月二二日代言人規則中手続。

（9）藤江卓蔵編『代人並代言人必携』積玉圃、一八七七（明治一〇）五五―五七頁。

(10) 出口雄一「刑事弁護の誕生」後藤昭・高野隆・岡慎一『実務体系　現代の刑事弁護　3　刑事弁護の歴史と展望』第一法規（二〇一四）五頁。

(11)『修補課各委員意見書類　第一巻』（国立国会図書館デジタルコレクション）（一八七九―一八八〇）一五四―一五六コマ。

(12)『修補課各委員意見書類　第一巻』には同時期の一八七九（明治一二）年六月二日に、代言人規則第一条修正案に関して「聞ク欧州諸邦代言師ノ人民ヨリ非常ニ貴重セラル、所以ノ者ハ無他学識宏博品行方正故ニ人自ラ権義ヲ判スル能ハサルニ臨テ一度之ヲ代言ニ図リ其弁明ヲ得テ忽然感服シ敢テ訟庭ヲ煩ハ、ルニ至ルト本邦代言人ニ較スレハ天渕モ啻ナラス然ルニ前顕本邦代言人ノ悪弊ヲ矯正削除セント欲セハ先ツ之カ試験ノ方法ヲ換ヘサルヲ得ス」として法律の知識は地方官ではなく司法省が検査すべきという修正案が出された。しかし、起草委員の懸念する弊害は規則では制することができないため、今後大学校を卒業した法学士から代言人となるものが出てくると、法学士という身分を重んじまた法律を尊重するようにならなければならないのではないかという意見や、代言人の悪弊は法学検査が疎漏であることに由来するのではなく、当人の品行不良と一般人の開明が不十分であることによるため地方官が検査を行うという現状で差し支えないのではないかという意見が出されていた（前掲六五―七二コマ）。このように代言人の活動に関する不信・不満を抱くものは少なくなかった。

(13) 穂積陳重『法窓夜話』（国立国会図書館デジタルコレクション）有斐閣（一九一六）九八―一〇三頁。

(14) 一八八〇（明治一三）年七月一七日太政官第三七号布告。

(15) 非法曹による刑事弁護に関しては参照したフランス治罪法に関しても類似の記述がなされているが、日本の治罪法とは異なり、具体的に「親族又ハ朋友」と示されている。「第二百九十五条　被告人ノ代言人ハ本人自カラ選用スルト裁判役ノ選用スルトヲ問ハス控訴院又ハ其管轄地内ノ代言人若クハ代書師ヲ用フ可シ但シ被告人重罪裁判所ノ上席人ヨリ己レノ親族又ハ朋友中ノ一人ヲ代言人ト為ス可キ允許ヲ得タル時ハ格別ナリトス」翻訳局訳『仏蘭西法律書　下巻　訴訟法・商法・治罪法・刑法』（国立国会図書館デジタルコレクション）（一八七五）九三九、九四〇頁。

(16) 選任手続については参照したフランス治罪法とおおむね同様であった。「第二百九十四条　被告人ハ自己ノ為メ弁論ス可キ代言人ヲ選ミタルヤ否ノ問ヲ受ケ若シ之ヲ選マサル時ハ裁判役直チニ代言人一名ヲ選ム可シ但シ代言人ヲ選ムコトナクシテ為シタル諸件ハ其効ナカル可シ（後略）」翻訳局訳・前掲注（15）（一八七五）九三九、九四〇頁。

(17) 一八八一（明治一四）年一二月二日司法省甲第八号布達。

(18)『愛知新聞』一八八二（明治一五）年四月二三日第一八〇九号。

(19) 美濃部貞亮（一八五三―一九〇四）は、愛知県出身で明治法律学校を卒業した後に弁護士として活躍し、その後は愛知県議会議員を経て衆議院議員としても活躍した。美濃部は一八八二年に報告社から『治罪法詳解　第一―一二号』（美濃部貞亮・仁杉英編）を出しており、刑事弁護に強い関心を持っていたことがうかがわれる。

(20)『愛知新聞』一八八二（明治一五）年四月二八日第一八一三号および同月二九日第一八一四号。

(21)清浦圭吾講述、薩埵正邦注釈『治罪法講義　随聴随筆』東京高輪警察署蔵版（一八八一）一九―四一頁（国立国会図書館所蔵）。清浦は一八八〇（明治一三）年までは司法省官僚であったことから、立法状況を踏まえた解説を行ったものと推測される。

(22)林屋礼二・菅原郁夫・林真貴子編著『統計から見た明治期の民事裁判』信山社（二〇〇五）七五頁。

(23)一八八二（明治一五）年一月一九日太政官第一号布告。

(24)井上操『治罪法講義　下』（国立国会図書館デジタルコレクション）知新社（一八八六）三三一―四一、四二八―四三〇頁。井上は明治法律学校で治罪法の講義を担当していた。

(25)江木衷著述『現行　治罪原論　上巻　第一篇～第五篇』（国立国会図書館デジタルコレクション）（一八八六）一五八―一六五頁。大正期には東京弁護士会長を務めたが、一八八六（明治一九）年段階の江木は東京始審裁判所詰の検事、また司法省参事官・検事局兼務。

(26)磯部四郎『現行日本治罪法講義　下巻』（国立国会図書館デジタルコレクション）博聞社（一八九〇）一五―一八、二五二―二五五頁。

(27)村岡啓一「5　刑事弁護人はどんな人たちか」後藤・前掲注（1）一〇三頁。

(28)「二〇一五年に被告人に国選弁護人がついた割合は、地方裁判所で八四・四％、簡易裁判所で九三・三％であり、私選弁護人がついた割合は、それぞれ約一割と一割であった。これをみると、公判においては、被告人の弁護は圧倒的に国選弁護人によって担われていることがわかる。」後藤・前掲注（1）九九頁。

なお、本章で用いた資料については旧字や異体字を常用漢字へ修正して掲載している。

第三章　共和政末期・元首政初期ローマにおける法的サービスの周辺
——法学者・弁論家の活動と知的背景を中心に

林　智良

はじめに

本章の課題は、共和政末期・元首政初期ローマ（前二世紀末から紀元一世紀をさしあたり想定する）における「法専門家」の活動態様と彼らが備えた学識、彼らによる法的サービス提供、その利用のあり方、さらに「法専門家」に準じたりそれに代わる専門家が当時存在したか否かについて概観することである。ローマ法は、元首政期の法学者による知的所産を核としながらその前後にわたる各時代のローマ社会が生み出したものであるが、西欧系法システムの一源流として位置づけられ後代においてもしばしば顧慮の対象となった。そして、そのローマ法を生み出し、維持し、改良した専門家・準専門家の有り様も、後代の参照を受けて一定の範型性を有したものと考えられる。とりわけ、「法専門家」たちの活動態様と背景学識・職業意識とは、知的専門職の原像として振り返られてきたし、今日も振り返るに値しよう。

今日、世界的なローマ法研究ネットワークにおける研究動向としては、ローマ法学の内実への探究、すなわち

『学説彙纂』におけるローマ法学者の法的概念操作と理論構築を中核とするようなローマ法学本体の内部への探究が深化していることと併行して、「ローマ法と、それを取り巻く社会の諸要素との相互関係」を探究の出発点とする研究、いわば「ローマ法と社会」的アプローチに多大な蓄積が見られる。後者の視点に立つ研究は、本書全体の課題と大いにかかわるが、その発展を大きく見ると、古くは一九六七年のクルック（Crook）の研究がその古典的なものとして、一九八五年のフライヤー（Frier）の研究とならんでしばしば言及される。さらに二〇世紀末よりその興隆状況が見られ、今日に至るまで続いている。(1) とりわけ二〇一六年には文字通り「ローマ法と社会 Roman Law and Society」への入門書を標榜する大部のアンソロジー（以下、『ローマ法と社会ハンドブック』と記す）が、欧州・北米・豪州から広く寄稿者を得て、スコットランドを拠点とするドゥ・プレシス（Du Plessis）、同じく米国のアンドー（Ando）、フィンランドのトゥオリ（Tuori）ら若手の編者たちによってイングランドで編まれていることにそれが象徴されよう。(2) 同書一つをとっても、収録されている論考には、法学教育、弁論術とローマ法、訴訟外の紛争解決、社会の周縁的（marginal）存在とローマ法、等々の論題が据えられている。本章においてこの流れに属する成果すべてを吸収紹介することはかなわないが、ここでの課題となる「法的サービスの提供者、その背景学識、サービス提供のあり方、利用者」について考えていく際にこのようなアプローチによる諸研究、とりわけ『ローマ法と社会ハンドブック』所収の諸論考を導きとしたことをあらかじめ記しておきたい。

一　共和政末期・元首政初期ローマにおける中核的法専門家としての法学者・弁論家

（1）中核的法専門家の区別と法的サービスの内容

共和政末期・元首政初期ローマの法学者において「法専門家」の核心と目することができるのは、法学者

(iurisconsultus, iurisperitus, iurisprudens) と弁論家・弁護人 (orator, patronus, togatus, advocatus, causidicus) の二類型であろう。

法学者について、最近ドイツで公刊されたローマ法学史教科書にひとまずよるが、彼らの活動は共和政初期の神官 (pontifices) 以来の伝統を受け継いで、①依頼者のかかえる法律問題について解答すること (法について答えること = respondere de iure)、②法的に有効な効果を発する文書や口頭での式語を起草すること (注意すること = cavere) がその中核として強調され、それに、③後継者向けの法学教育を施し、次世代の法学者を育成すること (教えること = docere) が付加されている。(3)

他方で、弁論家の活動は端的に「他者のために弁ずること」にあらわされる。(4) 共和政期ローマ社会においては、ローマ固有の知的要素を基層にしつつも、ギリシャから他者の説得を本質とする弁論の技法が前二世紀に移入され、前一世紀に広く政治的指導層の教養として普及し、また、時に深く実践的技能として修得されて専門的に行われたことがよく知られている。その活躍場面としては、政治的議論、個人の顕彰と並んで、法廷弁論があり、民刑事の法廷において依頼者のために弁ずることは高度な学識と技能を有する専門家の職域として確立していた。(5)

法学者と弁論家との関係や職域競合についてはシュルツ (Schulz) の先駆的研究以来、多大な研究蓄積がなされており、筆者も以前に若干検討する機会があった。(6) 今日、シュルツほどの峻別説は克服されているものの、比較的新しいハリーズ (Harries) の研究も、両職の知的背景と具体的な担い手における一定の重なりを前提としつつ、法学者には決して聴衆の説得は期待されなかったという点で両者の立場・行動の違いをみとめる。(7) 本章では、両者が担った知的体系それぞれの内実に深く立ち入ることなく、一般の依頼者に対する法的サービスという外枠的観点に絞って見通しておきたい。まず、法学者の職分は、依頼者の相談に受け身の立場で答えて、その状況を権利義務という観点から分析整理し、さらに当時の法制度が要求していた要式性に答えて、依頼者の望む法的効果を間違いなく生じさせるような口頭の文言形式あるいは書面を提供することにあった。そして、その提供場所は特定の場所に限られることなく、法学者の自宅あるいは広場（forum）などの公共空間でも行われうるものであった[8]。次いで、弁論家の職分はむしろ能動的なものであり、民刑事裁判の法廷に赴き、単数の審判人（iudex）あるいはこれと同等の職務を担う複数の担当者（centumviri, decemviri, recuperatores）の面前で依頼者の利益のために弁じてこれを説得するというものであった。たとえば民事裁判で当時主に用いられていた方式書（formula）訴訟においては、その内容は事実関係の立証や情状にかかわる審判人手続（apud iudicem）に主にかかわるものと推測されていた[9]。

このように、両者が提供する法的サービスは異なり、またローマの法制度において相互補完的な機能を果たしており、実際、両職への具体的な就任者については弁論家から法学者に転じたり、通常法学者とされる人物が弁論を行ったり（神官クィーントゥス・ムーキウス・スカエウォラ Q. M. Scaevola Pontifex（前九五年執政官）など）する例も多々見られるものの、その場合でも現実の活動形態はその立脚点によって限定されるものであった[10]。

(2) その学識と専門教育

両者がそれぞれ備えていた学識、知的背景について見通すならば、法学者の備えた法学は、はるか共和政期をさかのぼる前五世紀の十二表法をも基層とする知的蓄積を背景とし、神官法学の時代以来の永いローマ固有の伝統を基本にするものであった。そして、その法学識・法解釈技能の修得形態としては、共和政最後の一世紀にいたって専門の法規集、事例集の文献が増加する様子も見られるために、これらを通じての学修が一定の重要性を持ったと推測される。しかし、基本的には先学の解答活動や文書・口頭形式起草活動を現場で見習い、時に関係者の小サークル内で現実あるいは仮想の事例を議論しながら、聴講者（auditores）として法解釈の技法を磨くというものであった[11]。初学者向けの教科書が成立・普及し、まず体系的に法的思考の枠組みを教科書で備えてから応用に進むという法学教育のスタイルが普及し、そして広大なローマ帝国の法的ニーズに答えるべく新たなかたちの法専門家の量産が可能となるのは、二世紀中葉のガーイウス『法学提要 Institutiones』全四巻の成立を待たねばならなかった。[12] また、制度化された法学校がベーリュートゥスに認められるのはようやく三世紀初頭である。[13]

それに対して、弁論家の備えた弁論術の学識は、一部にローマ固有の要素を敷きつつも、大きな知的体系の枠組みとしてはギリシャに由来し、前二世紀のギリシャ弁論術の到来以来、体系的な学識としてローマの政治的指導層の子弟に普及した。ギリシャ弁論術のローマへの受容史を詳論することも本章の射程外であるが、前一世紀の初めにはラテン語による最初の弁論術教科書である「ヘレンニウスへ Ad Herennium」が成立し、さらにそれに続くキケロー Marcus Tullius Cicero の一連の著作による文献の充実に見られるように、初学者が拠るべき教科書が前一世紀にはすでに普及していたことは特筆に値しよう。[14] そして、その体系はあくまで、時系列に沿って弁論を着想し、組み立て、記憶し、実際に行うことに向けた実践的構成を取っていた。[15] さらに、練習弁論（declamatio）による修練の方法も確立しており、まずはローマの指導層が備えるべき学識として、初等・中等教育課程におけるラテン語の文法・作文に続く教育カリキュラム上の地位を確固として占めていた。[16] 有力市民のうちでも上層の子弟は、ギリシャに遊学しつつ哲学と並んで弁論術を学ぶ機会もあった。[17] 職業的弁論家の活動は、そのような教養的学識としての弁論術の広汎な普及を背景として行われていた。上述のような弁論術の状況を考えると、法学者数も前一世紀にいたると従来に比して顕著な増加を認めるものの、学識としての裾野のひろがりとしては弁論術の優勢を認める。[18]

（3）法的サービスの提供態様と理念

とくに法学者による解答活動の具体的あり方については、次に挙げるキケロー『弁論家について De Oratore』の一節がよく言及される。あらわれる二人の法学者名は前三世紀末から二世紀の著名な法学者である。[19]

「私自身も、しばしば次のことを父や舅から聞き及んでいた。すなわち、学識の栄光において卓越せんと欲する我らが人士もまた、当時の我が国で知られていたあらゆる事柄を理解しようとするのが常であったと。父も舅もセクストゥス・アエリウスのことを覚えていたし、他方でこの我々も、マーニウス・マーニーリウスが広場を横切って逍遥していていた姿さえ目にしたが、彼がそうした逍遥の際にも自らの知識をすべての市民に対し提供していることが誉れの証しであった。かつて彼ら法学者に対しては、かくの如く逍遥しつつあるときも、また邸宅にて肘掛け椅子に座しつつあるときも、人々は相談をもちかけ、市民法についてはもちろん、娘を結婚させることについてや地所を購入することについてや農地を耕作することについて、要するにあらゆる職務または家業について助言を求めたものである。」

ここでは、法学者の活動が時間と場所を選ばない市民への奉仕と彼らへの助言一般として描写されており、あわせて、法学者の活動があまり制度化されていなかったことをもうかがわせる。市民一般への奉仕という観点からは、元首政期にくだったアウルス・ゲッリウスの一節もこれに符合する。(20)

「私が、本と教師たちのいる目立たない場所、隠れた場所を出て、そこから人びとのなかへと、広場の明るみへと進み出でた時のことである。そこでは、法を公に教えて解答活動を行う者たちがローマでたむろする所(stationes)多数において、ローマ国民の財務官が法務官によって法廷召喚されうるや否やという問題が問われていたことを私は覚えている。」

フォルムにおいて法的サービスを提供する法学者の具体的様相をこの史料も活写しており、両史料相まって、法学者は市民たちの喧噪のただなかで活動する法専門家としてあらわれる。また、彼らこそが威信の面では「法専門家」の核に位置すると言えよう。

他方で、弁論家たちの活動のあり方については、何よりもまずキケローが残した一群の法廷弁論、弁論家教育を論じた上述の『弁論家について』や弁論家列伝の性格を持つ『ブルートゥス Brutus』での弁論家の描写によってそのイメージに接近することができる。法学者ほど、社会一般への奉仕を理念として掲げる存在として強調されることはないにしても、一定の社会的威信を有する層の若者のみが接近可能な弁論術という学識を修得した中核的法専門家として、尊敬を得られたものと推測される。

二　法的サービス提供者の周縁と、法的サービス利用者の周縁

（1）法的サービス提供者の周縁としての準法専門家

本書の他の章では、法専門家に準ずる存在、いわば法専門家と非法専門家間のマージナルな職業人による各種サービスの提供が検討されていよう。本章で扱う時代・地域においては、まず法学者と弁論家が法専門家の中核にあたるとしたが、それに対して上のような周縁的存在を認めることができるのだろうか。このような問いへ答えようとする際の導きとなる先行研究として、キケロー時代の"Jurist"の意味と外縁を検討したレーネ・グストラインターラー（Lehne-Gstreinthaler）（以下、レーネと略記）との論考を手がかりに考えてゆきたい。[21]

レーネは、法専門家（原文では"Jurist"）の全体を、現代の法専門家の概念と比してアマチュア的であると評し、そのありかたを、「高い社会階層出身であり、自らへの支持に応ずるべく依頼者や知己親族のために法的助言を与えたり法廷で当事者を代表したりする紳士」とする。そして法専門家たる要件として、①自らをそのように認識す

る者、②自らをそのように称する者、③相当程度の法知識があるとされる者、④解答（responsa）を残した者、⑤法的な業務をなすことにより、法的知識があると推定されうる者の五つを挙げる。そのうえで、法専門家には所属する社会的背景が比較的低く、従事する法的業務があまり陽のあたる分野でないために個人名をあげて言及されることもない、いわば「影の法専門家たち Jurists in the Shadows」とも称すべき者がいるとする。[22] そのうえで、これに該当する可能性のある類型として、①「委託事務管理人（procuratores）」および「代訴人（cognitores）」ならびに「弁護人（advocati）」および「職業的告発者」、②政務官の下僚および補助者、③「企業家（negotiatores）」および「徴税請負人（publicani）」、④〔競売法 ius praediatorium など、比較的マイナーな分野専門の〕法的助言者および不動産譲渡取扱者のそれぞれを順次検討している。[23] これらのうち①の“advocati”を筆者はレーネと異なって法専門家ととらえるが、①のうちで委託事務管理人と代訴人は準法専門家に含めることが可能であろう。②は国家公務員に相当する者としていずれにも該当しないと著者は判断する。③は企業家としての活動を基本としながら、法知識を生かして他人の代理を引き受けるかぎりにおいて準法専門家と考えられる。④のうち前者については、専門分野の社会的評判のために、後者については〔内容の考案・指示ではなく〕実際に遺言や契約文書の代書を行うことが当時の価値観からして格下とされたために、陽の当たる法専門家でないとされた旨が論じられているが、これらは少なくとも準法専門家として考えるべきであろう。

上記から、法専門家には中核的な存在としての法学者と弁論家に加えて、その周辺を学識および依頼者への制度的サービス提供の両面でグラデーションを示しつつ取り囲む多様な準法専門家が存在し、場合によってその複数を兼務することもあった、とまとめることができるだろう。そして、その最外周に位置するのは、法知識を多く期待されることなく代書的な業務に従事する「筆記者（notarius）」、「書記（scriba）」、「代書人（tabellio）」であろう。[24] その具体相はなかなか見通しがたいが、本項の最後に、『学説彙纂』の一節を引いておきたい。遺言を実際に書き上げる作業が筆記者に委ねられる場合があり、しかもその筆記者にはあくまで狭義の代書作業を委ねて専門知識を期待しないと古典期後期に属する著名な法学者パウルスが考えていたように読める。「兵士のルーキウス・ティティウスが、自分の速記者をして、遺言を書き記すべく書き付けをもとに口述筆記をさせたが、文書が書き終えられる前に命を終えた。私は、かかる口述筆記が有効であるのかを問う。私は答えるが、兵士たちには、いかなる方法を彼らが望むにせよ、その方法を彼らが現にとりうるのであれば、それにより遺言をなすことが許されている。ただし、それはやはり、このようなことが引き続き起こったと法律上の証拠により示されたような場合に限られる。」(『学説彙纂』第二九巻第一章第四〇法文首項（パウルス『解答集』第一一巻）[25])。

(2) 社会構成員による法的サービス利用のあり方

ローマ社会において提供される法的サービスは、その提供者中で核心的な法専門家たる法学者・弁論家の提供するものにせよ周縁的な準法専門家のものにせよ、どのような人がアクセスし、利用可能であったかをここで考えたい。この問題は、大きくは『学説彙纂』や『法学提要』を現存史料の核とするローマ法が、どのような階層の利益に仕えるべく形成されたのか、という問題にもつながるものであろう[26]。ただしここでは、元老院議員や騎士階層など社会の指導層に属していて法専門家・準法専門家の助言や法制度利用の知識が比較的利用しやすい人々ではなく、一般の市民が、共和政末期・元首政期ローマにおいてどの程度法的サービスを利用できたのか、に対象を絞って検討する。

その際に導きとなる先行研究として、クナップ（Knapp）とバブリッツ（Bablitz）の作品を挙げることができる。クナップは、社会の指導層ではなく、娼婦や無法者、奴隷や剣闘士、市井の一般市民から見たローマ史を単著で現している。同書は『古代ローマの庶民たち――歴史からこぼれ落ちた人々の生活』の標題で邦訳されるなど各国で影響を与えた。[27] 社会にとって周縁的な存在である彼らにとっての法制度の意義も扱っており、法史学的視点からも示唆に富む。バブリッツはローマの民事紛争と訴訟外での民事紛争解決の可能性と民事紛争提起の意味を、法廷の具体的な復原や位置の同定、傍聴者を含めた関係者の具体的な利害と行動という観点から立体的に検討するという試みで学界の注目を受けた。『ローマ法と社会ハンドブック』にも両者は寄稿し、同書中クナップは第二八章「法的に周縁化された諸集団――帝国」、バブリッツは第一八章「ローマの法廷と私的仲裁」を担当している。[28]

クナップは、上記の単著で貧民（the poor）の司法制度アクセスについて、消極的な見方を明らかにしている。彼は「法資《ママ》料には貧民に関連するものが実質的にないのである。判決の際に漁師の権利に注意が払われることはあるし、強者だからといって特別扱いはされないという一般則は見られるものの、貧民が訴訟にかかわることがきわめてまれなのは明らかである――たとえば、雇用労働に関する規定はない。（中略）司法制度や強者の側の正義は自分の身を守る役には立たないことを知っているので、貧民は非公式の紛争解決手段に訴えるか、あるいは単に泣き寝入りするほかなかった」とする。[29] この見解は、『ローマ法と社会ハンドブック』への寄稿でも維持されており、彼は先行するクルックの見解も援用しつつ、ローマの法と手続は、本質的に威厳（dignitas）を有する社会構成員の視点から彼らに有利になるように組み立てられており、〔法学者も含めていると思われる〕ローマのエリートは近代西欧的な法の下の平等観念を信じていなかった旨を述べている。[30] 他方で、クナップはそのような威厳を持たない市井の市民が〔法専門家の中核に位置する〕法学者の助言を得られたことを示唆する二つの例を挙げる。①一介の店主（tabernarius）が、盗人の追跡に際して格闘となり自ら盗人に与えてしまった眼球傷害の不法損害（damnum iniuria datum）該当可能性に関して共和政末期・元首政初期の著名法学者であるアルフェーヌス・ウァールス P. Alfenus Varus（以下、アルフェーヌスと略記）に直接法的解答を求め、その法的助言を得られたアルフェーヌス法文、②職人（faber）がその友人の委任によって奴隷を購入し、その者に技術を教えて仕入れ値より高く売却したが、委任し

た友人から売却行為に関して訴えられた事例を扱うパウルス法文、がそれである。(31)

まず前者は『学説彙纂』のなかでアクィーリウス法（lex Aquilia）を扱う第九巻第二章に位置するが、そのテキストは以下の通りである。(32)「とある店主が、夜に小道の石台の上に灯を置いていた。ある者が通りすがりにその灯を拾い上げた。店主はその者を追いかけて灯を返すように要求し、逃走者を制していた。その者は手中に携帯していた鋲付きの鞭で店主を打ち始めて、自ら逃れようとした。そこから事が大きくなって格闘となり、店主は、灯を拾い上げていたその者の眼球をえぐり取った。はじめに店主が鞭でひどく打たれたのだから、店主の方から不法損害を与えたと解されないのかどうかを、店主は相談した。私（アルフェーヌス）は次のように解答した。すなわち、まず（店主の方から）行動があって、眼球をえぐり取ったのでない限り不法損害をなしたものとは解されず、実際に落度（culpa）は、はじめに鞭で痛打した者の側にある。しかし、仮にその者からまず鞭打つということでなく、その者から灯を奪い返したかったので格闘を行ったのならば、店主側の落度で事がなされたものと解されると」。ここでは、相談者である店主とアルフェーヌスの間に成立した相談と解答との関係に着目したい。テキストでは、あくまで当事者となった店主が個人として相談し（consulere）、それに直接アルフェーヌスが解答する（respondere）という叙述の枠組みとなっている。

ついで後者は委任契約（mandatum）を扱う『学説彙纂』第一七巻第一章に位置するが、そのテキストは以下の通りである。(33)「職人がその友人の委任に基づいて一〇金で奴隷を買った。そしてその奴隷に技能を教えて二〇金で売った。その職人は二〇金を委任訴訟に基づいて支払うよう強いられた。大体その後になってその奴隷は健康を失い、職人は買主に対して〔奴隷の瑕疵に対する〕有責の判決を受けた。メラは、そのことに対して委任者からは職人に対して責を負うこととはならないという。ただし、奴隷を買い入れた直後に職人の悪意がかかわることなくこの奴隷が〔不健康という〕瑕疵を持ち始めた場合はそうではないと。しかし、職人が委任者の命令によって奴隷に技能を教えたならば反対の結果となろう。なぜなら、その場合は、無料で教えるよう依頼される場合でない限り、賃金も食料費も請求することとなるからである」とある。

明示はないが、こちらも一介の職人がそれほど所属階層の異ならないであろう友人との民事紛争に巻き込まれ、前にも言及した著名法学者パウルスに相談し、解答を得たという構図が見て取れる。ここから、クナップが提示するいずれの場合も、事案の当事者が市井の一市民であることは自明であり、彼らにも中核的法専門家たる法学者のサービスが提供されたことが示されている。他方で、筆者は法務官が相談者となって古典期後期の法学者パーピニアーヌスから解答を得たという表現の法文も目にする機会があった。[34] もちろん、政務官をはじめとする法制度運用関係者や、有力市民に法学者の法的サービスが提供されることは当然であろう。それは前提としつつも、これらの法文が示すように一般の市民にも法的解答が提供された痕跡を目にすると、法学者からの解答サービスを階層を問わずあまねく提供するという姿勢は単なる理念に留まるものではなかったものと筆者は考える。

バブリッツは、考古学やラテン文学など関連の諸部門を学際的に援用して、元首政期ローマにおける法廷の所在地やその配置、また傍聴人も含めて訴訟にかかわった各種の人々がとった具体的行動の復原を試みたことで著名である。[35] 法的概念の織りなす体系に留まらず、法廷や関係者の行動と立体的な像を再構成するという点でユニークであるが、民事紛争解決に向けて人々が選択する制度利用行動という観点からも議論しており、その際に訴訟と訴訟外紛争解決の両面を視野に入れている。ここでは元首政期・古典期ローマを主対象に概観した、『ローマ法と社会ハンドブック』への彼の寄稿を紹介したい。[36] バブリッツはまず一般の人々の生活における紛争解決のあり方を探究する手がかりとなる多彩な史料を概観し、ヘルクラネウム出土やスルピキウス家の蝋書板（*Tabulae Herculanenses*, *Tabulae Sulpiciorum*）やエジプト属州を中心とするパピルス文書、プラウトゥスから小プリーニウスにいたる非法学文献群がそれに含まれるとする。そのうえで、碑文として刻まれたものからガーイウス『法学提要』、古典期法学者の学説にいたるさまざまな規範的テキストのもつ限界、すなわち人々による生の紛争解決からこれらが遊離しているおそれを指摘する。そして法人類学の成果も援用しつつ、紛争解決手段を①（第三者が当事者間の疎通を図る）斡旋（mediation）、②（第三者が当事者に委ねられて解決案を示す）仲裁（arbitration）、③（国家の裁判所に提訴する）判決（adjudication）の三類型を提示してこれらを元首政期ローマ社会にあてはめて、一般の人々による紛争解決手段の選択行動を論じている。[37] その際に、民事紛争当事者の住居地（ローマか、イタリアの自治市（municipium）か、属州か。それにより提訴する際の窓口が相違する）、所属する社会階層、利用できる庇護関係（clientela）の有無、求められる時間的・金銭的負担（遠方からローマに赴く場合に想定される負担）、紛争相手方の持つ影響力、解決手段の有する公的・私的両側面（斡旋、仲裁は私的であるが、仲裁契約（compromissum）を結ぶと、それへの違背罰が求められうるので公私両義的。判決は公的）、強制性（仲裁は仲裁契約の枠組において強制的、判決は執行可能）など多彩な点から検討を加えている。[38] そこで本章の視点から特筆に値することは、書記（secretary, scribe）あるいは弁護人への謝礼が、紛争解決手段が仲裁、判決に進むにつれてかさんでゆくだろうという推測がされていることである。[39] バブリッツの議論においても、法専門家・準法専門家による法的サービスの利用が前提とされており、法的サービスに対する対価と求める満足との衡平が前提とされている。なお、法的サービスの提供が考察対象である以上、その報酬が有する法的性格や支払いの実相についても関連する課題となる。とくに法学者による法的サービスについては、それが理念的には無償であるとされながら、事実上は任意の謝礼として収められていたことが推測されている。そして、各レベルの専門家による報酬の法的性格について、我が国では多大な研究の蓄積がある。[40] ただ、各レベルの専門家が求める報酬の法的意義に対する筆者の検討については他日を期したい。また、各法専門家・準法専門家における専門知識の認定や資格制、専門家団体が存在したか否かも関連課題になり得ようが、クルックやハリーズの詳細な検討が見通すとおり、本章の対象とする時期のローマ社会においてはこれらの現象を見出すことはできなかった。[41] 法学と弁論術の両方を修め、裁判所の統制に服する弁護人とその団体が見出されるのは専制君主政成立以降のローマ東部地域であった。[42]

おわりに

以上の議論を通じて、共和政末期・元首政期ローマにおける法的サービスの提供は法学者と弁論家から構成される法専門家の中核から、その専門性の点でグラデーションを描く多様な準法専門家に至る人々によって行われたと考える。また、この対象において、法的な解答と起草、他者に代わっての弁論がサービスの核であり、それを取り囲んで文書の代筆や当事者間の斡旋などのサービスが（その具体像はくわしく見通しがたいが）提供されていたと考えられる。そして、人々の法的サービス利用行動も、高度に階層化され、いわゆる庇護関係が構成員を連ねる社会の構造下で時間的金銭的負担を勘案しながら相応の合理性をもって行われたと考えられる。今回利用ができなかった蝋書版文書やパピルス文書を将来精査することによって、その具体的なあり方を探究することは一定の成果を期待できよう。たとえ断片的であっても一般の社会構成員による法生活すなわち法的サービス・法制度利用行動の像を再構成する見込みは充分あるものと考える。

［注］

（1）欧米における「ローマ法と社会」的研究の学説史的趨勢を概観したものとして、Ed. by Cairns, John, W. / Du Plessis, Paul, *Beyond Dogmatics – Law and Society in the Roman World*, Edinburgh, 2007, pp.3–8 における導入文を挙げることができる。同文は両編著者の名前で記されており、Crook, John, A. *Law and Life of Rome 90 B.C. – A.D. 212*, Ithaca, 1967 に同時代のローマ史・ローマ法史研究者が下した評価と、その後に各分野に与えた波紋を追跡することから書き起こされている。そして「ローマ法と社会」的アプローチが次第に興隆する過程で注目に値する研究として、フライヤーの研究（Frier, Bruce W., *Landlords and Tenants in Imperial Rome*, Princeton, 1980; *The Rise of the Roman Jurists – Studies in Cicero's "Pro Caecina"*, Princeton, 1985）および彼が育てた研究者たちへの特記がされている。本章では、まずこの見通しに拠りたい。「ローマ法と社会」的研究にかかわる作品はアンソロジーに限っても他に多数出されているが、そのうち後の注（2）で挙げるものとあわせてEd. by Aubert, Jean-Jacques / Sirks, Boudewijn, *Specvlvm Ivris: Roman Law as a Reflection of Social and Economic Life in Antiquity*, Ann Arbor, 2002と、Ed. by Peachin, Michael, *The Oxford Handbook of Social Relations in the Roman World*, Oxford, 2011の二作を挙げるにとどめる。最後になるが、日本語で書かれた先駆的業績でありクルックの業績にいち早く注目したものとして、まず吉野悟『ローマ法とその社会』近藤出版社（一九七六）を挙げる。

（2）Ed. by Du Plessis, Paul J. et al. *The Oxford Handbook of Roman Law and Society*, Oxford, 2016. 他方で、同書の成立という出来事自体と同書の構成は、ローマ法研究の世界的ネットワークが緊密化し、本来の発祥地をこえて地理的にも展開していることのあらわれと捉えられよう。西欧に限定されない欧州や北米大陸各地からの寄稿者を得ている。なお、本邦未訳である。

（3）Kunkel, Wolfgang/Schermaier, Martin, *Römische Rechtsgeschichte 14. Auflage*, Köln, 2005, S.125–128; Waldstein, Wolfgang/Rainer, Michael J., *Römische Rechtsgeschichte: Ein Studienbuch* 11., neubearbeitete Auflage, München, 2014, S. 147–149. 筆者は、かつて林智良『共和政末期ローマの法学者と社会——変容と胎動の世紀』法律文化社（一九九七）四、二二–二三頁において、二〇世紀のローマ法史家フリッツ・シュルツ（Schulz, Fritz, *History of Roman Legal Science Reprint with New Addenda*, Oxford,1953）の記述によりつつ、共和政末期における法学者の活動を（一）遺言・契約文書の起草、（二）方式書の起草援助、（三）法的問題に対する解答、（四）審判人・法務官等への専門的助言および告示起草への援助、（五）審判人業務、（六）法廷での弁護活動（agere）、（七）法学者教育、（八）法学著述の八点に示したことがある。上記のローマ法学史教科書では、かつて筆者が示したもののうち、法学者としての学識能力を期待して任命されるとは限らない（五）と、以下に触れる（六）を省きつつ、残りを解答、起草、教育の三活動に整理して法学部生向けの標準的記述として示したものだろう。とくに（六）の"agere"について、拙稿では「弁護活動」と訳したが、法廷に赴いての当事者・弁論家への指導・支援活動と今は捉えたい。そのうえで、この"agere"という職域が、弁論家の挑戦を受けて法学者には副次的な存在になりつつあったことも、これらドイツの教科書の記述姿勢に反映している可能性がある。これらの二次文献が典拠とする原史料のうち多くはキケローの言及であるが、そのなかには解答（respondere）、起草（cavere）、訴訟指導（agere）の三活動を一組にして連記するものもあり（たとえばCic., De Orat., 1,212）、おそらくはそれを前提に碧海純一他編『法学史』東京大学出版会（一九七六）三二頁においてこの三活動が挙げられたものと考えられる（柴田光蔵分担の「ローマ法学」）。なお、共和政末期・元首政期ローマの法学者の活動時期およびプロフィールにつき、とくに断らない限り、本注で挙げた柴田「ローマ法学」および拙著に拠る。

（4）Crook, John, A., *Legal Advocacy in the Roman World*, Ithaca, 1995, pp.1–2, 13–14 は、弁護人の果たす役割を「代理として弁ずる声（Vicarious Voice）」とし、法的助言者の役割とは異なるものと位置づける。クルックの研究史上の位置づけにつき後の注（5）を参照。

（5）法制史・法思想史から見た弁論術・修辞術研究一般については、我が国において、吉原達也「キケロ『トピカ』」広島法学三四—二（二〇一〇）六六—九二頁における原史料の全訳をはじめ、多大なレトリック研究が吉原によって積み重ねられている。また、法思想史的観点からレトリック研究の方向性を示した作品として、平野敏彦「レトリック研究の予備知識」広島法学一五—三（一九九二）、一二一—四七頁があり、本章ではこれを導きとした。以下では、欧米で公にされた多数の文献のうち、法学者と弁論家が提供した法的サービスの異同という観点に絞って筆者が参考にしたもの若干を継時的に挙げたい。前掲注（3）Schulz, pp.54–55, 108–109 のとらえる法学者と弁論家・弁護人の関係は、両者の学識・活動における相違と前者の後者に対する学識的優越を強調する立場や、パピルス・碑文史料の利用についての限界という点で前掲注（4）Crook（1995）らの後続研究に凌駕されている点もあるものの、今日も大枠として我々の導きになる。その前掲注（4）Crook（1995）は、弁護活動一般に関する比較考察やパピルス文書の取り入れを含めた包括的ローマ弁護研究として、その後の研究に参照必須な基本的作品となった。Harries, Jill, *Cicero and the Jurists: From Citizens' Law to the Lawful State*, London, 2006 は、共和政末期ローマにおけるキケローと法学者の関係を考察した比較的新しい作品として、法学者側に重心を置きつつも、法学者と弁論家の関係に光を当てる。ローマの弁論術を対象とした大部の入門書としての Ed. by Dominik, William/Hall, Jon, *A Companion to Roman Rhetoric*, Chichester, 2007 は、弁論術の体系に加えて法廷弁論のあり方についても導きとなった。Bablitz, Leanne, *Actors and Audience in the Roman Courtroom*, Abingdon, 2007 は、後述のように元首政期における裁判実務の立体的復原という目的を持ちつつも、枢要な役割を担った弁護人の役割と学識をとくに詳細に検討する（同書 pp.141–198）。また、『ローマ法と社会ハンドブック』も、「法学教育と法学者訓練」（Harries, Jill, pp.151–163）および「弁論術とローマ法の関わり」（Kacprzak, Agnieszka, pp.200–213）にそれぞれ一章をあてている。法学者と弁論家の提供した法的サービスの相互関連について導きとした主要先行研究は以上である。

（6）共和政末期ローマにおける弁論術の浸透と隆盛状況一般については、前掲注（5）Ed. by Dominik, William/Hall, Jon が各所で詳述しているが、そのうちとくに、弁論術の政治的指導層に対する浸透と彼らによる弁論術修得のあり方については Corbeill によるp.71 での記述が、また、教育カリキュラムにおける弁論術の位置づけについても、おなじくp.70 での記述が参考になる。

（7）前掲注（3）Schulz, pp.76–77, 108–109. 前掲注（5）Harries (2006), p.92を参照。なお、共和政末期における状況に限定してであるが、弁論術の法学への影響について、筆者はかつて慎重論をとっており、ここでもさしあたり、いわゆるクリウス事件をきっかけとした言語解釈方法の全面的転回を認めないとした自説を維持しておきたい（前掲注（3）拙著四、二二一―二二三頁）。ただし、今日法学の論法と弁論術の論法の関連については、古典期すなわち元首政期の発展において後者の前者への影響を肯定する議論が有力になっている。その有力な論者として、スイスを拠点とするバビュジョー（Babusiaux）の名が挙げられる。民事訴訟法や相続法の分野で多大な成果をあげる一方で、彼女は古典期後期の法学者パーピニアーヌスの法学方法論における弁論術の影響を論じたモノグラフとして Babusiaux, Ulrike, *Papinians Quaestiones: Zur rhetorischen Methode eines spätklassischen Juristen*, München, 2011 をあらわしている。そしてその学説には我が国でも関心が高く、成果の一端には、我が国でも講演記録としてのウルリケ・バビュジョー「トーピクと法学――パピニアヌス『質疑録』(D.35.1.72) における立論の構造」（田中実・佐々木健訳）南山法学四一―二（二〇一八）、三一五―三三八頁において日本語で接することができる。

（8）以下に引用する『弁論家について』の記述（Cic. De orat. 3,33,133）からも、法学者の活動場所を推測することができる。

（9）ここでは、ローマ民事訴訟についての研究を積み重ねてきたメッガー（Metzger, Ernest）が、Ed. by Hornblower, Simon et al. *The Oxford Classical Dictionary 4th edition*, Oxford, 2012（以下、『オックスフォード古典学辞典第四版』と記す）, p.808 における「ローマの法と訴訟」の項目で記した、「審判人たちは審理を受動的に行った、すなわち弁護人たちに対してその考えのままに事件の弁論を行うことをゆるして、職権的に介入することはなかったと思われる」という推測にまずよりたい。なお、法学者と弁論家が果たす役割の相違を明示する説明につき、前掲注（4）Crook (1995), p.2, 13を参照。

（10）まず、林・前掲注（3）三〇、四五頁における弁論家としてのスカエウォラへの賞賛や、二一六、二一八頁におけるセルウィウスの弁論家から法学者への転身につき参照。実際、当時の法専門家が一職種に専心したものとは考えがたく、複数の立場を重ねて担っていたことについて、前掲注（5）Harries (2006), p.50も、「〔政務官や元老院議員、弁論家や法学者などの多様な役割を列挙して〕ローマの政治的エリート層の成員は単一のアイデンティティに身を置くことを享受せず、多数について享受した。これらの理由のために、本書では『法律家（lawyer）』の定義を示さない」と明言しており、筆者もこの理解に同意する。

（11）まず、『学説彙纂』中のポンポーニウス『法学通論単行書』におけるセルウィウス・スルピキウス・ルーフス Ser. Sulpicius Rufus の「聴講者たち（auditores）」、すなわち「弟子たち」という表現がその手がかりになる（D. 1,2,2,44）。法学教育史の観点から共和政末期の状況を概観した記述として前掲注（2）『ローマ法と社会ハンドブック』pp. 152–153 におけるハリーズの見解を参照。ハリーズは、同人が、その聴講者たちに対して個々の事例検討に基づいた、組織化されないセミナーを実施したと捉えているが、それに筆者も従う。

(12) ガーイウス『法学提要』の成立が有する意義を論ずる先行研究も枚挙にいとまがないが、まずは、これをローマ法に伏在する諸原理に対する便覧として捉え、その成立により法学教育が口頭のものから書かれた記録に基づくものに転じたとするHarries (2016), p.159（前掲注（2）『ローマ法と社会ハンドブック』所収）の見解を参照。

(13) まず前掲注（4）Schulz, pp.273–277とHarries (2016), pp.160–162（前掲注（2）『ローマ法と社会ハンドブック』所収）を参照。

(14) この点につき、まず平野・前掲注（5）二六―二九頁を参照。さらに詳細な歴史的展開に関する説明として前掲注（5）Ed. by Dominik, William/Hall, Jon, pp.168–180を参照。

(15) 古代レトリック五部門「構想ないし題材の発見」inventio、「配置」depositio、「修辞」elocutio、「記憶」memoria、「所作」pronuntiatioという構成が、まずそれにあたる。用語と概念につき、吉原達也「『ヘレンニウスへ』(Ad Herennium) 第三巻における「記憶」(memoria) について」広島法学二五―四（二〇〇二）三頁をまず参照。

(16) カリキュラム上で文法教育 (grammatica) のすぐ上に位置する弁論術教育を具体的に担って"rhetores"と称された教師たちについては前掲注（5）Ed. by Dominik, William/Hall, Jon, pp.285–296所収のMcNelis, Charlesの記述とならんで、Maurice, Lisa, *The Teacher in Ancient Rome: The Magister and his World*, Plymouth, 2013, pp.13–17を参照。

(17) 林・前掲注（3）二一三、二一六頁。

(18) 林・前掲注（3）一七―二〇頁。

(19) "Equidem saepe hoc audivi de patre et de socero meo, nostros quoque homines qui excellere sapientiae gloria vellent omnia quae quidem tum haec civitas nosset solitos esse complecti. Meminerant illi Sex. Aelium; M'. vero Manilium nos etiam vidimus transverso ambulantem foro, quod erat insigne eum qui id faceret facere civibus ominibus consilii sui copiam; ad quos olim et ita ambulantes et in solio sedentes domi sic adibatur non solum ut de iure civili ad eos verum etiam de filia collocanda, de fundo emendo, de agro colendo, de omni denique aut officio aut negotio referretur." (Cic. De orat., 3,33,133) この史料については、詳細な注記を伴う貴重な訳業としてキケロー著、大西英文訳『弁論家について（上）（下）』岩波書店（二〇〇五）があり、これに導かれた。該当箇所は下巻一九三―一九四頁となるが、本章では拙訳を載せる。たとえば、共和政期のローマ法学者を政治的文脈で分析した先駆的研究であるBauman, Richard A., *Lawyers in Roman Republican Politics: A Study of the Roman jurists in their political setting, 316–82 BC*, München, 1983, p.1は、法学者揶揄の史料として著名なキケロー『ムーレーナ弁護論 Pro Murena』第二八―二九節とならべて同史料を対比的に引用し、各史料によって生ずる法学者評価の多面性を浮かび上がらせるかたちで全編の導入部としている。ここ

で言及されるセクストゥス・アエリウス（前一九八年執政官）、マーニウス・マーニーリウス（前一四九年執政官）について、まず柴田・前掲注（3）三二、三四頁、Kunkel, Wolfgang, *Die Römischen Juristen: Herkunft und soziale Stellung*, Köln, 2001, S. 8–9, 11–12を参照。なお、この史料は拙稿「紀元前3・2世紀ローマにおける法学者の社会的地位と活動について（副題省略）」奈良法学会雑誌一二―三・四（一九九九）二六頁でも引用・検討した。

（20）"Cum ex angulis secretisque librorum ac magistrorum in medium iam hominum et in lucem fori prodissem, quaesitum esse memini in plerisque Romae stationibus ius publice docentium aut respondentium, an quaestor populi Romani a praetore in ius vocari posset."（Gell.,Noctes Atticae, 13,13,1）（アウルス・ゲッリウス『アッティカ夜話』第一三巻第一三章第一節・拙訳、傍線著者）、古くは、前掲注（1）Crook（1967）, p.90がすでに同箇所をひいている。

（21）Ed. by Du Plessis, Paul J., *Cicero's Law – Rethinking Roman Law of the Late Republic*, Edinburgh, 2016所収のLehne–Gstreinthaler, Christine, "'Jurists in the Shadows': The Everyday Business of the Jurists of Cicero's Time", pp.88–99.

（22）前掲注（21）Ed. by Du Plessis, pp.88–89.

（23）前掲注（21）Ed. by Du Plessis, p.88.

（24）この点につき、キケロー時代のローマにおいて"Lawyers"という用語に単一の定義を提供することができないとして、法の担い手の多様なアイデンティティを指摘する前掲注（5）Harries（2006）, p.50の把握とも重なるものと考える。なお代書人については、まず前掲注（3）Schulz, pp.109–110を参照。

（25）D. 29,1,40,pr.（Paulus, "Responsa" 11）"Lucius Titius miles notario suo testamentum scribendum notis dictauit et antequam litteris praescriberetur, uita defunctus est: quaero, an haec dictatio ualere possit. respondi militibus, quoquo modo uelint et quo modo possunt, testamentum facere concessum esse, ita tamen, ut hoc ita subsecutum esse legitimis probationibus ostendatur." パウルスについては、まず柴田・前掲注（3）四一頁を参照。

（26）ここでは、本章でしばしば援用しているところのフライヤーが『オックスフォード古典学辞典第四版』の「ローマ法の社会学」の項目で記した総論的記述から一節を引き、ローマ社会の諸階層のうちローマ法が代表するものは何なのかという問題が存在することを指摘するにとどめたい。「［元首政期の］法学者たちが社会階層として均質な存在であったことは、たしかに彼らが一定の狭い視野から著述活動を行うことにつながった。すなわち、社会の比較的上層にかかわる重要な法的問題に注力する傾向が目に見えてあったのである。そのような問題は属州においてよりもローマの裁判において、一層頻繁に生じた。法学者たちはこれらの問題を公平に評価しているが、その分析枠組みと社会の現実理解との双面において限りのあるものであった。たとえば、彼らは通常の賃金労働、安価な賃貸住宅、小作農業について事実上何も述べていない。そのかわりに大規模農園の経営や富者の相続、重要商品や奢侈品の取引について多くを述べている」。前掲注（9）Ed. by Hornblower, Simon et al., p.802.

（27）Knapp, Robert, *Invisible Romans: Prostitutes, outlaws, slaves, gladiators, ordinary men and women ... the Romans that history forgot,* London, 2011（＝ロバート・クナップ著・西村昌洋監訳・増永理考・山下孝輔訳『古代ローマの庶民たち――歴史からこぼれ落ちた人々の生活』白水社、二〇一五）。

（28）前掲注（2）『ローマ法と社会ハンドブック』pp. 362–373, 234–244.

（29）前掲注（27）Knapp（2011）の訳書一七四―一七五頁、原著 p.121 を参照。ただし、ここでのクナップの見解や前注でのフライヤーの見解について若干の留保をここで行っておきたい。ローマ法の契約類型に雇用すなわち労力の賃約（locatio conductio operarum）や、賃貸借すなわち物の賃約（locatio conductio rerum）に含まれる土地の賃貸に基づく小作農業生産に関する諸学説が『学説彙纂』にあり、これらの契約において行為能力ある当事者として小作農や労働者があらわれていることに鑑みると、クナップが雇用労働に関する規定がないと言い、フライヤーが通常の賃金労働や小作農業がないとまで書いていることは（事実として規定が貧弱であるにしても）言い過ぎではないかと考えるが、その検討は他日を期す。

（30）Knapp（2016）, p.368（前掲注（2）『ローマ法と社会ハンドブック』所収）。ここでクナップがひく古典的研究としての前掲注（1）Crook, p.282 も、『学説彙纂』において労働条件や店子の保護に関する規定が乏しく、また、奴隷はいうに及ばず被解放自由人についても、その負う義務が苛酷であった旨を述べている。

（31）Knapp（2016）, p.369（前掲注（2）『ローマ法と社会ハンドブック』所収）。

（32）D. 9,2,52,1（Alfenus, “Digesta” 2）“Tabernarius in semita noctu supra lapidem lucernam posuerat: quidam praeteriens eam sustulerat: tabernarius eum consecutus lucernam reposcebat et fugientem retinebat: ille flagello, quod in manu habebat, in quo dolor inerat, uerberare tabernarium coeperat, ut se mitteret: ex eo maiore rixa facta tabernarius ei, qui lucernam sustulerat, oculum effoderat: consulebat, num damnum iniuria non uidetur dedisse, quoniam prior flagello percussus esset. respondi, nisi data opera effodisset oculum, non uideri damnum iniuria fecisse, culpam enim penes eum, qui prior flagello percussit, residere: sed si ab eo non prior uapulasset, sed cum ei lucernam eripere uellet, rixatus esset, tabernarii culpa factum uideri.” アルフェーヌスにつき、まず林・前掲注（3）八二―八四頁を参照。

（33）D. 17,1,26,8（Paulus, “Ad edictum” 32）“Faber mandatu amici sui emit seruum decem et fabricam docuit, deinde uendidit eum uiginti, quos mandati iudicio coactus est soluere: mox quasi homo non erat sanus, emptori damnatus est: Mela ait non praestaturum id ei mandatorem, nisi posteaquam emisset, sine dolo malo eius hoc uitium habere coeperit seruus. sed si iussu madatoris eum docuerit, contra fore: tunc enim et mercedem et cibaria consecuturum, nisi si ut gratis doceret rogatus sit."

（34）筆者が見出した例として、Lenel, Otto, *Palingenesia Iuris Civilis*, I, Leipzig, 1889, S.898所収の法文（D. 23,4,2 Ulpianus, "Ad Sabinum"19）は、ウルピアーヌスの名を書名に冠しているが、「パーピニアーヌスが法務官ユーニアーヌスに答えるPapinianus Iuniano Praeotori respondit」という表現を含んでいる。

（35）前掲注（5）Bablitz（2007）.

（36）Bablitz (2016), pp.234–244（前掲注（2）『ローマ法と社会ハンドブック』所収）。

（37）Bablitz (2016), p.235（前掲注（2）『ローマ法と社会ハンドブック』所収）。

（38）Bablitz (2016), pp.235–241（前掲注（2）『ローマ法と社会ハンドブック』所収）。

（39）Bablitz (2016), p.239（前掲注（2）『ローマ法と社会ハンドブック』所収）。

（40）ここで詳しく紹介検討する紙幅はないが、ウルピアーヌス『全ての法廷について』の標題で伝えられる法文（D. 50,13,1 Ulpianus "De omnibus Tribunalibus" 8）は、法学者や哲学者から弁護人、医師、助産婦、教師、書士、など専門性の程度と分野とを異とする多彩な職業における報酬の法的意義について扱っており、我が国でもしばしば注目を集めて議論されてきた。ただ、この法文では具体的な報酬金額や利用者の負担を論ずるものではない。日本においてこれを契約法的に検討した先行研究として、まず林信夫「『学説彙纂』第五〇巻第一三章第一節について——ローマ委任法における無償性原理との関連で」一〇三—一三二頁（太田知行・中村哲也編『民事法秩序の生成と展開——広中俊雄先生古稀祝賀論集』創文社（一九九六）所収）を参照。なお、前掲注（3）Schulz, p.122, n.3は、同法文がウルピアーヌスの真作であるかにつき疑う。

（41）今日の知的専門職の理念が、系譜的には中世欧州の大学における知的ギルドに由来すること、共和政末期・元首政期ローマの弁論家には、同業者団体が存在しないこと、それによる資格認定や成員への活動規制や職域独占がないこと他を前掲注（4）Crook (1995), pp.41–42が指摘している。共和政期の法学者について、前掲注（5）Harries (2006), p.35は、彼らが専業として職務に従事したのではないこと、金銭的報酬を目指すよりも政治的影響力を得ることを目指したことから、彼らが〔現代的な意味での〕"professional"でないとしている。この点につき、レーネの所説（前掲注（21）Ed. Du Plessis, p.88）も同旨である。

（42）前掲注（3）Schulz, pp.268–272; 前掲注（4）Crook (1995), pp.45–46.

第四章　中世ボローニャと「公証人術の書」

――ロランディーノ・パッサッジェーリ研究序論

阪上眞千子

はじめに

この章では中世イタリアの紛争解決の場において重要な役割を果たした、法的サービスのもう一つの（つまり法学者や法曹ではない）担い手である公証人および彼らの著した公証人術の書をテーマとする。

公証人とは、現代の日本では、当事者などの嘱託により法律行為その他私権に関する事実について公正証書を作成し、また私署証書や定款などに認証を与える権限を持つ者と定義されている（公証人法第一条）。公証人が作成した証書は公信力があるとみなされる。これは単に文書作成やその認証ということ自体が目的ではなく、起こりうる紛争をあらかじめ予測して、その解決のために最良の証拠となりうるものを作成して保全しておくという予防司法的な意図が背後にある。(1) つまり、紛争が生じてからというよりも、訴訟に至るのを防ぐという紛争の前段階に果たす役割が大きいということになる。

公証人の制度には大きく分けて、ラテン系（大陸法系）公証人とアングロサクソン系（英米法系）公証人の二つがあり、前者が公正証書の作成を主要な任務とし、日本もこちらに属する。これは中世イタリアが直接的な起源とされている。イタリア中世における公証人の重要性は歴史学の分野ではよく知られており、改めて説明するまでもない。とりわけ豊かな地域文化をもつイタリアでは、地域史の地道で丹念な研究成果が大量に積み重ねられてきており、公証人に関する文書史料が多く残されていることもあって、公証人文書を対象にした研究も非常に多い(2)。文書の解読を通じて公証人の実務や文書にあらわれた契約当事者や遺言者の家族関係や財産関係を丹念に明らかにしていく研究、公証人団体規約を解読して都市コムーネと公証人との関係を明らかにする研究などが多くなされてきた。それに加えて社会史の分野では公証人文書から中世に生きた人々の生活そのものを詳細に掘り起こしていこうとする研究も盛んである。日本の西洋史学界においても研究対象が政治史・事件史から社会史へと移行して以来、イタリア史の分野でも、商業帳簿や公証人文書も研究対象として注目を浴びるようになったし、加えてとくに近年では文書そのものが研究の対象となっている(3)。

公証人の起源として、単語が同一であるために、古代ローマのノタリウス(4)が挙げられることがあるが、これは正確ではない。古代ローマのノタリウスは、もともと単純に速記を行う実務家つまり速記者のことを指し、概して非自由人だった。その他タベリオという代書人もおり、強いて言うならこちらの方が公証人にやや近い。しかし、ローマでは、私的な文書は公的文書（管轄を有する文書局により発行され、特別な規則を遵守して起草され、独特の形式・方法で書かれたもの）とは異なって、publica fides、公的信用すなわち公信力、文書が真正であるという資格を認められることはなかったとされる。これに対して政務官や権限を与えられた官吏の発行する文書が完全な信用を享受した。

ローマ帝政崩壊後、「文字の文化」は一度衰退し、低識字率時代が訪れる。いわゆるゲルマン法における訴訟が、定められた身振り手振りと文言の発声を重要な要素とする儀礼の形をとったことや、証明方法に宣誓・神判・決闘という手段が使われたことが、「声の文化」と呼ばれるこの時代の文化を象徴している。[5] 二つの文化の分水嶺をなすのが一一世紀だとされるが、この頃からヨーロッパの知的レベルは大きく上昇する。一一～一二世紀がヨーロッパにとって大きな革新の時代だったことはもはや言うまでもないが、都市の発展がとりわけ最も重要な現象だろう。農村中心社会の素朴な経済活動や社会関係から、都市を中核とする商業・交易社会、貨幣経済社会への移行は、人々の日常生活の慣行を根底から変容させることになった。その一つの側面が文字および記録の普及と文書の重要性の増大であると言えるし、書くことや書かれたものに信頼性を置く心性の普及である。実際にこの時期以降は公的文書も私的文書もその数が爆発的に増加したことが知られている。[6] 法の存在形態も慣習法から成文法へと変化していくが、紛争解決においても文字で記された文書の役割が増大していく。この担い手の一人が公証人である。

一　前提となる歴史的背景――中世の証書と「公証人たちの共和国」ボローニャ

高度な法的知識と法的文書作成技術の発展と普及、そしてその結果である法専門家としての公証人の活動という文化的現象は、一一世紀以降のイタリアの大きな特徴である。イタリアに始まったこの現象がやがてヨーロッパ大陸各地に広がっていくことになる。

イタリア北中部では、一二世紀から法的文書の形式自体が大きく変化した。これは「charta から instrumentum への変化」という言葉で呼ばれる。[7] 公証人自体は中世初期においてもイタリア半島で活動しているのが見られ、とくにランゴバルド時代の証書がいくつか残っている。しかし、一一世紀までの charta と呼ばれる公証人の文書は、それを証明するために証人を呼んで宣誓させなければならず、それが文書に記された。つまり文書それ自体が即公信力を持つわけではなかった。しかし一二世紀以降になると、文書にはもはや証人の宣誓が記載されなくなり、作成した公証人の自筆署名だけが最後に記される。公証人の作成した証書には完全な信用がある、すなわち公信力 publica fides があるとみなされた。[8] これにより公証人の文書は公正証書 instrumentum となった。私的な取引に公証人が関与し、その記録を文書化して署名すると、これに公的性格が付与されることになる。[9]

また、一二世紀半ば頃から多くの都市で、公証人が作成順に法律行為などの全記録を自らの記録簿に数字を付して控えるようになった。この証書の重要事項が転記された抄録を imbreviatura といい、イタリア中にこの慣行が広まった。これによって公証人が一連の法律行為及び業務を秩序立てて把握し管理することができるようになったし、原本が紛失したとしても、新しい写しを作成することができるようになった。また、ばらばらな証書だと偽造のリスクもついて回るが、帳簿形式だとその心配も解消される。次第に imbreviatura が一般的になると、これ自体が公信力を持つとみなされるようにもなった。さらに一三世紀には文書作成の際に利用するために、公正証書のモデルを集めたものである formularii という書式集も各地で著名な公証人によって編纂されていく。

彼らの作成した文書の公信力の源は何かということについても研究されてきた。[10] 彼らは職務を遂行する特権を皇帝や宮中伯など、より上位の権威から得るとされていた。だがまさに公証人の活動が活発化した一二世紀のイタリア北中部では自立した権力主体としてのコムーネ（自治都市国家）が発展しつつあった。そしてコムーネ自体が皇帝の権限付与や委任から独立して自ら公証人を任命するようになった。コムーネの自立傾向が強まり、これを支える法学理論が構築されていくと、公証人の権限正当化の理論も変化する。バルトルスの有名な理論「上位の権力者を持たない都市はそれ自体が君主である」がよりどころとなった。しかしこの理論が完全に一般的になる前に、すでに各コムーネは、皇帝や教皇の任命にかかわらず公証人の任命を行っていた。そして公証人たちは早くから自らの団体（同職組合）を結成し、結束を高めていった。この傾向が非常に顕著だったのが「公証人たちの共和国」と呼ばれるボローニャである。[11]

イタリア中北部では、一三世紀から一四世紀にかけて各コムーネの公証人の登録簿が整備されたので、おおよその登録数が判明しているが、いずれも人口比で考えると数が多い。[12]そして数だけではなく、ボローニャは公証人がコムーネ行政において主要な役割を担った、それどころかコムーネのまさに指導層だった時代があったため、「公証人たちの共和国」と呼ばれることがある。公証人のアルテ（同職組合）が、イタリア中世の多くのコムーネの宿痾である党派闘争にかかわって、かつて権力を有していた封建貴族層と、一二七四年のギベリーニ派追放まで都市の支配層だった商人・銀行家（富裕アルテ）に取って代わり、この都市の真の支配層になったからである。そしてとくに一二世紀から一五世紀にかけての間、行政や経済のあらゆる分野で公証人たちが活動していた。彼らは書記の権限をもち、コムーネのすべての官庁、都市のすべての会議、行政や政治や技術に関する委員会にもかかわっていた。また他にも、有力な市民として、専門家として、様々な会議に出てコムーネに影響を及ぼしていた。[13]

だが政治史の話は本章の対象ではないので脇に置いて、[14]以下は法史の側面から公証人たちが活躍したコムーネを眺めてみる。他のコムーネと異なり、とくに公証人たちが権力を握るようになったのは、歴史の必然なのか偶然なのかは判断しにくい。しかし、ボローニャが法学の中心地であったことの影響は否定できないのではないだろうか。ヨーロッパの法学者たちと学生たちの国際的集合点となったことがこのコムーネの生活そのものにも大きな変化をもたらしたと思われる。法学者や裁判官の社会的地位が上昇したことが、同じ法専門職の一員である公証人の社会的地位をも高めたと考えることはできないだろうか。

ボローニャでは公証人がコムーネの行政組織において大きな役割を担ったため、コムーネ自体が公証人文書の整理と管理を命じた。コムーネが公信力の源となったのである。そして公証人の登録のために matricola notariorum という公証人登録簿もコムーネが作成し、都市とコンタードにおいて活動する公証人の名前すべてをここに登録することになった。また、コムーネで職業活動を行う資格付与のための試験 licentia exercendi officium notariae もポデスタの裁判官によって行われることになった。公証人となるために必要な資格についてもコムーネの法令や公証人団体の規約で定められた[15]。その上で志願者はポデスタの裁判官の前で、法に関する知識や証書作成能力に関する試験を受けることになった。公証人の養成・教育のための学校も早くから作られ、これがボローニャ大学の先駆をなすという説もある。ただ、ボローニャの公証人の団体自体は一三世紀にようやく形成されたようで、団体がその活動に関する文書館を設置し、団体関係の多数の文書を保存するようになった。

ボローニャといえばまず註釈学派と註解学派による法学の成果が念頭に浮かぶが、公証人の活動から法現象を眺めると、とくに実践（実務）において彼らの果たした役割も無視できない。彼らは日常生活に生じる法的問題を、紛争が起きる前から文書形式で表し、その中で何が法的に見て問題となりうるのかを想定した。これにより法とは無縁の一般市民も法的知識の一端に触れることができただろうし、それどころか現代日本の我々より遙かに多くの取引を彼らはいちいち公証人のもとで証書にしたから、法と法専門家により一層なじんでいたはずである。こうして、公証人は学問の形で再生したローマ法の知識を、日常の世界での実務を介して一般に普及させた。彼らの活動なくしては、ローマ法は大学の排他的な学問上の遺産にとどまり続けたかも知れない。つまり、彼らは学問と日常生活の仲介者の役割を果たしたと言うことができ、彼らによってローマ法は学問世界の高みから身近な日常に降りてくることができた。もちろん法助言者として活動することになる法学者たちの役割も重要だが、それはもう少し後の註解学派の時代になるので、公証人の活動の影響を過小評価することはできないだろう。次の節では彼らの具体的貢献について紹介する。

二　さまざまな公証人の著書および書式集と法学の影響

ボローニャにおいて知られている最古の公証人作成文書は一〇世紀に遡る。しかしこの時点での文書内容は素朴なものに過ぎない。一一世紀に文書をめぐる状況が大きく変化した。文字の書体も小文字体へと変化し、文書に年号を記す慣行も導入された。文書を公証人が作成するということに重点が置かれたため、契約当事者本人の署名はなくなり、逆に公証人の署名が増加していく。公証人が署名して文書を確証することが重要となったのである。この頃のボローニャはまだ大都市ではなく、ローマ、ナポリ、ラヴェンナ、ジェノヴァなどのような文書と法の伝統もなかった。しかしかえってその伝統による束縛の不在が功を奏し、社会の急速な変化に応じて公証人文書が大きく発展することになった。一一世紀半ばまでは、公証人文書の信用性は、当事者と証人の署名と、儀式的厳格性にあった。しかしこれ以降は、このような形式主義は急速に廃れていき、その代わりに当事者による公証人と証人の面前での意思の表明が本質的重要性を持つようになった。公証人はこれを専用の書に記録した。(16)

ちょうどこの頃にボローニャ大学が誕生して成長する過程にあったが、大学における学問研究と公証人実務や作成文書との関係性はどのようなものだったか。これについてはタンバが検証を行っている。(17)

イルネリウスがCodexに含まれる法に基づいて永小作契約の公証人書式の新しい型を作りあげたといわれているが、その書式そのものは残っていない。しかしそれに基づいて書かれたとされる一一世紀の永小作契約に関する文書が残っており、タンバによれば作成者の相当な法的知識をうかがうことができる。また、一二世紀初めに公証人によって起草された文書がすでに特別な証拠能力を獲得していたことが判明している。この証明力はより後になって公信力といわれるものになる。つまり一二世紀初頭のイルネリウスの時代に、公証人はボローニャですでにかなり目立った職業活動を行っていた。これはすなわちボローニャ大学が公証人を創造したのではないということを意味する。しかし彼らに法学の理論を伝授したことは確かである。

では逆に、公証人の学校がボローニャの studium の起源とはならなかったのだろうか。この問題については、チェンチェッティが慎重に研究を行った。[18] それによれば以下の通りである。イルネリウスははじめ自由七科の教師だったが、その後市民法を教え始めた。一一世紀ボローニャの自由七科の学校には公証人が参加していた形跡はないようである。しかし一二世紀初めに急激な変化が訪れ、公証人が作成した文書の内容のレベルが格段に上がった。ラテン語の正確さや文章内容に関してそれが顕著である。大学の誕生と発展が公証人の活動の進歩に影響を及ぼし、またその逆も生じたといえる。

前述のイルネリウス考案ではないかと言われている一一世紀の永小作契約に関する文書は、契約当事者の要求や責任を明記したものであり、もはや封建的土地関係を記した文書ではなく、土地を巡る関係が契約に基づく関係に移行したことを表している。[19] これは当時のコムーネが置かれた状況を反映していると思われる。

そして一二世紀には大学がボローニャの公証人に強い影響力を及ぼすようになっていく。[20] 法学者たちはローマ法に由来する枠の中に公証人文書の実践を取り込もうとした。またちょうどこの頃、コムーネも公証人の活動に積極的にかかわった。コムーネ側は公証人を自らの道具とみなして文書行政に取り組んだが、逆に公証人側も文書技術に精通しているがゆえにコムーネの指導的地位での活躍に理想的環境を見出した。このような現象はボローニャだけのものではなく、自治体制をとるあらゆるコムーネにおいて、コムーネと公証人との関係が緊密なものとなった。公証人の職業活動にコムーネが頼り、公証人もコムーネをよりどころとした。公証人文書の公信力の源が皇帝や教皇ではなくコムーネとなったのもこの頃である。コムーネの体制もポデスタ中心となり、政治組織が司法・行政組織から分離されていくと、公証人の職業活動についても厳格な領域境界が策定された。

一三世紀になるとさらに公証人とコムーネや大学との関係が変化した。公証人の数は増加し、法と法学の領域へのかかわりが強まった。この世紀には、公証人の指導的立場にある者によって書式集がいくつも書かれた。以下においてその代表的なものを紹介していく。

一一世紀終わりから一二世紀初めに書かれたと思われる《*Formularium tabellionum*》は公証人の書式集であり、イルネリウス著作とされたこともあったが、今は否定されている。[21]ただし範をとったのは彼の書式である。内容は実務に関する書式のみで、理論部分を欠く。この書式集は、私的証書の伝統的な四類型（売買、永小作、遺言、贈与）に基づいて分類され列挙されている。

ペルージャのラニエリ Ranieri da Perugia[22]（公証人のマエストロとして著名な人物である）によって一二一四〜一六年頃に書かれた《*Liber formularius*》[23]はその名の通り書式集であり、さまざまな型の公証人文書の書式を継承している。これは一見したところ書式の単なる寄せ集めに見えるが、実はボローニャ大学で当時行われていた註釈学派の法学研究の議論が反映された内容である。それはアゾーによる上級所有権と下級所有権の区別の理論である。ラニエリは書式集内の説明をこれに対応して二部に分けた。第一部は上級所有権 dominium directum に関する素材を扱い、売買、贈与、相続に関する書式が集められている。[24]さらには家子・非自由人の解放、自権者・他権者養子縁組、仲裁の書式、民事分野の裁判記録のための書式も掲載されている。ラニエリはここで公証人書式に裁判記録の素材も含めている。これに対して第二部では下級所有権 dominium utile を扱い、永小作と賃約（物と仕事の）、使用貸借、消費貸借、質、寄託などの書式を掲載した。[25]ラニエリのこの著作は単なる書式集ではなく、理論部分も置かれている。この書は冒頭の序に、公証人の活動が着想源とすべき法の原理の短い叙述を置いている。そして人、物、契約などの解説がなされ、文書の主要な内容の部分とその他の部分との区別の基準も定められている。[26]ラニエリにはコムーネの文書記録簿を作成するという任務も課されており、彼はこの経験に基づいて、その成果として次に全く新たな公証人術の書《*Ars notarie*》（以下古典ラテン語の表記 notariae ではなく、中世ラテン語の表記 notarie を使用する）の編纂・執筆に取りかかった。

次の一二六〇年の著作《*Ars notarie*》がラニエリの代表的著作とされるものである。[27] これは前作とは異なって三部から構成されたが、この著作の新しさはこの三分割法にあり、後にロランディーノにも受け継がれた（後述）。第一部は契約、第二部は訴訟、第三部は終意処分（遺言）である。各部の冒頭でまず理論的叙述がなされ、その後にさまざまな書式が並べられている。最初の著作である《*Liber formularius*》はあくまでも書式集中心だったが、次の《*Ars notarie*》では関心が人がさまざまな人生の時期に行う法律行為に向けられている（権利の取得、移転、防御）。また前者では書式を主観的なものと客観的なものに分けていたが、後者では書式は客観的なもののみである。

ここでヴァールムントが編纂して活字化した版を手がかりにして、この内容を簡単に一瞥してみる。序のあと、契約を扱う第一部《*prima pars huius operis de contractibus et pactis*》が始まる。[28] この冒頭のルブリカ（表題）一において契約に関する概説や諸契約の分類が論じられ、その後のルブリカ二から九では無効な契約と有効な契約、人と物の定義や、証書や証人などについての解説がなされている。とりわけ訴状に関する解説が長い。そしてルブリカ一〇以下六六まではさまざまな公証人証書（ここでは carta という用語が使われている）の範例の列挙が続く。

次の第二部《*De iudiciis*》は、冒頭のルブリカ六九で同じく訴訟に関する詳細な解説がなされている。[29] ただしこれは、訴訟に関係する人々、訴訟の分類、訴訟能力を持つのは誰か、訴訟の手順など制度面の概説であり、学問的な理論の叙述ではない。そしてルブリカ七〇以下二七五までは訴状（含請願書）の範例の列挙が延々と続く。[30] その後、ルブリカ二七六からは民事訴訟制度が扱われ、二七七以下三〇四までは召喚から判決に至るまでの手続の概説がなされている。[31] そしてその中に公証人が作成すべき文書の内容も例示して挿入されている。しかし、この部分の叙述は手続論というよりは、訴訟の各段階において公証人がなすべきこと、書くべきことを指示した指南書のような内容である。同様に裁判官が言うべきことや当事者がなすべきことも解説されている。この部分も理論書ではなく、実務用の手引と見なすべきだろう。

そして最後の第三部《*De voluntatibus ultimis*》においては、終意処分が扱われている。[32] この冒頭のルブリカ三〇五の解説は非常に長い。遺言とは何か、そこに何が書かれるべきかや、公証人が書くべきことなどが詳細に説明されている。公証人の遺言作成における役割が重要であることのあらわれであろう。そして続くルブリカ三〇六以下で遺言の範例が列挙されている。

このように、この書は公証人の実務書としては大部のものであり、その当時の公証人術に関する著作の頂点に達したものであったと言える。しかし内容の完成度とは逆に、公証人たち実務家には最初の作品の方がより利用されたようである。後者は前者の理論部分をなすとみなされたらしい。結局後者の完成を見ないままラニエリは世を去ることになった。

ラニエリの二人の後継者が、サラティエレとロランディーノである。彼らは師に続いて一三世紀半ばのボローニャの二つの公証人養成の学校を率いた。この二人はすべてにおいて全く対照的であり、現実に対立する存在となった。政治的にも前者はギベリーニ＝ランベルタッツィ派であり後者はグェルファ＝ジェレメイ派に属した。前者は富裕層、後者はポーポロの党派である。公証人としての立場の相違は彼らの著作から顕著に浮かび上がってくる。両者とも著作の中でそれぞれの理論と教育方法論を展開している。

サラティエレ Salatiele[33] の著作《*Ars notarie*》は一二四二年に第一版が、一二四四年に第二版が公表された（印刷本ではないので「版」という呼び方はおかしいが、便宜上こう呼んでおく）。現在は二つの版ともオルランデッリによってそれぞれボローニャ写本とパリ写本をもとに復元され、活字になって出版されている。[34] ただし、第一版は唯一の写本であるボローニャ写本の部分的欠損により、第二部と第三部を欠く。これは実務よりも理論部分が優位を占める著作であり、全体の四分の三が理論で占められている。第一版には註釈がサラティエレ本人と弟子の手によって豊富に付されていた（これは第二版では削除された）。

二つの版を概観すると、全体は四部構成をとる。序の部分でまず公証人論が展開され、公証人とは何か、公証人がなしうることや、いかなる権威が公証人を作るかなどが論じられ、[35] それから本論が始まっている。第一の書（第一部）では、人および物の区分と訴権の種類が論じられる。[36] ここでは人のさまざまな分類（自由人、被解放者、男性・女性・両性具有、子供、胎児、嫡出子、自然子など）がスコラ的な筆致でなされ、続いて債務の分類と訴権の分類がそれぞれ解説されている。第二の書（第二部）は契約を論じる。[37] さまざまな契約の種類が挙げられ、それぞれに詳細な解説が付されている。次の第三の書（第三部）は遺言と終意処分を論じる。[38] 遺言の種類や必要な証人について、さらに相続人指定について、そして遺贈、信託遺贈、死因贈与の解説が続く。このように、さまざまな法的素材について三部にわたって詳細に例示して論じた後に、ようやく第四の書（第四部）において補遺のような形で書式集が置かれている。[39] ここで挙げられている書式数は確かに多いのだが、これらを実務においてどのように利用するのかや、理論部分とどのように関連づけられるのかの説明がなされていないので、実務との橋渡しが考慮されていない印象を受ける。

二つの版のいずれを見ても、ラニエリの著作よりも分量が遙かに多いことはもちろんだが、学問的・理論的に前進した段階にあることがわかる。書式集よりも法学理論を中心に据えて、ローマ法に基づいて公証人術を新たなものにしようとしている意図がわかる。サラティエレはオドフレドゥスの弟子でもあるため、ボローニャ大学で学んだ経験があることが推測される。彼は大学において約二世紀の間に蓄積された法学理論に基づいて、ローマ法学とユスティニアヌス法典に土台を置いた公証人学の理論を達成しようとしていた。この著書にはオドフレドゥスの他にアゾーのスンマやアックルシウスの標準註釈に依拠している箇所が随所に見られる。それゆえこれは容易なテクストではなくむしろ難解であり、公証人著作の中では最も学問的な書とされている。また第一版では法学者の著作のみならず、ギリシャ・ローマの古典文献の引用もなされており（ウェルギリウス、キケロー、オウィディウス、ホラティウスなど）、彼の並々ならぬ知識と教養をうかがわせる。彼のこの労作によって、公証人術は単なる実務上の技術にとどまらない、公証法学の名に値する学問的理論に高められた。彼は真の公証法学者であると言ってよい。しかし同時に、サラティエレの作業は大きな矛盾を抱えていた。註解学派の登場には少し早いが、この時期すでに法学はユスティニアヌスの法を、大学内での閉じられた学問の高所から当時の現実の世界、つまり実務へと降ろそうと試みていた。しかしサラティエレが行ったのはそれとは逆のことだった。彼が著したのは、実務的性格を全く持たない抽象的な教義的テクストである。他の公証人の書とは異なり、実務における公証人の職務が論じられていない。訴訟手続に関する素材が排除されているのも象徴的である。第一版と比べてより従来の伝統的公証人術理論に配慮して改変された第二版が公表されたにもかかわらず、これは大きな成功を見ることはなかった。それどころか、その後この著作は忘れ去られてしまった。これはランベルタッツィ派失墜も原因の一つではあるが、それよりも一二五五年にロランディーノの《*Collectio contractuum*》がサラティエレの著作のアンチテーゼとして世に出たことがより大きな原因である。このもう一人のラニエリの後継者については節を改めて紹介する。

三　「公証人たちの共和国の公証人君主」ロランディーノ・パッサッジェーリと『全公証人術集成』

「公証人たちの共和国の公証人君主」という興味深い呼称はロランディーノ・パッサッジェーリ Rolandino Passaggeri（パッセッジェーリ Passeggeri と表記されることもある）を指すということはボローニャではよく知られた

事柄である。[40] ボローニャで活躍した法の専門家というと、即座に註釈学派や註解学派の学者たちのことが念頭に浮かぶ。しかし、ボローニャの市民たちの集団記憶により長い間残り続けたのは、実はこの公証人マエストロであるロランディーノだった。一九世紀のリソルジメント期にはナショナリズムの感情がロマン主義的歴史叙述と結びついて、ロランディーノはシュタウフェンの皇帝権力に果敢に立ち向かったコムーネの勝利者で英雄（皇帝フリードリヒ二世の軍隊と戦い、フォッサルタでその皇子であるサルデーニャ王エンツォを捕虜にしたのは彼の指導の下であった）として神話化された。[41] 今なおボローニャの聖ドメニコ修道院には彼を記念した石棺が置かれている。

彼は庶民層の出身であり、公証人学校で学んだあと（大学教育を受けたかどうかは不明）資格取得の試験に合格し、実務活動に入ったあと、コムーネの文書局で働くようになった。この際にアックルシウスやオドフレドゥス等と接触があったようである。その後コムーネで最も有力だった両替商の組合で公証人として職務を果たした。その際この組合の規約も起草している。その後公証人学校において公証人術を教え、多くの弟子を育てている。この間、公証人実務に関する著作も執筆し、とりわけ後述の『全公証人術集成』の成功によって名声が広まり、コムーネの重要人物となった。やがて党派闘争がコムーネ内外で激化していったが、この頃になると最も有力なアルテは商人と両替商のものから公証人のアルテに交替していた。ロランディーノが学業を中断して政治の世界に入ったのはちょうどこの頃（一二七〇年代）である。内戦とギベリーニ＝ランベルタッツィ派追放後、ポーポロのコムーネとなったボローニャで権力を掌握したポーポロの指導者として頭角を現し、迅速に新しい制度・体制を整えていった。この土台には、政治権力は貴族の手の中にではなく、働く者の手に、つまりは商人・職人・専門家のアルテの手に握られるべきだという彼の理念があった。また彼は法のルールやイデオロギーだけでは体制を存続できないことを知悉していたため、ポーポロの軍事組織を創設した。数年にわたって彼はボローニャの権力の頂点にあり、コムーネを事実上率いたが（いわば最高の権威である終身アンツィアーニ職の称号を得る）、長くは続かなかった。名目上教皇領に属したボローニャに教皇が直接支配の手を伸ばし、ついには、ロランディーノ・パッサッジェーリはボローニャの政治に介入してはならないという命令を下した。彼は教皇に逆らう気はなく、潔く政治から身を引いて再び公証人学校での教育に戻った。その後教皇の死によって再びポーポロ勢力の巻き返しが生じたが、彼はもはや政治の世界に戻ることはなかった。公証人の教育の他、公証人団体の再組織化のための新規約と新名簿の作成を行い、団体の指導者にも選ばれている。また、ポーポロの敵とされる豪族の告発と追放のための規定（「神聖なる規定」）の策定にもかかわった。

これほど現実政治の世界で活躍した人物であるために、その面でも興味深いのだが、我々の関心はボローニャの政治史やロランディーノの政治活動ではなく、法の専門職としての活動である。彼は政治活動から離れている時期に公証人の専門職活動に関する書を著した。[42] 彼は一二五五年代にまず《*Collectio contractuum*》を世に出した。これは公証人書式集が主要な部分を占めた著作であり、後の大著の基礎の部分となる。これはサラティエレの著作とは正反対で、公証人書式をそのまま収集したもののように見え、註も付けられておらず、外見からは単なる伝統的な書式集と変わらないかのように見えた。ロランディーノはこの書を、その当時実務で使われていた書式の不十分さへの不満（当時の実務にもはや相応していない）から、法と慣習の急速な変化に適応させるために書いたと序の部分で述べている。この書の補遺として最後に《*Tractatus notularum*》が置かれており、これは公証人論である。さらに二〇年後の晩年、ロランディーノ自身がこれらに《*Aurora*》という註釈を兼ねた手引きを手がけていたが、死亡によって未完に終わった。これらにはその後本人が書いた遺言論である《*Flos testamentorum*》も後ろに付け加えられた。さらにその後、本人の註釈が未完に終わったために、弟子のピエトロ・ダ・アンツォラ Pietro d'Anzola らがこれを完成させようと試みて、《*Aurora novissima*》と呼ばれる註釈を書き加えた。その後一四世紀には、ピエトロ・デイ・ボアッティエーリ Pietro dei Boattieri も概説的註釈を書き加えた。これら全体が統合されて大著『全公証人術集成』《*Summa totius artis notariae*》となった。やがてこれは略称「スンマ」あるいは「ロランディーナ」と一般に呼ばれることになる。今日入手できるこの書の版は一六世紀にヴェネツィアで印刷出版されたものの一九七七年の再版であり、各頁の中心に位置づけられた彼の最初の著作の内容を囲む形で註釈がびっしりと付けられている。[43]

この書は当時もそしてその後も大きな成功を収め、先行するあらゆる同種の書にたちまちとって代わり、印刷を介して一七世紀に至るまで版を重ねて影響力を保ち続け、さらにはアルプスを越えてフランスやドイツにまで広く普及することになった。この著作はボローニャの公証人だけに向けて書かれたものではなく、あらゆる土地での公証人の実務を想定して書かれている。それゆえイタリアを越えてアルプス北部にまで影響を及ぼすことになったのである。それまでは手稿だった公証人の書式集が、印刷版のおかげでこの書に挙げられた書式がまさに証書のモデルとして普及することになった。まさにこの書はヨーロッパ大陸における「公証人の普通法」としての役割を果たすことになる。これは法学者の領分におけるアゾーのスンマやアックルシウスの標準註釈と同様に、公証人の領分における一つの権威となった。[44] ロランディーノにはもう一つ最晩年の著作である契約論《*Contractus*》もあるが、それほど注目を浴びなかったようである。これも現在フェッラーラによって編纂されて活字になっている。[45]

『全公証人術集成』は大きく分けると三つの部分からなり（これは先行する師ラニエリの三部構成に順序は異なるが倣ったものである）、それぞれ契約、遺言、訴訟に関する内容を扱っている。さらにその下の細かい章立ては、第一章（四四ルブリカと教会の所有物を扱う一三ルブリカ）売買（De emptione & venditione）、第二章（九ルブリカ）嫁資（De dotibus）、第三章（二一ルブリカ）債権債務（De debitis & creditis）、第四章（一五ルブリカ）譲渡（De cessionibus）、第五章（一五ルブリカ）賃約（De locationibus & conductionibus）、第六章（六ルブリカ）示談（De compromissis）、第七章（二六ルブリカ）自権者および他権者養子縁組、後見、職務（De adoptione, arrogatione, curatione et professione）、第八章（一九ルブリカ）遺言と終意処分（De testamentis & ultimis voluntatibus）、第九章（三四ルブリカ）訴訟及び訴訟手続（De iudicijs & ordine iudiciorum）、第一〇章（二ルブリカ）文書の例示と修復（De exemplificationibus et refectionibus scripturarum）（すなわち公正証書の写しを作る技術と、滅失や破壊の場合の修復について）、となっており、[46]各章はさらに多くのルブリカ（表題）に分かれている。最初の七つの章は契約関連、第八章は終意処分関連、続く第九章は訴訟手続論を扱う。ラニエリやサラティエレの著作のような大雑把な大分類だけでなく、さらに類似の項目別に詳細に小分類しているところにロランディーノの分析の緻密さと正確さがあらわれている。この分類のおかげでさらに詳細な註釈が付けられやすくなった。比較してみると、とくに売買と訴訟の章にルブリカが多い。それぞれのルブリカでは公証人の作成する証書にそのまま利用できる書式が掲載されており、実務的性格が強い内容である。同時期のサラティエレの《*Ars Notarie*》が理論的性格が強いためにロランディーノのものほど成功を収めなかったのとは対照的である。それにもかかわらずローマ法が正確な仕方で利用されているし、ローマ法のみならず特有法すなわちボローニャの条例や慣習法への言及も随所に見られる。この書は専門職業活動の手段のみならず、教育の手段にもなった。ボローニャでは公証人術の教育は一四五七年からはついに法学部においてもなされるようになり、この書がテクストとして利用され、その後一六四三年には講義名自体がこの公証人マエストロへの敬意をもってスンマ・ロランディーナの名に変更された。[47]

サラティエレやラニエリの著作と大きく異なる点として目を引くのがこの著作の第三部にあたる第九章であり、丸ごと訴訟にあてられている。この部分は契約を扱った第一章と並んで分量が多く、著作において重要な位置を占めている。書式が中心をなす他の部分とは異なって、この部分は訴訟の手続の各段階を順に解説した訴訟手続論とみなすことができる。[48]ここでは書式集は最後の章に一括してまとめられている。

先行する二人の著作と比較してみると、まずラニエリの《*Ars noterie*》では、先に見たように、確かに訴訟手続に関する素材は二七六章から三〇四章で扱われている。しかしとくに分量が多いわけでもなく、解説も詳細ではない。たとえば四頁にわたるロランディーノの争点決定に関する章と比べると、ラニエリはこれに数行しかあてていない（二八七章）。一方、サラティエレの著書は浩瀚な内容であるにもかかわらず、訴訟の素材は除外されている。サラティエレはあくまでも当時のローマ法学理論に基づいて公証人を教育することを念頭に置いており、実務とその文書に基づいてではなかった。また、ラニエリもサラティエレも訴状と訴権については触れているが、ロランディーノはこれらは裁判官と法助言者（法学者）の権限に属するが公証人のそれには属さないという理由で、これらを中心に論じることを慎重に避けた。そしてこの第九章を、民事訴訟手続のすべての局面、すなわち召喚、裁判官忌避、異議、尋問、保証、争点決定、判決、執行、上訴などさまざまな段階にわたって詳細に論じている（consilium sapientis 法学識者の助言に関するルブリカもあり、これもまた興味深い）[49]。ここでは訴訟手続における公証人の補助的役割を見ることができる。召喚から判決に至るまで、公証人は訴訟の場に出席して関連する文書を作成し読み上げ保管する義務を負っていた。これは民事訴訟のみならず刑事訴訟においても同様であり（糾問の際の証書記録作成など）、この章の後半は刑事訴訟の素材も扱っている。ロランディーノは訴訟文書作成者である公証人が留意すべき事項を詳細に解説した。このように、訴訟における公証人の役割が強調されているのだが、ロランディーノの執筆の意図は序に書かれたように、契約の書式を時代に合うものにすることだった。第九章を概観してわかることは、当時の公証人の役割が、契約文書作成という訴訟前段階のものから次第に訴訟文書作成という訴訟進行中のものへと拡大しているということである。ロランディーノ以前の著作はこの側面に関する記述がないか不十分であったため、公証人の職務における変化の過程が推測できる。なお、訴訟での公証人の役割に関するさほど重要でない事項は、補遺の形で置かれた《*Tractatus notularum*》の方で扱われている[50]。

ロランディーノの著作と書式が広まったことを象徴しているのは、その刊行から数年後にドゥランティスが訴訟法理論書である《*Speculum iuris*》に彼の書式を挿入したという事実である。[51] 訴訟手続を扱う理論的性格の強い著作に実務的性格の定式が挿入されているのは興味深いが、おそらくはローマ教皇庁で活動する公証人による利用が念頭に置かれていたのだろう。その後、一五世紀終わり頃には教皇庁裁判所の利用する公証人書式集《*Formularium notariorum curiae*》が出版され、この中にも売買・遺言などの項目でロランディーノの影響が見られた。その後、各地の特有法の進化と発展に伴って、公証人の書式にローマ法と教会法だけでなく地域の特有法も浸透していくと、そのような「地方化」した書式集が各地で（シチリアに至るまで）書かれて出版されるようになる。しかしそれらにもまた著作の体系や個々の書式においてロランディーノの影響が残り続ける。とくにボローニャから離れたピエモンテでロランディーノの書式が広く利用され、トリノにおいて一六世紀半ばに当時のイタリア語翻訳版も出された。

ロランディーノの著作はイタリアだけではなく、アルプスを越えてドイツの法学と公証実務にも影響を及ぼした。[52] 一五世紀から一六世紀にかけてのローマ法継受の時期に、ローマ・カノン法訴訟がドイツにおいても普及していくが、その際には前述のドゥランティスの著書が重要な役割を果たした。これを介してロランディーノの書式集が広まったし、この時期の法文書作成を担っていた聖職者が媒介役を果たした。一五一二年のマクシミリアン一世による帝国公証人条例[53]においても、証書の作成、発行、登録のプロセスなどにロランディーノの影響が見え隠れしている。また一六世紀頃になるとドイツでも明らかにロランディーノに影響を受けた公証人術の書が出現したし、バイエルンの法学者ペルネーダーによる大幅な改変を加えてのドイツ語版も出された。

フランスにおいても同様であり、ここではローマ法が普及した南部、とくにプロヴァンスとラングドックにおいて早くから（一三〜一四世紀）ロランディーノの書式からのより大きな影響が見られた。北部においても少し遅れて広まっていった。[54]

ロランディーノの著作とその書式の普及を総括すると、この普及を通じてボローニャにおいて生まれ発展した公正証書作成技術とそれに基づく公証人の専門職業活動がヨーロッパ各地に広がっていくプロセスがよく把握できる。それは単に技術的な事項が伝えられたというのではなく、この著作とその書式を介してローマ法学に基づく実務的知識も各地にもたらされたということでもある。まさにこの書が「公証人の普通法」たるゆえんである。この結果、ヨーロッパ大陸にある程度共通の公証人職に関する理論と実務が形成されていき、それが「ラテン系」（大陸法系）公証人実務という今日の姿につながるといえる。

おわりに

以上において、中世とくに一三世紀のボローニャにおける紛争解決のための法的サービスの担い手である公証人たちとその代表的著作を概説的に紹介した。法史の叙述においては註釈学派と註解学派の法学者たちとその業績が主に論じられてきたが、公証人ももう一つの法的サービスの担い手として、まさに「前段の司法」の場で重要な役割を果たしていた。彼らの著した公証人術の書、とくに書式集は、訴訟どころか契約締結の段階から、起こりうる紛争の争点となるであろう事項を想定して記録することで、紛争の発生そのものを防ぐことができた。裁判官や法助言者（法学者）に頼らずとも、公証人を介することによって予防司法がその機能を果たしえたのである。とはいえ、公証人にこの書式集の土台となる法の専門知識を与えたのは当時のローマ法学であった。大学におけるローマ法学と一般市民の日常の取引との間の媒介役となったのが公証人であった。公証人なくしてはローマ法の学識の一般への普及もなかったのではないだろうか。一般の人々もまた、公証人によって法律行為や遺言などが証拠として記録されることを望んだゆえに、法的サービスの需要と供給が一致して公証人の数が増加したのだろう。また公証人が訴訟手続の場においても一種の書記の役割を果たしていたことも重要であり、ここでもまた法の世界と人々の日常世界との交錯が見られる。一般人（非法律家という意味での）レベルにおけるローマ法の継受現象がこれによって当時進行中であったと言えるかも知れない。

本章ではまずは導入編のつもりで、ラニエリ、サラティエレ、そしてロランディーノという三人の偉大な公証人の著作を形式面において概観する形で紹介した。しかしより重要であるのはそれらの内容の分析である。それぞれの書の詳細な考察が、今後筆者に課せられた課題である。

［注］

（1）日本公証人連合会ウェブサイトの記述による。http://www.koshonin.gr.jp/（二〇一八年六月一日最終閲覧）

（2）イタリア中世の公証人に関する研究は数え切れないほど多く、すべてを把握して記載することはできないので、最近の代表的なもののみ記載する。*Notariato medievale bolognese*, Atti di un convegno I, II, 1977, Roma, Consiglio nazionale del notariato; *Rolandino e l'ars notaria da Bologna all'Europa*, Atti di un convegno, 2002, Milano, Giuffrè; Piergiovanni, Vito, (a cura di), *Medioevo notarile*, 2007, Milano, Giuffrè; Tamba, Giorgio, *Una corporazione per il potere. Il notariato a Bologna in età comunale*, 1998, Bologna, Clueb; Id. (a cura di), *Società dei notai di Bologna*, Archivio stato di Bologna, 1988, Roma; Id. (a cura di), *L'opera di Pietro d'Anzola per il notariato di diritto latino*, 2014, Bologna, Arnaldo Forni Editore; Santoro, Marco, *Il notaio e la città*, 2009, Milano, Giuffrè; Amerotti, Mario, e Costamagna, Giorgio, *Alle origini del notariato italiano*, 1995, Milano, Giuffrè; Langeli, Attilio Bartoli, *Notai. Scrivere documenti nell'Italia medievale*, 2006, Roma, Viella; Pirtgiovanni, Vito, (a cura di), *Hinc publica fides. Il notaio e l'amministrazione della giustizia*, 2006, Milano, Giuffrè; Sarti, Nicoletta, *Società dei notai di Bologna. Gli statuti della società dei notai di Bologna dell'anno 1336: contributo alla storia di una corporazione cittadina*, seminario giuridico della Università Bologna 124, 1988, Milano, Giuffrè; Bruschi, Ugo, *Nella fucina dei notai: l'ars notaria tra scienza e prassi a Bologna e in Romagna, fine XII–metà XIII secolo*, 2006, Bologna, Bologna University Press; Giansante, Massimo, *Retorica e politica nel duecento: i notai bolognesi e l'ideologia comunale*, Istituto storico italiano per il medio evo, 1998, Roma, nella sede dell'Istituto Palazzo Borromini; Pratesi, Alessandro, *Tra *carte e notai: saggi di diplomatia dal 1951 al 1991*, Miscellanea della società romana di storia patria 35, presso la società alla biblioteca ballicelliana 92, 1992, Roma; Consiglio nazionale del notariato, *Studio bolognese e formazione del notariato: convegno organizzato del Consiglio notarile di Bologna con il patrocinio dell Università degli studi di Bologna*, 1992, Studi storici sul notariato italiano 9, Milano, ; Calleri, Santi, *L'arte dei giudici e notai di Firenze nell 'età' communale e nel suo statuto del 1344*, 1996, Milano, Giuffrè; Vitale, Vito, *Vita e commercio dei notai genovesi dei secolo XII e XIII*, Atti della società Ligure di Storia Patria, vol.72, 1949, Genova; Nicolaj, Giovanna, *Cultura e prassi di notai preirneriani*, 1991, Milano, Giuffrè; Cantoni, Giuriano, *Statuti senesi dell'arte dei giudici e notai del secolo XIV*, 1972, Roma, Il Centro di Ricerca Editore; Pasciuta, Beatrice, *I notai a Palermo nel XIV secolo: uno studio prosopografico*, 1995, Messina, Rubbettino; *Il notariato nella civiltà italiana*, a cura del Consiglio nazionale del notariato, 1961, Milano, Giuffrè ; Lombardo, Marina Luisa, *Il notaio romano tra socranità pontificia e autonomia comunale (secoli XIV–XVI)*, 2012, Milano, Giuffrè.

（3）日本におけるイタリア中世の公証人史研究は以下の通りである。久保正幡「公証人と法律学の歴史」公証法学二号（一九七三）、清水廣一郎「一四世紀ピサにおける一公証人の活動」（東京教育大文学部）史学研究一〇一号（一九七五）、同「中世末期イタリアにおける公証人の活動――史料としての公証人文書」公証法学七号（一九七八）、同「中世イタリアにおける公証人の社会的位置づけ」公証法学三六号（二〇〇六）、同『中世イタリアの都市と商人』洋泉社（一九八九）、同『イタリア中世の都市社会』岩波書店（一九八〇）、徳橋曜「中世イタリアにおける都市の秩序と公証人」歴史学研究会『紛争と訴訟の文化史』青木書店（二〇〇〇）、田口正樹「中世後期ドイツの国王裁判権と公証人」北大法学論集六五―五（二〇一五）、アンドレアス・マイヤー（中谷惣訳）「中世イタリアの公証人」『契約と紛争の比較史料学』吉川弘文館（二〇一四）、フランソワ・ムナン（西村善矢訳）「テクストの生産者としての中世の公証人」名古屋大学グローバルCOEプログラム報告書（二〇〇九）、公証人そのものがテーマではないが、中谷惣『訴える人びと――イタリア中世都市の司法と政治』名古屋大学出版会（二〇一六）にも随所に中世公証人に関する記述がある。

（4）古代ローマの公証人については次を参照。林信夫「勅法彙纂第八巻第一七章第一一法文について――公証人の生成過程解明のために」立命館法学三三三／三三四中巻（二〇一一）。

（5）声の文化と文字の文化については次を参照。ウォルター・オング（桜井直文・林正寛・糟屋啓介訳）『声の文化と文字の文化』藤原書店（一九九一）、大黒俊二『声と文字』（ヨーロッパの中世六巻）岩波書店（二〇一〇）。

（6）堀越宏一・甚野尚志編『一五のテーマで学ぶ中世ヨーロッパ史』ミネルヴァ書房（二〇一三）、一二三―一四二頁。

（7）Costamagna, Dalla《charta》all'《instrumentum》, in: *Notariato medievale bolognese*, II, op.cit., pp.7–26.

（8）古代ローマから近世に至るまでの証書と公信力に関しては、*Hinc publica fides*, op.cit. の掲載各論文を参照。

（9）Tamba, *Una corporazione per il potere*, op.cit., pp.18–21.

（10）Ferrara, Roberto, Licentia exercendi ed esame di notariato a Bologna nel secolo XIII, in: *Notariato medievale bolognese*, op.cit., pp.66–81.

（11）Pini, Antonio Ivan, Bologna nel suo secolo d'oro: da《comune aristocratico》a《repubblica di notai》, in: *Rolandino e l'ars notaria da Bologna all'Europa*, op.cit., pp.3–20.

（12）たとえばランジェリによれば、当時の公証人の数はボローニャでは二人、ミラノでは千人、フィレンツェでは八七〇人、トレヴィーゾでは五〇〇人、ペルージャでは四八〇人、ピアチェンツァでは四〇〇人だったとされ、当時の市民人口数と比べると大体どこでも二%前後、多いところでは五%に達するという。Langeli, *op.cit.*, p.67.

（13）ファゾーリは、一四〇〇年代に官僚制化が始まるまでのボローニャの行政にどれほどの数の公証人がかかわっていたかを明らかにした。それによれば、一二五〇年には三〇人、一二六〇年には五〇人、一二八八年には七五人、一三三五年には一五〇人、一三八九年には二八〇人である。これは都市の人口動態に対応しているどころか、全く反比例していることにも注意が必要という。確かに一二世紀と一三世紀前半は人口増加期だったが、その後は党派闘争が激化したために一二七四年には多数のランベルタッツィ派が追放され、さらに一三四八年のペスト禍とその後の繰り返される流行によって人口危機が生じたからである。Fasoli, Gina, Il notaio nella vita cittadina bolognese（secc. XII–XV), in: *Notariato medievale bolognese* II, op.cit., pp.121–142.

（14）ボローニャの政治史については、Hessel, Alfred, *Storia della città di Bologna 1116–1280*,（*Geschichte der Stadt Bologna von 1116 bis 1280*, Berlin, 1910), 1975, Bologna, Alfa. 斎藤寛海「ボローニャとフィレンツェ」『中世後期イタリアの商業と都市』知泉書館（二〇〇二）、三三七―三六六頁。

（15）Sarti, Nicoletta, *Società dei notai in Bologna*, op.cit. pp.45–46.

（16）Tamba, *Una corporazione per il potere*, op.cit., pp.17–19.

（17）*Ibidem*, pp.20–27.

（18）Cencetti, Giorgio, Sulle origini dello Studio di Bologna, in: *Rivista storia italiana*, S. VI. 5, 1940, pp. 248–258.

（19）Tamba,*Una corporazione per il potere*, op.cit., p.26.

（20）*Ibidem*, pp.25–27.

（21）Orlandelli, Giorgio, La scuola di notariato tra VIII e il IX centenario dello studio bolognese, in: *Studio bolognese e formazione del notariato*, op.cit., pp.27–28.

（22）ラニエリのバイオグラフィーについては、*Il notariato nella civiltà italiana*, op.cit., pp.475–477.

（23）Raineri de Perusio, *Ars notaria*, a cura di Augusto Gaudenzi, Bibliotheca iuridica medii aevi, vol.II, 1892, Bologna, in aedibus Petri Vilano olim Fratrum Treves. この書名 Ars notaria（Ars notariae）は公証人術の書を指す一般名詞であり、彼の次作名と紛らわしい。区別するため一般にこちらは Liber formularius と呼ばれている。

（24）*Ibidem*, p.31, Pars prima, "...incipit huius operis prima pars, si unus vendat alii vel aliis dominium sive proprietatem et possessionum alicuius rei vel rerum..."（「この著作の第一部始まる。もしある者が他人に所有権又はある物の所有を売るならば……」）

（25）*Ibidem*, p.56, "...Incipit secunda et ultima, de concessione utilis dominii in emphyteosim vel in feudum et de solis possessionibus varie locandis, et aliis pluribus instrumentum..."（「最後の第二部始まる。永小作又は封土への下級所有権の譲渡について、さまざまな賃貸用土地占有について、多数の証書について……」）

（26）*Ibidem*, pp.27–31.

（27）*Die Ars Notariae des Rainerius Persinus*, hrg. von Ludwig Wahrmund, 1917, Aalen, Scientia Verlag, Neudruck im 1962.

（28）*Ibidem*, pp.1–73.

（29）*Ibidem*, pp.73–80.

（30）*Ibidem*, pp.80–137.

（31）*Ibidem*, pp.137–176.

（32）*Ibidem*, pp.176–194.

（33）サラティエレのバイオグラフィーは、*Il notariato nella civiltà italiana*, op.cit., pp.505–509.

（34）Salatiele, *Ars notarie*, a cura di Gianfranco Orlandelli, vol. I, II, 1961, Milano, Giuffrè.

（35）*Ibidem*, vol.I., pp.3–20, vol.II, pp.3–18.

（36）*Ibidem*, vol.I., pp.21–94, vol.II, pp.21–88.

（37）*Ibidem*, vol.II, pp.92–165.

（38）*Ibidem*, vol.II, pp.169–207.

（39）*Ibidem*, vol.I, pp.94–196, vol.II., pp.211–309.

（40）Pini, Antonio Ivan, Un principe dei notai in una《repubblica di notai》: Rolandino Passaggeri nella Bologna del duecento. in: *Nuova rivista storica*, vol.84, 2000, pp.51–71. ロランディーノのバイオグラフィーは、*Il notariato nella civiltà italiana*, op.cit., pp. 436–443.

（41）Cencetti, Giorgio, Rolandino Passaggeri dal mito alla storia, in:*Notariato medievale bolognese* I, op.cit., pp.201–215; Marcon, Giorgio, Dalla storia al mito: Rolandino nella canzione del Paradiso di Giovanni Pascoli, in:*Rolandino e l'ars notaria da Bologna all'Europa*, op.cit., pp.119–162.

（42）Pini, *op.cit*, p.61; Orlandelli, La scuola di notariato tra VIII e il IX centenaio dello studio bolognese, op.cit. pp.57–58; Sarti, Nicoletta, Publicare–exemplare–reficere. Il documento notarile nella teoria e nella prassi del XII secolo, in: *Rolandino e l'ars notaria da Bologna all'Europa*, pp.623–624.　また注（45）に挙げた Rolandini Passagerii Contractus の序の部分の解説も参照。

（43）*Summa totius artis notariae*, Rolandini Rodulphini Bononiensis, a cura di Consiglio nazionale del notariato, Venezia, 1656, rist.anast. 1977, Bologna, Arnaldo Forni Editore.

（44）Sinisi, Lorenzo, Alle origini del notariato latino: La Summa rolandina come modello di formulario notarile, in: *Rolandino e l'ars notaria da Bologna all'Europa*, op.cit., pp.218–219.

（45）*Rolandini Passagerii Contractus*, a cura di Roberto Ferrara, Roma, 1983, Consigioio nazionale del notariato.

（46）Summa totius artis notariae における第一章から第一〇章の各該当ページは順に、pp.2v–70v, pp.70v–83v, pp.83v–102r, pp.102r–115r, pp.115r–147r, pp.147r–173r, pp.173r–230r, pp.230r–273r, pp.273r–396v, pp.396v–405v.

（47）Sinisi, Alle origini del notariato latino, op.cit. p.186.

（48）Summa における訴訟手続概要は以下を参照。Padoa Schioppa, Antonio, Profili del processo civile nella Summa artis notariae di Rolandino, in: *Rolandino e l'ars notaria da Bologna all'Europa*, op.cit. pp.585–609.

（49）*Summa totius artis notariae*, op.cit., p. 355r.

（50）*Ibidem*, pp.406r–476v.

（51）Sinisi, op.cit., p.173.

（52）*Ibidem*, pp.193–204.

（53）田口正樹「帝国公証人条例（一五一二年）邦訳」北大法学論集第六五巻第六号（二〇一五）三四九―三六七頁。

（54）Sinisi, op.cit., pp.205–217.

第五章　フランス革命前後の公証人制度

波多野　敏

はじめに

ヴェルサイユで一七八九年五月に始まった全国三部会が議決方法をめぐって紛糾し、第三身分の議員が六月一七日の国民議会設置を議決した後、二〇日の球戯場の誓い、二三日の国王宣言などを経て、六月三〇日には三部会は国民議会へと変わっていく。身分制の社団国家を前提にした三部会は、この時点で自由・平等な個人を基礎とする国民国家の国民代表が集まる国民議会へとその性格を根本的に変えた。これは単なる議会の名称の変化にとどまらず、議会が前提とする国家のあり方を根本的に変容させたのであり、これはまさに革命的な転換であった。六月二〇日の球戯技場の誓いは、この新しい国の基本的な形を定める「憲法」の設置を目指した議決であった。七月一四日のバスティーユの襲撃やその後の「大恐怖」の拡大など情勢が混沌としてゆく中で、議会では新しい国家形成のための議論が進められていた。フランス革命の中で、国家体制が社団国家から国民国家へ変化し、法もまた社団の特権を基礎にした法から、個人の権利を基礎にした法へと変化する。八月の封建的特権の廃止から人権宣言の採択に始まって、一七九一年憲法に至るまで一方で社団の特権を廃止し、他方で個人の権利を確立し憲法を定める手続が進められていった。

こうした国家と法の革命的な変化の中で、当然、フランスの司法制度の改革もまた重要なテーマとなる。司法制度の変化には、裁判官や弁護士・公証人など司法制度にかかわってきた法律家たちのあり方の変化が伴うことはいうまでもない。本章では、革命前後の公証人に焦点を合わせることによって、フランスの法制度の中でも公証人制度が果たしてきた役割について考えてみたい。

公証人は、法的紛争が生じる以前から、日常的な活動に関連する文書を作成することを通じて、諸々の行為の法的意味を明確にし、その法的効果を確保することにかかわっている。フランスの裁判制度の中では弁護士や代訴士などとともに裁判補助者として整理されるが、弁護士や代訴士が、基本的には紛争が生じてのち裁判にかかわる形で活動するのに対し、公証人は、紛争が生じる前から契約など法的行為を行うにあたってアドバイスをし、文書を作成することが基本的な役割であり、紛争解決というよりも日常的な法的行為のレベルにかかわっている。こうした公証人の役割が革命という激動期にどのような変化を被ったのか、あるいは被らなかったのかということを考えてみることが本章の課題である。

革命期は、後にも見るように、紛争解決制度としては仲裁が最も合理的なものとして位置づけられる。また、裁判官は公選制となり、治安判事になるには法曹経験も不要とされ、また法廷での弁護も弁護士だけに限られず、誰もが弁護活動をできるようになる。専門家が担ってきたアンシャン・レジームの法的紛争解決制度に対する批判もあって、制度上は非専門家、市民による紛争解決という面が強調されるようになる(1)。革命期の専門家主義への批判という流れからすれば、公証人制度も大きく変化したのではないかと思われるが、実際は必ずしもそうはなっていない。以下では、まず、アンシャン・レジームの公証人制度と、革命期の司法制度について概観したのち、革命期から革命後のボナパルトの統治の時期にかけての公証人制度の変化について時間を追ってみていきたい。

一　アンシャン・レジームの公証人

アンシャン・レジームの公証人は、イタリアからの影響、学識法の浸透などと関係しながら、中世末から王権などを中心に少しずつ整備されてくるが、アンシャン・レジームの他の制度と同様、その起源や地域的な多様性などもあり、必ずしも全国で統一的な制度にはなっていない。(2) フランスの公証人は、国王公証人、領主公証人、教会公証人の三種に分けられ、それぞれ、国王裁判所、領主裁判所、教会裁判所に登録され、その管轄内で働くことができるとされる。国王公証人の作成した文書は、王国全体で有効とされるが、領主公証人の文書は一定の領地内でしか有効ではないとされることもある。領主公証人はタベリオ tabellion と呼ばれることも少なくないし、アンシャン・レジーム末になると、領主公証人自体がいないと思われる地域もある。(3) また、フランシュ・コンテ地方などもともと神聖ローマ帝国の領域だった地方には皇帝の任命権にさかのぼる公証人も存在した。王権は、公証人制度を各種法令によって整備し、国王公証人を中心に統一してゆくことを試みるが、これは必ずしも王権が考えるようには実現していない。

一八世紀半ばのマニュアルは、公証人について、「公的な官職保有者 officier public であり、法にかなった形式で書面を作成し、人と人との間で交わされる契約とその規定は、生者間であれ生者と死者との間であれ、公証人の署名によって真正なものとなる」と定義している。(4) 各種の契約や遺言書を作成し、その真正性を保証することが公証人の基本的な役割である。公証人の作成した文書は、裁判を待たずに執行力を持つようになる。アンシャン・レジーム末には、公証人の作成する文章は、婚姻契約書や遺言など家族関係の書類から、売買や債務証書、農地の貸借など社会生活のあらゆる場面にかかわっている。一七五一年のパリの六万三〇〇〇件弱の公証人文書の調査では、半数強の五一・七%が経済活動に関するもの、二一・七%が婚姻契約など家族に関するものとなっている。婚姻や相続に関する文書も相当数あるが、経済活動に関する文書の割合も高くなっており、公証人が多くの人の家族生活のみならず諸々の経済活動と密接につながっていることを示している。[5]

そして、こうした諸々の文書作成に付随して、顧客に法的な助言を行うことも公証人の役割として重要なものとなる。公証人に一定の人格的が品格が求められるのは、こうしたこととも関連している。公証人は、評判も良く、秘密を守ることができ、誠実に語り、顧客の話をよく聞くことができることなどが求められる。さらに、時には、業務にあたって顧客が誰であるか、年齢は何歳かなどということを慎重に見極める必要もある。その上で、顧客の意思を十分に理解し、顧客の望むところを的確に文書にしてゆく必要がある。また、顧客は必ずしも文字が読めるとは限らないので、こうした顧客に対しても書類を読み上げ内容を理解できるように説明することも求められる。[6]

公証人は、弁護士のように大学の学位は要求されないが、公証人事務所等で実際に働きながら必要な技能を身につけていく。公証人として独立するには一般的に二五歳以上であることが必要だとされる。国王公証人になるには、カトリック信者かつ品行方正であることなどが求められることも多い。公証人になるために、公証人や裁判官などから構成される試験官によって、文書作成や口頭試問などの試験が行われることもあるが、それよりも一定期間の公証人事務所での徒弟修行が重視されるケースも少なくない。そして、この徒弟修行に求められる基準は時代が下がるにつれて次第に高くなり、主任事務員として五年程度の一定年限を務めることが求められるようになる。[7]

公証人が同時に司祭などの宗教上の職を兼務することは基本的に認められていないとされるが、とりわけ農村部では司祭と公証人を兼務している事例がないわけではない。また、公証人が、代訴人や書記など他の法律関係の官職を兼任していることは珍しくない。売官制が定着してのちは、公証人の職もその対象となり売買されるものとなるが、タベリオと呼ばれる領主公証人は、公証業務による収入も少なく、一定の期間を区切って無償で職を譲られることもある。領主公証人の中には、靴屋や金物屋、酒屋、オルガン奏者などおよそ法律とは関係のない職を兼ねているものもいた。[8]

比較的大きな都市の国王公証人を中心に公証人は団体を形成している。アンシャン・レジームの公証人の団体のありようも地域によって相違はあり、また必ずしもすべての公証人がこうした団体に所属していたわけでもない。しかし、こうした公証人団体は、自ら定めた規約に従って、組合長の他、書記、会計係などの役人を選任して、重要事項は総会で議決し、会員からの会費・分担金をもとに活動するのが基本的な形である。これによって、同業者同士の親睦を図り、また古くからの文書の保存を協力して行い、時には、公証人職の数を調整し過剰な競争を回避し共通の利益を確保しようとする。こうした公証人団体は、公証人の特権を維持しようとするが、国王などとの対立もありさまざまな軋轢が生じることもある。[9]古くは一三世紀末からパリの公証人団体の活動が認められるが、パリの公証人団体は権威も高く、他の地方の公証人団体がパリの形を模倣することで、全国の団体の類似性が生まれてきたともいえる。

パリの公証人団体の構成員は一六世紀末から革命にいたるまで一一三名で変わっていないが、これは国王が新しく作った公証人職を団体が買い取ることで公証人の数を増やさないようにしたためである。[10]一八世紀グラースでは、公証人職の数が変動し、これに伴って紛争が生じている。[11]また、ボルドーでは、一七一八年に五五あった公証人職が、一七二四年に三〇になり、その後は革命後まで三〇という数が維持されている。[12]

一口に公証人といっても、国王公証人と領主公証人とではその社会的な地位に違いがあるが、少なくともパリの公証人などその中心的な部分は高い社会的な地位を得ていたといえそうである。パリで、革命前に三部会の議員を選んだ四〇七人の選挙人のうち、一割強の四三名が公証人であり、また、最終的にパリから選ばれた二〇名の代表のうち二名が公証人であった。もっともおよそ六〇〇名の第三身分の代表のうち、弁護士が二二〇名、判事が八〇名、代訴人が三〇名であるのに対し、公証人はおよそ一〇名程度しかいない[13]。公証人の社会的地位や政治的傾向などと関連して、こういった数字をどのように考えればいいのかは今後の課題であろう。

二　革命期の司法制度改革――専門家主義の否定

こうした公証人のあり方は、革命で大きな影響を受けることになる。とりわけフランス革命が目指した売官制の廃止と社団の廃止は、公証人制度のみならず司法制度全体の根幹を揺るがすものでもある。社団国家から国民国家へと国の制度全般が根本から変容する中で、司法制度の改革もまた革命の重要な課題となる。国民議会が発足して間もなく起こったバスティーユの襲撃から広がった「大恐怖」に対応するために八月の初めに封建制の廃止が決議される。この封建制廃止令では、諸々の領主の権利や教会の十分の一税などが廃止もしくは買取可能とされるだけでなく、第七条で、司法や行政の官職について売官制が廃止されることが決められた[14]。

また、封建制の廃止についての議論と並行して、人権宣言と憲法についての議論が開始され、八月一七日には人権宣言の議論とは別に司法改革が議題になり、司法制度についての簡潔な草案も示されている。この提案は、このあと審議された形跡はなく、また公証人や弁護士などについての具体的な提案もなされてはいないが、ここでも売官制については、司法権が個人の所有物であってはうまく組織できないとして否定され、「司法官職は売買されてはならない、裁判を行う権利は国の中のどんな市民の財産や特権であってはならない」と論じられている[15]。封建制廃止令では、とりあえずは新しい制度が定められるまで、現時点で官職を持っているものは引き続きその職務を行い、報酬を得ることが認められているが、革命が始まって間もなく、官職売買を廃止することが確認され、これまでの司法制度を支えていた根幹が否定されたことになり、制度の見直しが求められることになる。

その後、一七八九年一二月二二日に、憲法委員会などから司法制度について、二つの草案が示される。[16] そして、一七九〇年三月二四日のトゥーレの報告から司法制度についての議論が本格的に始められる。この日の報告でトゥーレは、司法権の行使を腐敗させてきたさまざまな問題点をあげているが、第一の悪弊として指摘しているのが売官制である。トゥーレは、団体や個人が、自らの財産として裁判権を所有し、また他のものも相続や売買によって同胞市民を裁く権利を獲得できたことを批判する。[17] 人権宣言では自由・平等な個人からなる国民を主権者とする国民国家の形成が目指されており、またその中で、すべての市民が、その能力に応じて平等に諸々の公職につくことができなければならないとされる。こうした新しい国民国家のあり方と、伝統的な特権を持った社団は両立しない。トゥーレもまた、アンシャン・レジームの司法制度の基礎となっている団体の精神がフランスの再生への最大の敵であると論じ、司法官らの社団を批判してゆく。[18]

国家の編成原理が根本から転換することで司法制度もまた革命的な変化を余儀なくされ、新しい国家体制に応じた司法制度が、一七九〇年八月一六〜二四日の「司法制度に関するデクレ」で定められる。[19] 新しい司法制度においては、市民の間の紛争解決について、仲裁 arbitrage が最も理にかなったものであるとし、仲裁契約を選び、その実効性を減ずるいかなる立法措置も禁止するとされ（一部一条）、またすべての人は、あらゆる問題に関して、私的な利益について裁定する仲裁人を任命することができるとしている（一部二条）。仲裁判断は、特別の約束がない限り、原則として控訴の対象とならないとされ、仲裁が紛争解決制度の中で非常に大きな役割を果たしている。

さらに、司法官職の売買は廃止され（二部二条）、裁判官は被裁判権者によって選ばれることになる（二部四条）。この選挙の非選挙資格として、ディストリクトの裁判官は、三〇歳以上で五年以上の裁判官、法律家としての経験が必要とされるが、治安判事については年齢要件だけで、法律家としての経験も必要とされない。裁判官の公選制や仲裁の位置づけなど、諸々の紛争解決に関して、専門的な法的知識・法律家としての経験を必ずしも必要としないという考え方が強くなっている。売官制や社団の廃止に伴って、アンシャン・レジームからの、専門知識を持った専門法律家によって裁判を行うという考え方から、必ずしも専門的な知識を必要としない、一般市民の常識によって紛争解決を行うという考え方が司法制度の基礎となる。

また、弁護士はもともと売官ではなかったが、それでも各地に弁護士団体が形成されていた。こうした団体も存続は困難となり、一七九〇年九月二～一一日のデクレで、「これまで弁護士と呼ばれてきた法律家は、団体も同業組合も構成してはならず、その職務の執行に際していかなる特別な衣装も着用してはならない」（第一〇条）と定められ、弁護士の団体は廃止される。[20] こうして、革命期の司法改革の中で、これまで大学で学位を取った専門家によって担われてきた判事や弁護士の職は、売官制や団体の廃止などと連関しながら、非専門家でも担うことができるものへと変えられてゆく。

この後、一七九一年三月二～一七日のアラルド法、[21] 一七九一年六月一四～一七日のル・シャプリエ法によって社団が廃止されたことも、こうした革命期の社団の廃止の流れを最終的に決定づけた。またこの間、革命が始まって後、アンシャン・レジームの裁判官たちに、その基盤となる法的な知識を供給してきた大学も、中世以来の社団として、また大きく動揺していた。社団国家を国民国家に作り直すという大きな流れの中で、官職売買の廃止や各種の団体の廃止に伴って、アンシャン・レジームの大学で専門知識を身につけた学識ある専門家を中心とした司法制度もその存在の基盤を大きく動揺させることになる。

一七九一年一月二九日～三月二〇日のデクレで、アンシャン・レジームの代訴人 procureur は売官職としては廃止され、代わりに代訴士 avoué が置かれた。代訴士は書面作成のみならず、当事者の弁護もできるとされ、これに関連して当事者は自らのために私的弁護人の助けを借りることができるとされる（第三条）。これによって、弁護人の業務は誰でも自由に行えるようになったが、その一方で、アンシャン・レジームの代訴人 procureur は avoué

と名前を変えて事実上存続し、かつての裁判官、検事、弁護士も新しい代訴士の職に就くことができるとされ、訴訟に関連して各種必要書類の作成や法廷での弁論などにあたることが可能になる。[22]しかし、いったん残された代訴士の職も、恐怖政治の時期に廃止される。共和暦二年霧月三日（一七九三年一〇月二四日）のデクレは、裁判手続を簡略化し、また、ここまで残されていた代訴士を廃止し、単なる法定代理人を通して法定手続を行うことができるようにする。代訴士と名を変えて残っていた、アンシャン・レジームからの代訴人職はここで完全に自由化され、弁護士や代訴士の業務は誰でも行えるようになる。

革命が始まって以来、アンシャン・レジームの判事や弁護士、代訴士といった法律専門家の職は、自由化が進展し、その多くの部分が、少なくとも形式的には専門知識を持たない一般の市民に開放されていく。テルミドールのクーデタ以後、一七九五年憲法で新たな裁判制度が定められるが、裁判官公選制が残されるなど、裁判制度の担い手を法律専門家から一般市民に変えてゆくという流れは、まだしばらく続いていく。

三　革命期の公証人制度——アンシャン・レジームとの連続性

公証人制度は、こうした司法制度の再編の中では、実際に改革に着手されるのは遅れて最後になる。一七八九年八月の人権宣言から一七九一年九月の憲法制定まで、さまざまな憲法上の問題が議論されてきた中で、公証人制度について本格的な議論が始まるのは、九月三日に憲法が最終的に採択されてさらに後の九月一五日のフロシェの報告からである。フロシェ自身、ブルゴーニュ地方コート・ドール県の公証人である。すでに、九月三日の憲法では「もはや、公的官職について売官制も相続も存在しない」と定められ、公証人職の売官制についても見直すことが憲法上の課題となっていた。フロシェの報告から、およそ二週間程度の議論を経て、九月二九日に新しい公証人制度を定める法が制定された。翌一〇月一日からは、議会は新しく選ばれた議員のもとで立法議会として新たにスタートすることになるが、憲法制定国民議会としてはほぼ最終の作業となった。

公証人制度についての改革が遅れた理由としてフロシェは、公証人制度はこれまで改革の対象になってきた制度ほど大きな欠陥を抱えていないこと、憲法の問題としては副次的な問題であることを挙げている。公証人についての売官制を見直すことは憲法上の課題であったが、公証人の職務そのものについて、契約の作成、さらにその契約の真正性を担保するという公証人の役割については、その必要性が問い直されているわけではない。フロシェは、実際多くの字の読めない人がおり、また多少読めたとしても、法的な知識を十分に持っているような人はむしろ少ない、こうした人たちも適切に契約などを締結できるよう助言すること、「社会的な利益はより経験のある人が同胞市民を教え、個人の財産を散逸させて、大なり小なりはっきりとわかるような形で公的な秩序や幸福を侵害するような恐ろしい過ちから保護」する必要があると論じている。また、フロシェは、「契約について証明する人、その信ぴょう性を保証し、またその日付を確定する人、要するに、契約にその真正性を刻み込む人が社会にとっては必要なのであり、こうした真正性抜きには、法も契約を認めることができず、また法に由来する権利を保証することもできない」として、公証人の契約書の起草・真理性の担保などの役割の重要性を強調する。(23)

さらに、フロシェは、売官制は制度を腐敗させるもので、公証人についてのみ例外的に売官制を維持することはできないという点は認めている。しかし、フロシェにとって、公証人は、いつの時代も公的な信頼と尊敬を受けてきたのであり、こうした尊敬は職務自体から生じてくるものであり、売官制とは必ずしも関係はないと論じる。公証人となるには長い修行期間が必要であり、これが公証人への信頼を生み、また後継者養成の観点からも適切な競争などが必要であり、フロシェは、売官制はこうした点の支えにもなっていたといおうとする。(24) フロシェも、革命が始まってから売官制が根本から否定された中で、売官制によって公証人の資質が維持されていたと明確にはいえないのだが、アンシャン・レジームの社会の中で公証人が受けてきた信頼や尊敬を、公証人と売官制とが切り離される中で、いかに維持するかということを気にかけている。

革命が始まって以後、アンシャン・レジームの司法官などの過度な専門性が批判され、裁判官の公選制が導入され、また、弁護士についても、誰でも弁護活動をできるようになり、その専門性は否定された。また、裁判官職の売官制については、公権力を私物化するものだとして厳しい批判の対象とされてきた。これに対して、公証人については、売官制であることが、信頼できる公証人を選任するために全く意味がなかったわけではないと考えられているようである。公証人は大学での学識を必要としてはいないので専門性といってはいいすぎかもしれないが、一定の修行期間が必要であるとも考えられており、治安判事の職務や弁護活動のように単純に誰でもできるものであるとは考えられていない点で、フロシェの公証人についての議論は、ここまでの司法制度の改革の論調とはやや異なるものがある。

フロシェの報告の後、二週間ほどの間に断続的に審議が進められていくが、あまり大きな議論もなく審議は比較的たんたんと進められ、二九日に新法が採択される。[25] ここでは、従来の国王公証人、教会公証人、領主公証人はすべて廃止され、公共公証人 notaire public が置かれることになる（一部一節二条）。しかし、これまでの公証人は、暫定的に業務を継続することができる（一部一節四条）。この公共公証人は、各種公的な文書を受理し、それが真正な文書であることを保証する「公的官吏」fonctionnaires publics であると規定され（一部二節一条）、終身制であるが、代訴士 avoué、書記 greffier、徴税吏 recette des contributions publiques とは兼職できない（一部二節三条）。各県ごとの公証人数は立法議会が定め（一部二節八条）、公証人はその県の中でのみ文書作成の権限を持つが、文書は全国的にその効力を認められる（一部二節一一条、一三条）。公証人は、その業務から生じうる損害の担保として一定額の供託金を国庫に納めなくてはならない（一部二節一六条）。この供託金の額は、パリの公証人が四万リーヴル、その他の人口六万人以上の都市で一万五〇〇〇リーヴル、以下四万人以上で八〇〇〇リーヴル、二万人以上で四千リーヴル、一万人以上で三〇〇〇リーヴル、最も小さな一万人以下の都市については、二〇〇〇リーヴルの供託金が必要とされる（一部二節一七条）。この供託金は、公証人が死亡または辞任した場合には返還される。

一方で、官職としての公証人職の廃止に伴って、一七七一年のエディに従って定められた価格を一つの基準とし、公証人職の価格については償還を受けられる（五部）。アンシャン・レジームの官職は不動産と考えられていたが、新しい法の下でも官職は財産として保護の対象となると考えられ、一七八九年八月の封建制廃止令によっても、官職保有者に対して官職の価格分が償還されることになっている。そして、新しく公共公証人になる公証人については供託金とかつての国王公証人等の官職についての償還金は相殺できるようになっている（五部一一条、一二条）。実際には、法で定められた価格と現実に官職が売買されてきた価格とは相当の乖離があるが[26]、供託金は、金銭の流れとしては従来の官職を買い、辞める際に売るということと同等の機能を果たしており、従来の官職売買が機能的には維持されているといえる。

そして、公証人制度の変容に伴ってこれまで各公証人が保管してきた文書をどう管理するかということが問題となる。これについては、文書をすべて集めて集中的に管理する案もないわけではなかったが、新法のもとでも各公証人がこれまでの文書を管理することになっている。新制度になって廃業する公証人については、直近の公証人の事務所で保管される。これまでの国王公証人などが新しく公共公証人となる時には、したがって、文書はそのまま保管されることとなる（三部）。

そして、新しい公証人の選任はコンクール制による。コンクールに応募するためには、フランスの市民登録を行っていること、二五歳を超えていること、四年間代訴士または公証人事務所で勤務した経験があり、さらにその後四年間、当該コンクールの行われる県の公証人事務所で勤務していることなどといった要件が必要とされ、一定の技量が必要とされている。コンクールで資格ありとされた者の一覧が作られ、欠員が出た際には順次その欠員を埋めていくことになる（四部）。最初の草案では、公証人が辞職した場合に、コンクールの合格者から「順位や登録日時に関係なく」後継者を選べるということになっていたが、さすがにこれは売官制を事実上残すものだという異論が出され(27)、また、辞任する公証人が自分の事務所の事務員を後継者に指名できるようにするべきだという陳情もあったがこれも拒否された(28)。順位と登録日によって順位をつけ選任されることに修正された（四部一三条）。もっとも新しい公証人は、文書は各公証人事務所で引き継がれる形になっており（三部）、前任者との間で文書の受け渡しや供託金の償還などを進める必要があり（四部一六条）、制度全体として、新しい公証人を選任するにあたっては前任者が一定の影響力が行使できる仕組みになっている。

一七九一年九月法で公証人制度は新しい体制に適合的な形に変更されることになる。公証人の団体も、一七九一年三月のアラルド法、六月のル・シャプリエ法によって活動はできなくなる。パリの公証人の団体もその活動を止めている。また一七九一年九月法で、活動の地域が県ごとに区切られたために、パリ近郊の公証人が、パリで活動できなくなり、パリ市内に事務所を移転させざるをえなくなったりする事態が生じてきた。また、売官制の廃止にともなう公証人職の償還についても、公証人からすれば不完全不十分なものでしかなかった。また、代訴人などが供託金を求められないのに対して、公証人のみが供託金を求められるのは法の下の平等に反するという声も聞こえてくるなど(29)、公証人制度も大革命の中で大きな変化に伴って、さまざまな問題を抱えることにはなった。

しかし、革命前の公証人は、死亡するか自ら職を辞するまでは、その業務を継続できることになっている。また、公証人文書についても、基本的にはこれまでの公証人事務所で保管されることになっており、真正性の担保された文書を保管しいつでも確認できるような状態においておくことが公証人の業務としては最も重要な点であろうが、この点でも従来からのやり方が踏襲される。

裁判官が公選制になり弁護士制度が廃止されたことに比べると公証人の制度は革命前との連続性が大きいといえるだろう。売官制の廃止によって、任命の手続については大きく変化したものの、公証人の職務の内容自体については、文書の作成、保管、真正性の担保といった基本的な公証人の職務は維持されている。また、文書自体を中央で一括して保管するという案もあったが、この案は採用されずに、文書も今まで通り各公証人の事務所で保管されることになり、これによって公証人職の継承についても、公証人を辞する側がある程度影響力を行使することができるようになる。売官制や社団の廃止という革命期の大きな流れは尊重されているが、それ以外の点では、アンシャン・レジームの公証人制度の基本的な部分は、大きな変更はなく維持されていると考えられる。

この後、革命期にはこの一七九一年法が公証人に関する基本的な法となっている。この後、革命が激しさを増し、一七九二年八月に王権が停止され、立憲王政を定めていた一七九一年憲法は適用できなくなり、一七九二年九月には一七九一年憲法に変わる新しい憲法の制定を目指して国民公会が召集される。こうした情勢の中で、一一月一日には公証人に良き市民であることの証明たる「市民証」certifica de civisme を求めるデクレが可決される、これがなければ公証人の業務を行えなくなる。[30]

この証明書が求められたことによって、ディジョンでは一八名の公証人のうち六名が業務を行えなくなる。パリでは、一七九三年の初めまではほとんどの公証人が市民証を得られたが、六月に山岳派が実権を握り、憲法に基づいた統治が放棄され、九月一七日に反革命容疑者に関するデクレが定められた前後から、公証人に対する態度も変わってくる。それまでに、パリの公証人からも何人かが反革命の烙印を押され逮捕されたものも出ていたが、九月に改めて市民証を申請することになり、逮捕を恐れた公証人などがこの申請を行わず、多くの公証人が業務の継続が困難となり、死亡したり、投獄されたりしたものも含めて、その数は五八名になり、公証人も恐怖政治と無縁ではいられなかった。[32]

共和暦二年の雪月の段階で、パリの公証人職のうち五三名が欠員となっていた。これに対して、雪月一三日（一七九四年一月二日）にコンクールを行うことが決められ、コンクールは風月二日（二月二〇日）から芽月二九日（四月一八日）にかけて行われた。これに三二名の候補者が志願し、実際に二六名が受験した、最終的に合格した二二名が新しい公証人と認められた。[33] コンクールでは、市民証を得られないために公証人の職を辞した後のポストも埋めようとされるが、すべてが埋められたわけではない。その後、恐怖政治が終了してのち、共和暦二年葡萄月一九日（一七九四年一〇月一〇日）のデクレで、市民証を得られなかったことで公証人職を停止していた公証人も復活が認められ、新旧の公証人が混在することとなる。[34]

この後、総裁政府のもとで、共和暦六年芽月二三日（一七九八年四月一二日）に公証人制度が議題となっている。[35] ここで、報告者のファヴァールは、「社会において仕事をしているすべてのプロフェッションで、政治経済と何らかの関係を持っているプロフェッションとして、公証人の職は、アンシャン・レジームに生まれたにもかかわらず、新しい体制のもとでも全体の一貫性を維持している唯一のものである」と述べ、公証人制度が、アンシャン・レジームからの連続性を持っていることから説き起こして行く。今必要なことは、「破壊ではなく（我々は破壊しすぎてきた）、全体的に再構成されている他の部分にこの構築物を接合することである」。革命で、裁判制度も根底から作り変えられ、裁判官は公選制の下に置かれていたし、弁護士も専門職として認められなくなっていた中で、公証人制度は、これまで見たように、売官制や公証人団体といった新体制と根本的に矛盾する部分は変えながら、文書の起草・保管・真正性の担保といった機能は維持されてきたし、革命前の公証人が引き続き職を維持していることも多い。ここでは、こうした制度をさらに調整して、革命が始まって以来生じてきた混乱を修復することが問題となっている。

ファヴァールは、以上のように前置きして、細かな逐条的な議論は後に回し、基本的な原理のみを論じるとして、公証人の役割について、次のように整理している。

大きな利害を預かり、契約の起草者であるときには、その意思を統御し、策略、悪意、傲慢なやり口が張り巡らされているところで、穏健な法官として法律の解釈を行う。この法官が表に現れることはないが、現れるときには二人の当事者の利害は満足させられる。彼の書いたものは、契約者にとって法律となる。個別の法律は全体の法律と調和し、風紀や公的名誉を汚すことはない。この大きな善が公証人の作品である。この麗しい職務は、公正で純粋な精神を持った信頼しうる人にのみ与えられるべきであり、こうした人は、当事者が混乱しないように十分な法的知識を持った人で、取り決めが憲法を侵害することのないよう、憲法を尊重する人であり、書いたものが公的な名誉に反しないよう風紀に対しても厳格である、そうした人であるべきなのだ。

ここでは、時には悪意も持つ人々の間の取り決めをコントロールする公証人の職務の重要性が強調され、公証人が個別の契約を起草することが全体として法秩序やさらには善良な風紀・名誉の維持につながると、公証人の役割の重要性が強調される。そして、こうした重要な役割を果たすことができる人は、公正で法的知識を十分に持ち、憲法を尊重し、風紀に対してもルーズであってはならないことが強調される。

新しい公証人はコンクールによって選出するという線は、一七九一年法と同じである。一七九一年法では、コンクールの合格者について順位を決めて、欠員ができしだい順位に従って公証人職につくことになっていた。しかし、一七九一年法のやり方では、候補者がコンクールの後は競争心を持たなくなり、怠け心を助長するとして、新法では最終的に公証人職を得るまで二段構えの試験になっている。いったん、コンクールを受けて候補者リストに載った後、実際に欠員が出た場合にさらに候補の中からもう一度試験を受けて、最終の後継者が決定される。
こうした案は総裁政府の時点では成案にまでは至っていないが、一七九一年法と劇的にその内容が変わっているわけではなく、公証人職自体の必要性や、また公証人になるための資質として一定の実務経験などが必要とされていることなど、一定の技量が求められていることなども一七九一年法と共通点を持っているし、コンクールの運用の仕方はより柔軟になり、公証人の後継者の選択もしやすくなっているように思われる。ここでは、アンシャン・レジーム以来の公証人職を、新体制に適合した形で再構成し、一七九一年法を微調整してこれを維持しようとしているといえるのではないだろうか。この法案は、この後も審議が続けられたが、結局は、ナポレオンが政権を奪取した霧月一八日のクーデタが起こり、成立はしなかった。(36)

四　革命後の公証人制度――新しい「売官制」へ

この後、ナポレオンの治下になり、共和暦一一年に新たな公証人に関する法が成立する。この法の立法府における提案理由説明の冒頭で、報告者のレアルは公証人制度を、裁判所、調停者としての治安判事、宗教的な司祭とならべて、法秩序を維持するための四本の柱の一つとして説明する。やや長くなるが、確認しておきたい。

財産法、市民的自由、家族の平安の揺るぎない基盤を打ち立てるために、利害の対立から生まれる紛争について判決を言い渡す裁判所を設置するだけでは十分ではない。また、各カントンに、争いが生まれそうな時にこれを収めることを職務とする調停者たる治安判事を置くだけでも不十分である。公的な安寧のためにはこの二つの保障だけでも不十分であり、宗教を再建し、神の御名のもとに、調和を維持するために人々が互いに自己犠牲を払うように導く強力な司祭の介入が加わる必要がある。さらに、紛争を調停し、判決をくだす公的役職者に加えて、四番目の介入が必要である。平穏な秩序のためには、当事者に公平なアドバイスをし、その意思を忠実に文書にし、自分たちの取り決めから生じる義務を理解させ、明確な取り決めを作成し、その文書の真正性を保障し、最終審としての判断と同様に効力をもたせ、その規則を永続させ、忠実にその文書を保管し、善意の人間から紛争が生じることを防ぎ、悪意ある人間を除き、成功への望みをもって、不正な異議申し立てを除くことを望むことができるように、公的役職者が必要である。この公平な助言者、公平な起草者、最終的に契約の当事者を義務づける自発的な判事、これこそが公証人であり、この制度が公証制度である。[37]

ここでは、社会秩序の根幹として一方で宗教上の司祭が挙げられ、他方、世俗の法的な制度としては、紛争解決のための裁判官と、調停者としての治安判事と並べて、契約書などを起草・保管し、その真正性を担保することで、紛争の発生そのものを予防するための役職者として公証人が位置づけられている。

同じ法に関する護民院でのファヴァールの報告の冒頭では「王政とともに年を重ねてきたあらゆる制度は破壊されあるいは改革された。公証人制度のみが、革命の瓦礫の中で再構成されずに維持された唯一の制度である」と、公証人制度がアンシャン・レジーム以来の形を維持していると述べられる。[38]もっとも、ファヴァールの報告では、公証人制度は革命期の大変動の影響を全く受けなかったかのような印象も受けるが、これは明らかにいいすぎである。九一年以降、売官制の廃止に伴って、公証人任免の新しい手続を定める必要があり、この点については大きな変更が加えられ、アンシャン・レジームには国王や教会・領主との関係でそれぞれ職務を行っていた公証人が公共公証人に統一されるなどといった変更は加えられている。

しかし、公証人の職務自体については、革命以後も基本的な部分では大きな変更が加えられていないということはできるだろう。レアルの報告では、より丁寧に一七九一年九月法で定められた規定の大半について、とりわけ公証人の権限、文書の形式、原本の保管・保存については、そのまま維持されるべきであり、新法の草案でも同じような規定になっている、とする一方で、公証人の任命手続については、新しい定めが必要であるとして変更を加えているといると説明される。[39] 売官制の廃止に伴って、公証人の任免をどのように行うかという点ではいくつかの選択肢があり、流動的なところもあったが、文書を作成し、保管し、その真正性を担保するという、公証人の職務自体については基本的なところは革命期にもほぼ一貫して維持されてきたといえる。

共和暦一一年風月二五日＝芽月五日（一八〇三年三月一六日＝二六日）法では、[40] 九一年法と同じく公証人を「公的官吏」と位置づけ、次のように定義している。

公証人は、あらゆる文書・契約について、文書に、当事者が公的権威を持った文書に備わるべき真正性を与えなくてはいけないとき、また与えようとするときにこれを受理し、そして、文書作成の日付を確認し、保管所で保管し、その謄本・写しを交付するために設けられた公的官吏である。（一条）

法の第一部では、この定義に続いて公証人の職務についての規定が置かれる。任期は終身とされ（二条）、公証人はそれぞれ政府指定の場所に居住し（四条）、関連の上訴裁判所、第一審裁判所、治安裁判所との関係で管轄地域が定められる（五条）。また、判事、検事、書記、代訴人、執達吏その他一定の裁判関係の職との兼職が禁止される（七条）。さらに、法の一部二節では、公証人が一定の親族関係のあるものに関する文書を受理することの禁止や、文書を受理する際に必要な形式などが定められ、また原本の保管、謄本の発行、目録の作成など公証人の職務の基本的な形が定められる。

法の二部では、公証人の数や任命の手続など公証人制度について定められる。公証人の設置については、次の基準で政府が決定する。つまり、人口一〇万人以上の都市については、多くとも人口六〇〇〇人に一人、またそれ以外の地域では、治安裁判所の置かれている郡 arrondissement ごとに二名から五名の公証人を置くこととする（三一条）。また公証人職を行うものは、営業税は不要であるが、その職務の行使に際して有責の判決を受ける恐れがあることに対して、法に定める一定額の保証金の支払を義務づけられる。この保証金の額は公証人の事務所の所在地に応じて法によって定められる（三三・三四条）。また、公証人となるには、市民権の行使、軍籍登録、二五歳以上といった条件の他、六年間公証人事務所で働いていることなどの条件が課される。候補者は三節に定められる公証人組合から人格と専門能力についての証明書を発行してもらう必要がある。最終的には公証人は第一統領によって任命されることになっている（二部二節）。そして、公証人の内部規律のための組合 Chambre discipline にかんする定めが三節におかれ、また、公証人が廃業などした際の公証人文書の原本、目録の取り扱いが四節で定められる。そして、第三部では、法が公布された日に公証人として仕事をしていたものはすべてその業務を続けることができることが確認される。この共和暦一一年風月法は、その後公証人制度の基本的な骨格を定める法として二〇世紀後半まで維持される。

この後、復古王政となった一八一六年四月二八日の財政法九一条では、破毀院付弁護士や代訴士、裁判所書記、執行官などの裁判所附属吏とともに公証人も「陛下の同意の下に、法律に定められた資格を備えていることを条件に、後継者を提示することができる」と定められる。公証人については、とくに「この後継者を提示する権能は、陛下が当該官吏、とりわけ共和暦一一年風月二五日の法に定められた公証人の数を減らす権利を侵害することはできない」とされてはいるが、基本的にこの法によって公証人は自らの後継者を指名することができるようになり、ここで近代的な売官制度が確立するということができる。(41)

おわりに

革命は、アンシャン・レジームの司法制度を大きく作り替えていったが、テルミドールまでの流れとしては、アンシャン・レジームの専門家による司法制度を否定し、非専門家である一般市民が法システムの運用にかかわることができる方向で制度を作り直していった。こうした流れは、恐怖政治の次期をピークに、その後は徐々に復古的な動きになってゆき、革命後には、専門家中心の法制度を再建し、また法学の専門教育も復活してゆく。

霧月のクーデタでフランス革命が終わり、ボナパルトの統治下で、法制度はアンシャン・レジームそのものではないにせよ、復古的なかたちにもどってゆく。公選制となっていた裁判官は任命制へ変わり、いったんは廃止された弁護士団体なども復活する。革命で消滅したアンシャン・レジームの大学・法学の高等教育は、一八〇四年にとりあえずは法学校として復活し、弁護士に再び大学での学位が求められるようになっていく。フランス全体に共通の市民的法律を作るという課題は、一七九一年憲法でも確認されていたが、これが実現したのは一八〇四年の民法典であった。とりわけ恐怖政治の次期に作業が進められた、カンバセレースの第二草案は、民法典としてはきわめて簡潔なものであったが、一八〇四年の民法典は二〇〇〇以上の条文を持つ、相当複雑なものとなった。

フランス革命前後の司法制度の変遷としては、アンシャン・レジームの専門家主義が革命で否定され、これが恐怖政治の時期に最も徹底されるが、テルミドールのクーデタ以後、この流れが反転し徐々に専門家主義が復活していく。革命後ボナパルトの統治以後、最終的に法学部の専門教育も復活し、裁判官や弁護士についても専門性が重視されるようになっていく。ところが、公証人制度については、こうした流れは必ずしも当てはまらない。売官制の廃止、団体の廃止という革命の大きな流れに沿った改革は行われるのだが、裁判官が公選制となり、弁護士制度が一時廃止されたのに比べれば、公証人制度はその基本的な部分は、革命期に変わらず維持されているともいえる。公証人については一七九一年と一八〇三年に新しい体系的な法律が定められたが、いずれもアンシャン・レジームからの公証人の職務、公証人文書の形式・効力などに大きな変化が加えられたわけではない。また恐怖政治の時期に、公証人にも「市民証」が求められたことから、相当数の公証人が業務を続けることが困難になったが、これを除けば、基本的にはアンシャン・レジームからの公証人が業務を継続し、またその後継者の養成・選択にもかかわることができ、人的な継続性も維持されているように思われる。[42]

第三身分の代表として選ばれた約六〇〇名のうち弁護士がおよそ三分の一の二二〇名程度いたのに対し、公証人の代表はおよそ一〇名程度であったといわれる。これは裁判官の八〇名、代訴人三〇名に比べても少ない。[43]この後の立法議会でも約二〇名、国民公会でも一一名の公証人の代議員が選ばれているが、この数も決して多くはなく、また一七九一年法制定に影響を持ったフロシェのような者もいるが、その政治家としての影響力は必ずしも大きくはない。[44]

アンシャン・レジームの代訴人procureurも、代訴士avouéとして一時期までは残され、これはアンシャン・レジームの専門法律家の受け皿ともなっていたが、これも恐怖政治の時期には完全に廃止され、復活するのはボナパルトの統治下になる。恐怖政治の時期には、裁判という場で、専門家が弁論することだけではなく、専門家による文書を用いるということもなくなった。恐怖政治の時期には、「法の政治化」あるいは「法の真空化」ともいえる状況が進展するが、[45]こうした中で公証人制度だけはその基本的な性格を維持したまま存続していたということは注目すべきことのようにも見える。

公証人が大きな影響力を持つ圧力団体を形成したわけでもなく、公証人制度を維持するのに熱心な、影響力の大きな政治家がいたわけでもないという状況の中で、この制度が、革命期を通じて基本的な性格を変えずに維持されたということは、やはり公証制度がフランスの法システムの中に深く根づいていたことのあらわれだと考えられる。裁判の場での専門家による弁論や文書作成がなくなっても、裁判にいたる前の段階で、法的な問題について、あらかじめ文書を残すことで無用な紛争を避け、また必要に応じて裁判所の力を借りずにこうした文書に書かれたことを実現させていくという公証の制度は、法システムの中で基本的な位置を占めており、この位置づけが崩されることはなかった。現在ほど識字率の高くはない中でも、こうした専門家の手で法的な文書を作成し、それを実現していくというシステムの重要性、書き残された文書への信頼の高さは、フランスさらにはヨーロッパの法システムの一つの大きな特徴であるといえるのではないだろうか。

［注］

（1）革命期の法制度について専門家主義と素人主義の対抗という観点から整理したものとして石井三記『18世紀フランスの法と正義』名古屋大学出版会（一九九九）。とくに第一〇章を参照。また、石井三記「フランスにおける治安判事の誕生と勧解調停制度」川口由彦編『調停の近代』勁草書房（二〇一一）第二章も参照。

（2）アンシャン・レジーム末から革命期の公証人について概観したものとして、cf. Moreau, Alain *Les métamorphoses du scribe: Histoire du notaria français*, Perpignan, 1989; Id., “Notariat, révolution: codification,” in Robert Badinter (dir.), *Une autre justice 1789–1799*, Paris, 1989, pp.381–386 ; Id., “Les structures du notariat, français de 1789 à 1945,” in Halpéran, Jean Louis (dir.), *Les structures du barreau et du notariat en Europe de l'Ancien Régime à nos jour*, Lyon, 1996, pp.57–70. また、ドイツを主な対象にしたものだが、邦語の文献として久保正幡「公証人と法律学の歴史」『公証法学』一九七三年第二号、一―二四頁がある。

（3）cf. Étienne, Geneviève, “La communauté des notaires royaux de Grasse au XVIIIe siècle,” in Laffont, Jean L. (éd.), *Notaire, notariat et société sous l'Ancien Régime*, Toulouse, 1990, p.107.

（4）ここでは、フランス国立図書館のGallicaから参照できる、Ferrière, Claude–Joseph de, *La science parfaite des notaires ou le parfaite notaire* (nouvelle édition), Paris, 1752, p.6を参照した。このマニュアルは、一七世紀末から一八世紀半ばにかけていくつかの版が出版されている。一六八二年のClaude de Ferrièreの手による版が、これもGallicaから見ることができるが、内容は相当変わっている。

（5）cf. Poisson, Jean–Paul, "L'activité notariale à Pairs en 1751 : Premières données statistiques globales," in *Notaire et société : Tavaux d'histoire et de sociologie notariales*, Paris, 1985, pp.297–308. また、Woloch, Isser, *The New Regime : Transformations of the French Civic Order, 1789–1820*, New York, 1994, p.332 の紹介している、共和暦七年のアンドル地方の統計では、八四五〇件の文書の内訳は次の通りである。ここでも、経済活動に関する文書の比率が比較的高い。

三五四四	財産の売買
一五〇二	債務契約
一二一七	農地賃貸借
七五六	婚姻契約
四五四	相続
三三四	和解
二六四	各種賃貸借
二三八	家産の分割等の契約
一四二	年金に関する契約

ポワソンは、各地の公証人文書の状況を紹介しているが、これを総合的にどのように考えるべきかということは今後の課題である。ポワソンの調査については、*Notaire et société op.cit.* のほか、*Notaire et société : Tavaux d'histoire et de sociologie notariales*, t.2, Paris, 1990 ; *Essais de notarialogie*, Paris, 2002 にまとめられている。アンシャン・レジームの公証人文書について概観したものとして、cf. Moreau, *op.cit.* in n.2, pp.62–79.

（6）cf. Hilaire, Jean, *La science des notaires : Une longue histoire*, Paris, 2000, pp.191–211.

（7）cf. Moreau, *op.cit.* in n.2, pp.57–58 ; Hilaire, *op.cit. in n.6*, pp.153–159; Rouzet, Gilles, "La discipline notariale sous l'Ancien Régime," in Laffont, *op.cit.* in n. 3, pp.62–66.

（8）cf. Moreau, op.cit. in n.2, pp.58–60; Rouzet, art.cit, in. n.7, p.66–68.

（9）cf. Faure–Jarrosson, Benoît, "Les communautés de notaires en France sous l'Ancien Régime," in Halpérin, *Les structures op.cit.* in n.2, pp.45–56; Moreau, op.cit. in n.2, pp.89–93.

(10) cf. Limon, Marie–Françoise, *Les notaires au Châtelet de Paris sous le règne de Louis XIV : Éude institutionnelle et sociale*, Toulouse, 1992 ; Foiret, F., *Une corporation parisienne pendant la Révolution (Les notaire)*, Paris, 1912, ch.1; Woloch, *op.cit.* in n.5, p.331;

(11) cf. Étienne, art. cit. in n.3.

(12) cf. Gaston, Jean, *La communauté des notaires de Bordeaux :1520–1791*, Toulouse, 1991, pp.45–60.

(13) cf. Moreau, op.cit. in n.2, p.115 ; Moreau, "Notariat, révolution: codification," art.cit in n.2, pp.385–386.

(14) "4,6,7,8 et 11 août – Décret portant abolition du régime féodal, des justices seigneuriales, des dîmes, de la vénalité des offices, des privilèges, des annates, de la pluralité des bénéfices, etc." in Duvergier, J. B., *Collection complète des lois, décrets, ordonnances, règlements, et avis du Conseil–d'État*, t.1, 1824, pp.39–41. 抄訳として服部春彦訳が河野健二編『資料フランス革命』岩波書店（一九八九）一〇一―一〇四頁にある。

(15) "Rapport au nom de comité de Constitution sur organisation du pouvoir judiciaire," in *Archives parlementaires de 1787 à 1860*, Paris, 1875, t.8, pp.440–450. 本文で触れた売官制への言及は、p.442, p.445.

(16) *Archives parlementaires op.cit.* in n.15, t.10, pp.725–741, pp.744–746. 以下、革命期の司法制度の変容については、石井三記『一八世紀フランス法と正義』名古屋大学出版会（一九九九）二八七―二九五頁、Royer, Jean–Pierre et als., *Histoire de la justice in France su XVIIIe siècle à nos jours*, Paris, 2016(5e éd.) ; Badinter(dir.), op.cit. in n.2 などを参照。

(17) *Archives parlementaires op.cit.* in n.15, t.12, p.344.

(18) *Ibid.*, p.346.

(19) "16=24 août 1790. – Décret sur l'organisation judiciaire," in Duvergier, *Collection op.cit.* in n.14, t.1, pp.361–377.（邦訳「司法組織に関するデクレ」『東京大学社会科学研究所資料―第五集―一七九一年憲法の資料的研究』（一七九二）一四二―一五四頁。

(20) "2 septembre(25 août) =11 septembre1790. – Décret sur l'organisation judiciaire," in Duvergier, *Collection op.cit.* in n.14, t.1, pp.400–401.

(21) "2=17 mars 1791.–Décret portant suppression de tous les droits d'aides, de toutes les maîtrises et jurandes, et établissement de patentes," in Duvergier, *Collection op.cit.* in n.14, t.2, pp.285 ; "14=17 juin 1791.–Décret relatif aux assemblées d'ouvriers et partisans de même état et profession," in Duvergier, *Collection op.cit.* in n.14, t.3, pp.25–26. このふたつの法については、石井三記訳が「ギル

ドの廃止」河野健二編『資料フランス革命』前掲注（14）、二五四―二五八頁に収められている。ただしアラルド法については抄訳である。

（22）“29 janvier（15, 16, 17, 18, décembre 1790 et）= 20 mars 1791.–Décret concernant la suppression des office ministériels et l'établissement des avoués,” in Duvergier, *Collection op.cit.* in n.14, t.2, pp.215–216.

（23）*Archives parlementaires op.cit.* in n.15, t.30, pp.681–682.

（24）*Ibid.*, p.682.

（25）“29 septembre = 6 octobre 1791.–Décret sur la nouvelles organisation du notariat et sur le remboursement des offices de notaires,” Duvergier, *Collection op.cit.* in n.14, t.3, pp.462–471.

（26）cf. Woloch, *op.cit.* in n.5, p.334 ;

（27）*Archives parlementaires op.cit.* in n.15, t.31, p.149.

（28）*Archives parlementaires op.cit.* in n.15, t.31, p.420.

（29）cf. Woloch, *op.cit.* in n.5, p.334 ; Moreau, *op.cit.* in n.2, pp.153–156; Moreau, art.cit. in n.2, p.389.

（30）*Archives parlementaires op.cit.* in n.15, t.53, p.110. “1er = 2 novembre 1792.– Décret qui oblige tout citoyen en appelé à l'exercice des fonctions de notaire à produire un certificat de civisme,” Duvergier, *Collection op.cit.* in n.14, t.5, p.44.

（31）“17 septembre 1793.– Décret relatif aux gens suspects,” Duvergier, *Collection op.cit.* in n.14, t.6, pp.213–214.

（32）cf. Woloch, *op.cit.* in n.5, p.336.

（33）cf. Woloch, *op.cit.* in n.5, p.337. この時のコンクールで採用された公証人と前職との対応表は、cf. Foiret, *op.cit.* in.n.10, p.298.

（34）“19 vendémiaire an 3（10 octobre 1794）.– Décret relatif aux notaires démissionnaires, suspendus ou destitués, faute d'avoir produit un certificat de civisme,” Duvergier, *Collection op.cit.* in n.14, t.7, p.364.

（35）Favard, *Rapport fait par Favard au nom d'une commission spéciale, composée des représentans du people Malès, Guillemot, Delpierre, Guyot–Desherbiers et Favard sur l'organisation du notaire Séance du 23 germinal an 6.*

（36）cf. Foiret, *op.cit.* in n.10, pp.378–379.

（37）“Exposé des motif du projet de loi sur l'organisation du notariat présenté au corp législatif par le conseiller d'État Réal（séance du 14 ventôse an XI）,” in Gagneraux, M.L., *Commentaire de la loi du 25 ventôse an XI (16 mars 1803) du notariat*, Paris, 1834, p.1.

（38）“Rapport fait au Tribunat par le tribun Favard de Langlade au nom de la section de légistation（séance du 21 ventôse an XI）,” in

Gagneraux, *op.cit.* in n.37, p.17.

（39）"Exposé," *op.cit.* in 37, p.3.

（40）"25 ventôse = 5 germinal an II（16 mars 1803）.– Loi contenant organisation du notariat," Duvergier, *Collection op.cit.* in n.14, t.14, pp.137–155.

（41）"28 avril = 4 mai 1816. – loi sur les finaces," Duvergier, *Collection op.cit.* in n.14, t.20, p.357.

（42）cf. Foiret, *op.cit. in n.10*, pp.390–391. ボルドーの公証人事務所について、革命期にも大きな断絶がないことは、Gaston, *op.cit.* in n.12, pp.50–60 の公証人事務所の系譜を参照。

（43）Moreau, *op.cit.* in n.2, p.115.

（44）Moreau, "Notariat, révolution: codification," art.cit. in n.2 , p.387.

（45）こうした点については、石井・前掲注（1）（一九九九）第一〇章を参照。

第六章　ドイツ公証制度史にみる需要と法専門家性
――ハンブルクにおける公証制度の近代化を中心に

的場かおり

はじめに

二〇一七年五月二六日、約一二〇年ぶりに民法（債権関係）を大幅に改正する法律が成立した。重点の一つが保証人の保護であり、公証人による意思確認手続が新設された（四六五条の六～九）。しかし、先立つ五月九日の参議院法務委員会では公証制度そのもの、すなわち、公証人の任用手続や配置人数、責務などについての質疑がなされている。[1] この様子から、公証制度が十分に浸透しているとはいいがたい日本の実態が浮かび上がってくる。

そもそも公証人自体が国民にとって身近な存在ともいいがたい。この職に任じられるのは原則として、判事や検事などを長く務めた法律実務の経験豊かな者であり（公証人法一三条）、加えて昨今では、多年法務事務に携わり、法曹有資格者に準ずる学識経験を有する者で、かつ、特別任用審査会の選考をパスした者にも門戸は開放されている（同法一三条の二）。だが全国に約三〇〇ある公証役場で執務する公証人の数は五〇〇人程度であり、[2] 後述するドイツなどと比べてはるかに少ないことも、公証人を身近に感じられない一因といえよう。

また、私たちが「法的紛争の解決」と聞いてまず思い浮かべるのは、訴訟手続に基づく裁判所による解決であろう。だが事後的に紛争を処理する裁判司法とならび、紛争の発生を未然に防ぐことを目的とした予防司法vorsorgende Rechtspflegeの果たす役割も大きい。この予防司法を担う公証制度はヨーロッパの大陸諸国においては市民生活に深く根差し活用されているのに対し、日本ではいまだそのレベルには達していない。

しかし日本の公証制度史を紐解くと、フランスやドイツの影響を大きく受けたことは明らかである。一八八六（明治一九）年に公証人規則がフランス法をモデルに制定され、一八八九（明治二二）年には試験で選抜された一二三人の公証人が活動を開始した。[3] 職務は公正証書の作成のみとされ、その作成には成年者一名の立会いが義務づけられ、手数料は枚数主義に基づいていた。公証人規則に取って代わったのが、現在の公証制度の基礎をなす一九〇八（明治四一）年の公証人法である。公証人法は、私署証書に認証を与える権限を認め、手数料には事件主義を採用するなど、公証人たちの要望に沿った内容を有した。[4] この制定については、司法省によるヨーロッパの公証制度調査、公証人たちによる公証人規則改正運動との関係に留意しなければならない。前者では、公証制度取調委員として斉藤十一郎がドイツに、鈴木喜三郎がイギリスに、そして河村善益がフランスに派遣され、帰朝後はプロイセン法をモデルとした改正法案が準備された。後者においては、公証人の中澤文治や小川正直、新井善教、弁護士の長島鷲太郎らがザクセンとハンブルクの公証人法を研究していた。[5]

本章の目的は、予防司法の面から紛争解決に資する公証制度を取り上げ、この制度がいかにして成立・展開したのか、また、公証制度を提供する側、利用する側はそれぞれこの制度に何を期待したのかを詳らかにすることを通して、多様な法的紛争解決のあり方や可能性を考究することである。そこで本章では、近代日本の公証制度の整備に影響を与えたドイツの公証制度の歴史に、中でも、日本と同様に他の職業との兼任を認めない「専業公証人Hauptberufliche Notare」制度を採用し、また、明治日本の公証人たち自身の研究対象にもなったハンブルクの公証制度の歴史に焦点を当てる。考察する時期はハンブルクの現行制度の礎が築かれた一九世紀初頭、すなわち、神聖ローマ帝国の解体とフランスへの併合にともないフランス法が適用された時期、そして、フランスから解放されたハンブルクが独自の公証制度を作り上げていった時期とする。

一　中近世の公証制度

まず、公証制度がドイツでいかにして展開したのかを明らかにせねばならない。それゆえ本節では、公証人という存在がドイツに拡がりをみせた神聖ローマ帝国時代に遡り、中でもハンブルクにおける公証制度の実態に着目しながら、前近代の公証制度のあり方を考察する。この課題に取り組むに先立ち、日本より深く市民生活に根差している現在ドイツの公証制度を概観することから始めたい。

(1)　現行の公証制度

現在のドイツには、主に二つの公証人制度が存在する。一つは「専業公証人」であり、ハンブルクをはじめ、南・東ドイツ諸州にみられる。もう一つの「弁護士公証人 Anwaltsnotare」はかつてのプロイセン王国の領域を中心に、北ドイツで採用されている。全国の公証人数は七一七九人であり、そのうち専業公証人は一七一九人、弁護士公証人は五四六〇人を数え、人口一・二万人弱に対して一人の公証人という計算が成り立つ[6]。しばしば話題に上る弁護士数に関してドイツは日本の四倍強であるが、公証人に至っては実に一四倍という大きな開きがある[7]。

法曹一元制を採るドイツでは、公証人もまた、弁護士や検察官と同様に、裁判官となる資格を有していなければならない。大学の法学部で学び第一次国家試験をパスした後、約二年間の司法修習を経て第二次国家試験に合格することが求められる。その後、専業公証人には公証人試補として最低三年の実務経験が、弁護士公証人には最低五年の弁護士登録と最低三年の公証人実務経験が義務づけられている。

公証人の活動領域は不動産法や親族法、相続法、会社法などから導出され、具体的には不動産、経営、婚姻・パートナーシップ、扶養・後見、相続・贈与、紛争回避・和解・仲裁などを扱う。公証人はいわゆる非訟事件の領域で公法上の役割を果たす者として位置づけられるが、公権力を行使する者とはみなされない。公証人を独立した公職担当者とし、国家公務員と位置づけないのは、国民のための法専門家としての公証人の積極性を喪失させないためであるとされる。[8] したがって彼らは国からの給与ではなく手数料収入で生計を立て、手数料については費用規則に定められている。

公証人は予防司法機能を果たすことを期待され（連邦公証人法一条）、この点において法的利益が侵害された場面で機能する裁判司法とは一線を画する。それゆえ職務の柱は証書の作成であり、法律行為において当事者の意思を実現することを目的とする。公証人はこの目的を達成するために、法律行為にかかわる状況を具に検討し、当事者に説明・助言する義務、いわゆる教示義務を負う（公正証書作成法一七条）。[9] また公証人は、義務違反があった場合には個人で責任を負わなければならないため、職務責任保険への加入を義務づけられている（連邦公証人法一九条、一九条ａ）。これら教示義務の有無と個人責任制という点において、ドイツは日本とは異なっている。

⑵ 神聖ローマ帝国下における公証制度

今やドイツの市民生活に欠かせない公証人と公証制度であるが、これらがはじめてドイツに登場したのは神聖ローマ帝国時代である。

一三世紀、公証人はまず、教会裁判所の置かれた司教都市に登場した。一二七〇年代に西部のリエージュやオスナブリュック、ケルンに公証人があらわれたのを嚆矢として、西から北、そして中・南部へと公証人は拡がっていった[10]。教皇庁公証人とならんで帝国公証人、市参事会書記を務める公証人などがおり、一四世紀までは教皇庁公証人の数が帝国公証人の数を上回っていたが、一五世紀以降は帝国公証人が主たる公証人となっていった。帝国公証人は本来、神聖ローマ皇帝によって任命される公証人であるが、実際には皇帝に代わり宮廷宮中伯 Hofpfalzgraf が任命を行った。ローマ法では法律行為をなす際に皇帝の協賛を必要としたが、これを帝国全土で同時に行うことは不可能であるため、最初はイタリアにおいて宮廷宮中伯が設けられた。次第にこの職は単なる名目上のものとなるが、一四世紀には騎士や学識者、大学、市民にも授けられた。公証人の任命は宮廷宮中伯の裁量に委ねられ、その人数や能力に関する統一的な基準がなかったこと[11]、また、中世中期のイタリアなどにみられた教育や選抜に携わる公証人組合 collegium notariorum がこの地に存在しなかったことも[12]、公証人の質が担保されない事態を招くこととなった。

この事態を打開すべく、皇帝マクシミリアン一世の下で一五一二年一〇月八日、帝国公証人条令（以下、一五一二年条令と呼ぶ[13]）が制定された。全四六条からなる本条令は、普通法や各地の慣習・風習へも配慮した（一条）、大綱的なものである。立法目的は、公証人が生み出す弊害の除去、すなわち、公証人たちの「水準、性質、技術は欠陥だらけ」で、「彼らの無知や懈怠、危険により無数の人が惑わされ、し損ない、悩まされ」ており、「これらの欠陥や欠落に対応する」（序文）ことであった。

公証人は公益のための奉仕者と位置づけられ（一五条）、無信仰者や隷属者、名誉喪失者、破門された者、帝国を追放された者、職務遂行に必要な知識を有しない者にはその資格が与えられなかった（二条）。ただし条令では、必要とされる知識の内容、審査・任命の方法などは示されず、ラテン語ないしドイツ語で書く能力（一九条）と当事者に不利益を与えないための法知識（四五条）への言及がみられるにとどまった。したがって条令施行後も、宮廷宮中伯が十分な能力や知識を有しない者を任命する実態の改善は困難であった。[14] このような帝国公証人の弊害を除去しその活動を統御しようと動いたのが、ラント君主たちであった。彼らは一七五〇年代以降、帝国最高法院を梃として各種の審査や免許・登録の義務づけなどを試みたものの、[15] いずれも十分な成果を上げられず、皇帝の公証人をコントロールするまでには至らなかった。

他方で一五一二年条令は、公証人が作成する証書の形式についてはきわめて子細に指示している。これは、「信用するに足る公の証書」(序文)として公信力を備える証書への信用を高めるためであった。証書作成が公証人の主たる職務であったが、帝国最高法院の召喚状の送達(三七~三九条)や上訴手続(四四条)など、訴訟への彼らの副次的関与を定める条文もみられた。[16] また、法廷弁護士・事務弁護士による公証人の兼務はカール五世の勅令(一五四八年)や帝国最高法院令(一五五五年)によって禁じられたにもかかわらず、実際には徹底されていなかった。[17]

(3) ハンブルクの公証制度

現在約一八〇万人の人口を抱えるハンブルクには、七四人の専業公証人がいる。また、ハンブルク公証人会は今日まで断続的に活動するドイツ最古の会である。[18] この現行制度の基礎が築かれる歴史を、まずは、中近世の公証人や公証制度を検証しながら紐解いていく。

まず、ハンブルクにおける任命手続に関しては、一五一二年条令が大きな変更なく適用され、特段の新ルールの策定はみられなかった。この都市で活動する公証人は主に、ヘルムシュテット Helmstedt 大学(一五七六~一八一〇年)[19] やゲッティンゲン大学によって任命されている。ハンブルクは一九一九年まで大学を有しなかったこともあり、同じハンザ都市にあるこれらの大学との結びつきが強かったといえよう。候補者はヘルムシュテット大学で二年間法学を学んだ後、ラテン語による審査を受けるのが一般的であった。[20] 審査は大学の副学長と二名の法学者によって担われ、一五一二年条令や普通法、公正証書の作成方法などを問う試験の難易度は高くはなく、最低限の法知識を問うものであった。この審査に合格し、帝国と皇帝に忠実であり職務を全うする意思がある旨の宣誓を行った後、彼らは公証人に任命され、インクと羊皮紙、花押を授与され、任命証書の交付を受けた。

彼らの職務は一五一二年条令の他、帝国最高法院令、ハンブルクの各種の協約や都市法に拠った。たとえば、一九世紀後半にドイツ帝国の諸法に取って代わられるまで有効であり続けた一六〇三・〇五年の「ハンブルク市の裁判所令と条例」[21]は、遺言、婚姻に基づく財産契約、財産目録などの作成、国外での代理行為、裁判での当事者補助などを公証人に認めた。職務内容は三つに大別できる。まずは市民生活分野であり、契約、遺言、競売や相続にかかる財産目録の作成、証書の作成・送達などを行った。次に商業・交易の分野である。ハンザ都市の代表格たるこの都市で、公証人は手形支払拒絶証書など各種拒絶証書の作成、国外での代理行為、事実証明としての文書の作成などを担った。最後に裁判手続分野では、公証人は裁判所書記を補助・代理したり、当事者を補助したりした。

しかし、いずれの分野においても公証人が独占できる職務はごくわずかであり、公証人の作成する文書は私署証書や各役所が作成する文書との競合関係に置かれた。[22]また特徴的であるのは、ハンブルクの公証人は公益のための奉仕者というよりは、当事者の利益を代理する傾向が強かったことである。これを裏づけるように、当事者、すなわち公証人を利用する側が彼らに期待したのは法知識よりむしろ実務遂行能力であった。筆記・記録技術、外国語能力、商売経験・知識などが高く評価され、公証人志願者の顔ぶれも公証人事務所の手代の他、弁護士事務所や官房で働く書記・記録係などであった。交易にかかる文書作成の機会が多いこの都市では、正確に書く・記録する、外国語を操る、そして商取引に関する知識を有することがとりわけ公証人には求められたのである。

一八世紀末ハンブルクにおける公証人の社会的・経済的ランクを知る手掛かりとなるのが、一七七〇年の「人頭税規則」[23]である。この規則は職業に基づき住民を九つの等級に区分するが、公証人は上から五番目の等級に分類されている。同じ第五等級に属すのはさほど裕福でない各種の商人・業者、裕福な手工業者などであり、公証人は筆記・記録技術が売りの職人として扱われていたことがうかがい知れる。他方で、書記、（大学修了者でない）法廷弁護士・事務弁護士、裕福な簿記係や仲買人などは公証人よりも上の、第三もしくは第四等級に位置づけられていた。この神聖ローマ帝国時代の公証人の地位は、後述するフランス法制導入以降のそれと比較する上で示唆に富む。

ハンブルク公証制度史研究の第一人者シュルツェ＝ラゾーは、「即席公証人」と呼ぶ公証人像を提示した。[24] フランス法の適用が始まる直前の一八一一年、人口約一三・一万人のこの都市には一〇〇人前後の公証人がおり、多くが副業として公証業務を行っていたが、欠陥のある証書を作成したり、職務で知りえた情報を用いて脅迫や恐喝、詐欺、暴力行為などを行ったりする悪質な事例が問題視されていたと指摘する。彼は公証人の量とともにその質がもたらす弊害についても言及し、ハンブルクでは公証人個人に対する信用・評価がその人物の作成する証書に対する信用・評価と直結していたとする。とくに市参事会や裁判所は公証人ならびに彼らが作成する文書に懐疑的な姿勢を示し、証書に公信力を認めた一五一二年条令の原理がこの地では十分に機能していなかった、と。このように神聖ローマ帝国の公証人に関する研究では、その数の多さと品行・能力の低さが強調されてきた。[25]

この公証人像とは異なる像を提示するのが、中近世ハンブルクの公正証書を素材に丹念な史料研究を行ったバッハマンである。[26] まず公証人の数に関して、ハンブルクの場合は都市の成長にともなう人口と業務の増加に対応したものであり、供給過剰という従来のテーゼはこの都市には妥当しないと説く。[27] また、公信力や証明力の観点から当時の公正証書に高い評価を与えるバッハマンは、十分な教育も受けず、ペテン師のような強い金銭欲の持ち主であるとされる低質な公証人像も正確ではないと述べ、公証人の品行や能力をめぐる問題は近世にはマーケットの中で解決された、すなわち、評判の悪い公証人は淘汰されたからだとその理由を説明する。

以上のように、神聖ローマ帝国では、その多数を占める帝国公証人の任命方法や人数、職域などに関して一元的で明瞭・厳格な手続や規定が機能していたわけではなかった。そして公証人や公正証書の取り扱いをめぐっては、帝国と各ラント・都市との間の権力闘争の一端も垣間見え、各ラントや都市の側では帝国公証人の活動を統御しようとする動きもみられた。しかし、司法・行政はもちろんのこと、市民生活や商業・交易といった場面でも、正確に記録し信用できる文書を作成する必要性が増してくると、その技術をもつ公証人の需要は高まっていった。この傾向は海洋交易都市ハンブルクで顕著にみられるが、その中で公証人は、法の助言者・専門家というよりむしろ、当事者の依頼に基づき記録や文書を（時には外国語で）作成する技術者、いわば筆耕者として機能することが期待されていたといえよう。

二　「外」からの近代化――フランス法の適用

一八〇六年の神聖ローマ帝国解体により帝国法はすべて無効となり、帝国公証人制度もその例外ではなかった。とりわけフランス帝国領となったハンブルクでは、フランス法が適用されたため、公証制度もまた大変革を余儀なくされた。ここで注目すべきは、いわゆるフランス時代[28]に継受された公証制度が現行制度の始点をなしているということである。この事実を踏まえ、フランス法制がハンブルクの公証制度をいかに変容させたのかを検証することが本節の課題である。

(1) プロイセンとハンブルク

帝国公証人の正統性は、皇帝の退位とともに失われた。抜本的改革を行うことなく一五一二年条令を適用していたハンブルクでは、公証制度の整備が喫緊の課題となった。

それに対し、プロイセンでは、すでに一八世紀の司法改革により公証人を取り巻く環境は大きく変化していた。[29]「公証人のための指令」（一七〇八年）以降、ラントは帝国公証人の審査や任命への関与を強め、一七四八年のフリードリヒ法典は国王を公証人の任命権者とし、国王裁判所への登録を公証人に義務づけた。続く「王国全州の公証人のための訓令」（一七七一年）は皇帝による公証人の任命を拒絶し、ここにラントによる公証人の一元的管理が実現した。同訓令は、公証人と弁護士の兼職の禁止、旅行の自由の制限、そして、契約や遺言の公証を引き受け、契約締結によって発生する権利を当事者に啓蒙するといった公証人の義務などを定め、彼らの作成する証書の証明力を他の公文書と同等であるとした。

しかし最大の改革はフリードリヒ法大全（一七八一年）によるもので、弁護士に替わって補助官が置かれ、公証業務は裁判所の役人である司法委員に委ねられることになった。さらに一七九三年のプロイセン一般裁判所法は補助官を廃止し、弁護業務も司法委員が担うことになった。司法委員は司法大臣が各裁判所の定数に応じて任命し人数が抑制されたため、弁護士であった者たちは経済的損失を被ることになった。彼らの損失補填を目的に弁護士業と公証人業を兼ねることが許可され、ここにプロイセンにおける「弁護士公証人」の出発点が確認できる。[30]

他方ハンブルクでは、帝国公証人の地位にあった者は四週間以内に法務官の下で氏名と住所を登録しさえすれば、何の審査も課されることなく職務を継続できた。新たな候補者については市参事会が審査することになったが、審査に関するルールは制定されずケースバイケースで対応された。[31]しかしハンブルクが「エルベ河口県」としてフランス帝国に併合されると、一八一一年夏以降ナポレオン諸法典の適用、帝国裁判所の開設がなされ、九月にはフランス法に基づく公証制度が開始した。すなわち、一八〇三年三月一六日の公証制度に関する全六九条の「ヴァントーズ法 Loi contenant organisation du notariat du 25 Ventôse an 11」（以下、V法と略す）と一二月二四日の公証人会に関する「ニヴォーズ法 Arrêté relatif à l'établissement et à l'organization des Chambres de Notaires du 2 Nivôse an

12」（以下、N法と略す）である。これらは一七九一年に始まるフランス公証制度の近代化の集大成であった。[32]

（2）フランス法による近代化

フランス諸法の適用はハンブルクの公証制度を一新した。神聖ローマ帝国時代の公証制度は抜本的に変革され、現行システムの礎となる近代的な制度が生み出されたのである。

①公証人の地位

公証人は公務の担い手 fonctionnaires publics として終身で任じられる（V法一、二条）。彼らの居住地と管轄地は政府や裁判所によって決定され（V法四～六条）、帝国全土で活動できるという神聖ローマ帝国時代の仕組みは改められた。ハンブルクでは、一八一一年に設置された上級裁判所が公証人の監督にあたった。また、裁判にかかわる公職や弁護士、各種の書記などを兼ねることは禁じられ（V法七条）、プロイセンとは異なる「専業公証人」制度が採用された。

②公証人の任命

まず、これまで無制限であった人数については、人口を基準にした定員制が導入され（V法三一条[33]）、ハンブルクの定員は一七人とされた。次に、候補者が満たすべき要件として、市民権を保有し兵役を終えた二五歳以上であること（V法三五条）、公証人会が発行する品行・能力証明書の提出があること（V法四三条）、公証人の下で実習していること（V法三五、三六、三七条）、保証金を納付すること（V法三三、三四条）が挙げられた。留意すべきは、フランス民法典では公正証書の作成を義務づけられる法律行為が数多く存在したため、公証人の能力として筆記・文書作成技術のみならず法知識が必要となったことである。こうしたフランス民法典の導入や識字率の向上を背景に、利用者の側でも公証人に求める能力が変化した。また、今回はじめて導入された保証金は、職務で過失があった際の罰金や賠償金に充てられるもので、管轄地の仕事量などに応じた額の納付が義務づけられた。

③公証人の職域と公正証書の効力

職務範囲は非訟事件に限定されたが、フランス民法典の適用にともない、公証人の証書が求められる場面が従来よりもはるかに増加した。つまり、日常生活の中で公正証書に基づく法律行為が急増することになったのである。(34) 主なものとして、婚姻への同意や婚姻契約、婚外子の認知、財産目録、生前贈与、公の遺言、不動産売買や抵当権の設定などはいずれも、公正証書に基づいてはじめて法的効力をもちえたのである。むろん公正証書は公信力を有し、フランス全土で執行力をもった(V法一九条)。

こうして、かつてのように商人や有産者といった特定の者だけが公証人を必要とするのではなく、公証人の職務は今やより多くの市民生活の場面で不可欠なものとなった。これは裏を返せば、公証人自身がフランス民法典や各種の法律行為を理解し、当事者を補助する法知識や実務能力を備えていなければならないことを意味した。

また、一八〇七年二月一六日のデクレにしたがい、枚数主義に基づく手数料が明示されるようになった。手数料の明瞭化・透明化が図られることで、市民は公証人との金銭トラブルに巻き込まれる懸念から解放され、公証制度へのアクセスをより容易にした。公証人たちもまた、人数の抑制、職域の拡大、そして手数料の明確化という三本柱によって安定した収入を保証され、その結果として彼らが公証人職に専業できる環境が整えられたのである。

④公証人会

ハンブルクでは、副業として公証業務を行う者が多く、一職業を代表し団結するという意識が希薄だったこともあり、公証人の職業団体が組織されたことはなかった。しかしフランス法の適用によって、現在ドイツで最も長い歴史をもつ公証人会がこの地に創設された。

互選したメンバーによって運営される公証人会は会員を規律する目的で設置され、裁判所とともに懲戒権を有し

（V法五〇条、N法一条）、公証人候補者の品行と能力を保証した（V法四三条）。この自律的な職業団体の創設はハンブルクにおいてはじめて、第一に、公証人の「量」と「質」の統制にコミットする契機を公証人たち自身の手に与え、第二に、公証人という職業の組織化を図ったのである。

⑤公証人の実態

フランス時代に活動した公証人は総勢一九人おり、以前帝国公証人であった者が一三人、今回はじめて任用された者が六人であった。このうち三人の学位取得者はいずれも旧帝国公証人であり、解放後二人は事務弁護士業を選択している（一人は死去）[35]。フランス法の適用直前には推計で三桁に及ぶ数の公証人が（主に副業としてではあるが）活動していたことと比較すれば、フランス法の下で厳しい選抜と淘汰が進められたことは明白である。この結果として、従来しばしば問題視されていた悪質な公証人は席を追われる反面、有能で良質な公証人、そして彼らの作成する証書への信用は高まることになった。選抜と淘汰による公証人の質の向上は公証人自身や市参事会によっても積極的に評価され、フランスからの解放後もフランス法制の維持が主張される一因となった[36]。

以上のように、フランス法に基づく公証制度はハンブルクの公証人の「量」と「質」に大変革をもたらした。まず、専業公証人制度と定員制、品行・能力の証明が導入されたことにより、公証人は「量」と「質」の両面において篩にかけられた。次に、フランス民法典の適用によって公正証書の需要が飛躍的に増えたことで、公証人の仕事「量」は増大した。つまり、少数精鋭の公証人が多くの仕事を引き受け、安定した手数料収入を得たのである。中近世の公証人は記録者・筆耕者としての役割を期待されることが多かったのに対し、今や多数の法律行為が公証人の関与なしに成立しなくなり、公証人が法律行為を補助する者、必要な法的助言を与える者へと「質」的変化を遂げる契機が登場したのである。他方、サービスの受け手の立場からすれば、公証人に対する「質」的「量」的選抜が行われ、また、証書の公信力や執行力が明記されたことで、公証人個人のみならず彼らの作成する公正証書に対しても信用が置けるようになった。こうしてフランス法制は、公証人ならびに公証制度への信頼を高め、これらが市民の間に浸透し定着するという好循環を生み出したのである。

三　ハンブルク独自の公証制度の成立

一八一三年フランス軍が撤退すると、ハンブルクではフランスの二法に代わる新しい公証人条令の制定が急がれた。最終的には一八一五年二月に新条令が成立し、その基本的枠組みは、ドイツ帝国の関連諸法との整合性が図られるまでの間、維持された。本節では、新条令の制定過程とその内容を検討することで、ハンブルクが主体となって整備・確立した公証制度とはいかなるものであったのかを考究する。

（1）新条令の制定作業

解放後のハンブルクは、市参事会と市会による共同統治システムを復活させた。[37] 一八一三年三月、彼らが公証制度に関してフランス法の暫定的適用を決定したことで、さしあたりフランス法に基づき任用されていた公証人のみが許可され、公証人会の存続も認められた。この決定を受け、公証人会による職務継続の意思確認が行われ、一七人が公証人登録を行った。[38] 一八一四年六月にはフランス法がすべて廃止され従来の法が復活したが、公証制度については暫定措置が延長されることとなった。

ハンブルクは、新しい公証制度の構築にあたり、旧制度への回帰かフランス制度の維持かという問題に直面する。まず争点となったのは、かつての帝国公証人の処遇である。再任用を要求したのはフランス時代に任用されなかった旧帝国公証人、市会に設置された二〇人委員会であった。[39] その根拠として、フランス法制を一掃しかつての法状態を復活させるべき時が到来したこと、帝国が解体した一八〇六年の段階で市参事会は帝国公証人に許可を与えており、その状態へ回帰すべき今、彼らには公証人として活動する権利があることを挙げた。フランス法制の一掃を求める背景には、対仏感情はもちろんのこと、V法が高額の保証金を課したことへの不満、フランス法にしたがい任用された公証人たちへの軽蔑の念もあった。これに対し、帝国公証人の復活に異を唱えたのは現役の公証人たちである。彼らは、現在の公証人に求められているのは単なる手工業を学識へと高める勉学であり、かつての無能な帝国公証人とは異なる資質であって、帝国公証人を復活させればフランス法制と厳しい選抜のおかげで手にした進歩が水泡に帰してしまうと主張した。(40)

もう一つの争点は、公正証書の公信力と執行力である。ハンブルクでは長らく、公証人自体が信用できる人物か否かによって彼の作成する証書への信用を判断することが常態化し、一五一二年条令にもかかわらず証書それ自体が公信力や執行力をもつという考えが十分に根づいていなかった。(41) このハンブルクの伝統と実態を一変させたのが、公正証書が公信力と執行力を備えることを明記したV法であった。したがって、解放後はこの点が議論の的と化し、前述の一八一三年三月の暫定措置では公正証書に強制執行条項を付すことを認めないと変更されていた。(42) つまり、依然として公証人や公正証書に懐疑的であるがゆえに公正証書の効力の減退を求める旧体制派と、現状維持を図ることで公証サービスの需要減少を阻止しようとする現役の公証人たちとの意見が衝突したのである。

さて、公証制度に関する新条令の制定は市参事会のイニシアティブの下で進められた。市参事会によって作成された草案が長老会 Oberalten、市会や市会に設置された諮問機関「司法制度検討委員会」によって検討されたのである。(43) 市参事会はフランス法制が公証人の量と質を改善したと評価していたため、その案は、専業公証人制度、定員制、公正証書の公信力と執行力、公証人会というフランス法制の基本的枠組みを踏襲する内容であった。そしてこの公証制度が円滑に運営されるための前提として、公証人たちが法専門家としての能力をより陶冶し、市民の信頼に応えうる存在となることを求めた。すなわち市参事会は、フランス時代に「公正証書に信用が置かれ、公証人に援助が求められるようになると、公証人の欠陥が目立ってきた」[44]との認識に基づき、候補者にさらに厳格なハードルを、つまり、二年の大学教育と二年の実習を終え、上級裁判所による審査をパスすることを求めたのである。しかしフランス時代に拡大した公証人の職域に関しては、競合する公職や職種とのバランスに配慮して、公証人の職域の縮小を提案した。

市参事会は公証人会や公証人にも意見を募っている[45]。公証人会の第一の要望は、現役の公証人たちが新条令の下でも継続して任用されることであった。第二に、専業公証人制度の維持であり、プロイセンのように弁護士が公証人を兼ねられる制度には反対した。第三に、若干の人数拡大を認めつつも、定員制の存続を主張した。そして実務的な観点から、公証業務と翻訳業務を兼任する公証人の枠を新設するよう要望した。また、ルイス J. D. Luis のように個人的に草案作成に関与する公証人もいた。彼は神聖ローマ帝国時代から公証人兼フランス語通訳として活躍し、フランス時代にも公証人を務めた人物である。その新旧時代を通しての経験と知識を買われ、実務にかかわる条文の策定に参画した[46]。

(2) 一八一五年の公証人条令

最終的に市参事会と市会の決議として全一九条からなる公証人条令(以下、一八一五年条令と呼ぶ)と手数料条令が成立し、一八一五年一二月一八日に公布、一八一六年二月二四日に施行された[47]。以下では、フランス法制との比較を念頭に置き、一八一五年条令の内容を検証する。

①公証人の地位

公証人は職務遂行にあたって全力を尽くし、当事者に損害を被らせてはならないとされた(七条、一五条)。違反者の処罰は上級裁判所に委ねられ、免職や停職、罰金、氏名公表などの罰則が設けられた。他方で公証人は他の公職に就いたり訴訟案件や簿記業務に携わったりすることを禁じられ（五条）、専業公証人制度が維持された。ただし、兼職禁止の例外とされたのが翻訳業であった（一九条）。翻訳業兼職の解禁は、交易都市ハンブルクならではの伝統的な需要、そして公証人会の実務的な要望に応えたものであった。

また比較法史的観点から興味深いのは、専業公証人制度の継続を選択したハンブルクとは対照的に、同じくフランス法制から解放されたリューベック、ブレーメンでは兼職が許可されたことである。なお後者はこれ以降現在に至るまで、弁護士公証人制度地域に属している。[48]

②公証人の任命

市参事会案や公証人会の要望に沿う形で定員制は維持され、さしあたりその数は二四人以下とされた（三条）。[49]市参事会は維持の理由を、旧帝国公証人の殺到を防止し公証人の経済的安定を図るためであると説明し、市会などが求めた旧帝国公証人の復活はならなかった。

次に、候補者が満たすべき要件として、二五歳以上の市民であること、公証人会が発行する品行証明書の提出があること、一般的な法知識を有すること、公証人の下で手代として最低一年実習していること、二〇〇〇マルクの保証金を納付することが挙げられた（一条）。ここで着目すべきは、V法では品行のみならず能力に関しても証明書の発行が公証人会に委ねられていたが、新条令では公証人会の証明書が品行に関してのみに限定されたことである。これらの要件を満たす者に対する審査は上級裁判所の二名と公証人会の二名により担当され、最終的な任用の可否は上級裁判所が行った（二条）。上級裁判所は法律家の市長一人、法律家の市参事会員五人と非法律家の市参事会員五人から構成されていた。なお、フランス法制下で任用されていた公証人は上記の審査を免除され、保証金の額は一〇〇〇マルクとされた。[50]

以上より、審査・任命におけるイニシアティブを握るのは上級裁判所であって、公証人会の役割は副次的なものに後退したことが読み取れる。他方で、法専門家としての公証人の創出を目指し、二年の大学教育を要件とした市参事会案は緩和された。確かに公証人会の抵抗もあり、大学教育は要件から外された。しかし、候補者は法知識を有さねばならないことが明文化され、その候補者に対する能力審査の最終責任を法律家が過半数を占める組織に負わせたところに、公証人の法専門家性を高めるという市参事会の方針の通底が確認できよう。

③公証人の職域と公正証書の効力

フランス法制から最も大きく変更されたのがこの分野であった。まず職域に関しては、公証人が独占できる領域は減少し、条令四条に列挙される領域のみに限定された。各領域で彼らが得る収入については、手数料条令が一二項目に分けて規定した。認証や証書の作成というスタンダードな項目、財産目録や遺言、破産手続書類の作成、動産の売買や競売といった市民生活に根差した項目、経済活動にかかわる分野では各種の拒絶証書、賃貸借契約や労務契約などの解約通知、翻訳といった項目について、手数料が明示された。比較的高額な手数料が設定されたのは売買や競売、遺言にかかる事務である。

さらに四条は隣接する職域者にも同様の職務を認めたため、公証人は弁護士や家屋仲買人、船舶仲買人、十分の一税徴税人、都市の各種役人などとの競争に晒されることとなった。たとえば、遺言、贈与の分野では弁護士と競合し、財産目録の作成では十分の一税徴税人やフォークトと競わねばならなくなった。[51]この背景には、フランス時代に公証人の独占職域が増やされたことで権限を喪失した隣接職域者や役人に、その権限を回復させバランスをとるという市参事会の配慮があった。

次に、証書の公信力・執行力についても大幅な後退がみられる。この動きは早くも暫定措置の中に確認でき、新条令制定に際して争点となっていたことは前述のとおりである。市参事会案は、フランス法を踏襲して公正証書の公信力・執行力を認め、私的な文書よりも公正証書を優先したのに対し、市会側はなおも公正証書への不信を露わにし、評判の芳しくない公証人が市民の安寧や所有を脅かすと強く反発した。[52] この点については市参事会が譲歩し、当事者が望む場合に公証人はしかるべき文書を記録・作成・執行し、認証するとされた（四条）。それゆえ当事者には、公証人の立会いなく私的に法律行為をなす自由も認められたのである（一六条）。

この結果として、定員制により人数の抑制は維持されたものの、職域の縮小、隣接職域者との競合、フランス民法典の適用廃止や証書の効力の低下による仕事量の減少などから、不安定な収入状態に転落する公証人があらわれたとして、公証人会の度重なる陳情を招くこととなった。

④公証人会

会長一人、理事三人、書記一人からなる公証人会は存続した（一七条）ものの、以前と比較して自治的な要素や自律性は弱まった。公証人会は確かに会員に対して警告や訓告を出しえたが（一八条）、これらの処分をなす場合には上級裁判所に申し出なければならなかった（一八条）。審査・任命手続においてと同様に、この懲戒手続においても、公証人会は上級裁判所の下で副次的な機能を果たす存在と化したのである。

他方で、公証人の利益を代表する役割は果たし続けた。公証人会は、窮乏する会員の救済を目的に、職域の拡大や定員の削減、手数料の値上げなどを市参事会や上級裁判所に幾度も陳情したり、新規任用の阻止を目論んで審査員の選出や品行証明書の発行を渋ったりするなどして、公証人たちの利益を擁護しようと努めたのである。[53] だがこれらの要望に沿った条令の改正は遅々として進まなかった。

⑤公証人の実態

新条令にしたがい任用された公証人二四人の内訳は以下のとおりである。フランス時代に引き続き任用された者が一〇人（旧帝国公証人八人、非旧帝国公証人二人）、フランス時代に登録がなく今回任用された者が一四人（旧帝国公証人は九人、非帝国公証人五人）である。

まず、フランス時代に任用され新条令施行まで活動していた一七人のうち、今回継続しなかった公証人を検証しよう。一〇人が継続したため、継続しなかったのは七人であるが、移行期に二人が死亡しているため、実質的には五人である。二人は事務弁護士に、残りの三人はそれぞれ法廷弁護士、下級裁判所役人、裁判所書記の職に就いた。むろん、これらの職業はいずれも兼務が禁じられているという理由がある。加えて、ハンブルクでは公証人職が伝統的にこれらの職業への足掛かりとされていたこと、新条令の下で収入が減る公算の高い公証人を続けるメリットがないと判断されたことも、彼らの転職の背景にはあった。

次に、公証人のキャリアにも興味深い変化がみられる。フランス時代には三人の学位取得者が公証人登録をしていたが、一八一五年条令施行後、移行期に死亡した一人を除いた二人はともに事務弁護士となり公証人を辞めている。他方で、新規任用者の中に学位取得者はいない。一八一五年条令が大学教育を要件としていないこと、この新条令に基づく公証人は学位取得者の目に経済的魅力をもつ職業とは映らなかったことなどがその理由であろう。少なくとも新条令施行直後に関しては、公証人は、法学識を備えた専門家というよりは、手代として必要な知識や技能を体得しその後公証人となるという「叩き上げ」の側面がいまだ強かったといえる。

しかし公証人は次第に、市参事会が期待したように、法専門家的性格を強めていく。この変質は、一八三〇年代以降徐々に公証人に占める学位取得者の割合が高まっていく事実からも説明できる。[54] 最終的に一九世紀後半のハンブルクでは、大学教育が条令で要件化されていないにもかかわらず、公証人はみな学位取得者で占められることになった。彼らには審査は課されたものの、手代としての実習は免除された。このように公証人が法専門家へのシフトしていった、あるいはシフトせざるをえなかった背景には、一八一五年条令が公証人の職域を狭め、彼らを隣接職域者との熾烈な競争に晒すことになったことがある。この状況を憂い四条改正の陳情を繰り返す公証人会に対し、別の動きが出てくる。それは、この逆境を契機に公証人の新たなあり方を模索する動き、すなわち、ライバルとの差別化を図るために、法知識を備えた助言者として公証サービスを提供し、とりわけ法的紛争の予防に力点を置く法専門家として認知されることに活路を見出そうとする動きである。[55] この動きを担ったのが他でもなく高い学歴を保有する公証人たちであった。そしてこのような法専門家への変質を可能にしたのは、第一に、ハンブルクがフランス法、それに続く独自の新条令においても公証人の法知識を重視した、第二に、その法知識を見極める審査制度が運用されていた、第三に、公証制度の利用が促進されたフランス時代を経たことから、公証人に法的助言を求め、公証証書や認証を依頼することで紛争を回避できるという意識と信頼が市民の間に生まれ浸透し始めたという三つの素地が存在したからである。

高い学歴をもった第二世代の登場は、新条令公布直後の叩き上げ型の公証人たち、いわゆる第一世代との間に軋轢を生むことになった。[56] 公証人会は、手代としての実習経験のない大学修了者の任用に難色を示し、将来は公証人になれるという見通しをもって下積み生活に耐える手代経験者を優遇するように主張した。また第一世代には、学位取得者に対する劣等感もあった。だがこの対立も三月革命後の完全な世代交代とともに収束し、学位をもった公証人が法知識を生かして職務を遂行し、法専門家である彼らに市民が信頼を寄せ依頼するという体制がハンブルクに成立したのである。

ハンブルク独自の条令の制定過程と内容を検討して明らかになったのは、市参事会、市会、長老会、そして公証人会といった組織が公証制度に関する各々の立場や利害を代表し制定にコミットしたという事実である。この過程で、フランス時代以前のハンブルク法制の復活を主張し、従来の帝国公証人や彼らの権益の保全を訴える伝統重視派に与する市会と、公証制度に関してはフランス法による近代化を評価しその維持に努める改革継続派に与する市参事会および公証人会がせめぎ合うことになった。一八一五年条令が「妥協の産物」[57] であるという消極的な見方もあるが、イニシアティブを握った市参事会が長老会、市会、公証人会との折衝を通して彼らの要望・主張を取捨選択し、最終的には、全体として各方面のバランスをとった条令を完成させたともいえよう。反仏感情や既得権益への固執などに流されることなく、フランス法により近代化された公証制度の枠組みを維持するという合理的な判断が市参事会のベースにあったことは看過されるべきでない。市参事会はさらに、非訟事件分野における法専門家として活躍しうる能力を公証人に備えさせることで、市民の信頼を勝ち得た公証人や公証制度が一層活用され、そのことがひいては市民を法的紛争から守り市民の法生活を安定させるという好循環を期待したのである。

おわりに

現在ドイツにおいて公証制度は市民の法生活に欠かせないものであり、公証人は予防司法機能を担うスペシャリストとして広く認知されている。この地位の確立に至る歴史からは、一方では、変化する市民の需要が公証人・公証制度のあり方に作用し、他方では、法の整備によって公証人・公証制度に対する信用を高め、市民の需要を喚起してきたことが明らかになった。

日本と同じ専業公証人制度を採るハンブルクにおける公証制度の近代化は確かに、フランスへの併合という「荒療治」によって達成された。フランス法は、その量・質ともに十分統制されていなかった帝国公証人や公証制度を廃し、少数精鋭の公証人が幅広い領域でサービスを提供するという新制度を産出した。反仏感情や既得権益に基づく反発もあったものの、この変革は肯定的な評価を受け、結果的には自主的な条令、すなわち一八一五年条令の制定に際してもフランス法の基本路線は引き継がれた。この公証制度の骨子は、ドイツ帝国の諸法との整合性を図るための改正がなされる一八七九年まで維持された[58]。しかしこの間、職域拡張と人数制限の要求に固執する第一世代から、高い法学識を備えた第二世代へと公証人の世代交代が進み、後者の下で法の助言者、予防司法の担い手という新たな公証人のあり方が追求され、定着していった。

主に筆耕者として用いられていた公証人は一九世紀初頭のフランス時代を経ることで、非訟事件分野において積極的に法律行為にかかわる存在へと変質する。それは同時に公証人に求められる能力が変化することを意味し、筆記・記録技術者という職人から法学識を備えた専門家へと変質することを後押しした。書記や弁護士、各種役人など隣接職域者との棲み分けを図る中で、彼らは非訟事件分野における法の助言者、予防司法機能の担い手という重要な一角を占めることになったのである。一九世紀初頭といえば、各ラントで近代化改革が断行された時期である。所有、営業、通商、婚姻など多様な領域で権利・自由が付与され市民社会が勃興するこの時期に、法的紛争を防止し私的な法関係を明確化し安定させるという公証制度が果たした役割をさらに精査することは不可欠である。また、公証実務の実態、予防司法機能についての法学的見地からの検討、そして日本との関係においては継受の問題、制度の活用への示唆など、今回検討できなかった問題は多い。いずれも今後の課題としたい。

［注］

（1）「第一九三回国会参議院法務委員会会議録第十号」一―四頁参照。

（2）日本公証人連合会のHP（http://www.koshonin.gr.jp/system/s02/s02_02）、法務省「公証制度について」（http://www.moj.go.jp/MINJI/minji30.html）を参照。前述の法務委員会では二〇一七年四月時点では公証人は四九六人、公証役場数は二八六と答弁されている（「第一九三回国会参議院法務委員会会議録第十号」二頁）。なお公証人定員規則では定員は六六九人とされている。

（3）長谷川平次郎著、斎藤十一郎閲『改正公証人法論』明治大学出版部（一九〇九）二二―二四頁、日本公証人連合会『公証制度百年史』日本公証人連合会（一九八八）三三頁、五二六―五二七頁、同『日本公證制度沿革史』立花書房（一九六八）三―五八頁。公証人規則の制定過程は蕪山嚴『司法官試補制度沿革』慈学社（二〇〇七）一―四〇頁に詳しい。

（4）公証人法については、日本公証人連合会『日本公證制度沿革史』五九―九八頁、庄田秀麿『公証人法研究』成文堂（一九七六）

七五頁参照。試験登用は制度として残ったものの、試験・実習規程は制定されず、実際には、判事・検事・弁護士が無試験で任用された（日本公証人連合会『公証制度百年史』五二六―五二七頁）。なお、公証人法とプロイセン法との関係については、長谷川・前掲注（3）二四頁、日本公証人連合会編『新訂公証人法』ぎょうせい（二〇一一）三頁参照。

（5）飯田平吉「公証人規則改廃に関する隠れたる功労者」日本公証人協会雑誌一一（一九三五）四一―四三頁参照。彼らは職務権限の拡張、立会人の廃止、手数料に関して枚数主義から事件主義への切り替え、公証人の地位の向上などを改正のポイントに挙げた。日本公証人連合会『日本公證制度沿革史』六一―六二頁。

（6）専業公証人は旧東ドイツ地域（メクレンブルク＝フォアポメルン、ブランデンブルク、ザクセン＝アンハルト、ザクセン、テューリンゲン）、ハンブルク、バイエルン、ラインラント＝プファルツ、ザールラント、ノルトライン＝ヴェストファーレンのライン地域、バーデン＝ヴュルテンベルクの一部で、弁護士公証人はベルリン、ブレーメン、ヘッセン、ニーダーザクセン、シュレースヴィヒ＝ホルシュタイン、そしてノルトライン＝ヴェストファーレンとバーデン＝ヴュルテンベルクの一部で、それぞれ採用されている。ただしバーデン＝ヴュルテンベルクでは公務員公証人Amtsnotareも活動している。ドイツの公証人に関する情報やデータはいずれも、「連邦公証人会Budesnotarkammer」のサイト（http://bnotk.de/Notar/Statistik/index.php）を参照。なお、公証人の人口比は、連邦統計局（https://www.destatis.de/）の最新データにある総人口約八二八九万人（二〇一八年六月末）をもとに算出した。

（7）日本の弁護士数は四万六六人、ドイツは一六万四六五六人（いずれも二〇一八年現在）である。各データは日本弁護士連合会（https://www.nichibenren.or.jp）、連邦弁護士会（https://www.brak.de/）のサイトを参照。

（8）出口雅久「日独における公証人損害賠償訴訟の現状――予防司法を担う公証人のグローバル・スタンダードの素描」公証法学二八（一九九九）四九―五二頁。

（9）公証人の義務は公正証書作成法一七条に定められており、①関与者の真の意思の探究義務、②事実関係の解明義務、③行為の法的射程に関する教示義務、④意思表示を明確に起草する義務、これらに加えて判例より発展した⑤後見的教示義務がある。小川清一郎「ドイツの不動産取引における公証人の役割」土地総合研究一九―一（二〇一一）四〇―四二頁。

（10）中近世ドイツの公証制度ならびに各種公証人については、田口正樹「中世後期ドイツの国王裁判権と公証人」北大法学論集六五―五（二〇一五）一一二九―一一三二頁、Oesterley, Ferdinand, *Das deutsche Notariat*, Bd. I, Hannover 1842（Neudruck 1965）, S. 356 ff., Schmoeckel, Mathias/Schubert, Werner（Hrsg.）, *Handbuch zur Geschichte des deutschen Notariats seit der Reichsnotariatsordnung von 1512*, Baden-Baden 2012, Schultze-von Lasaulx, Hermann, *Geschichte des Hamburgischen Notariats seit dem Ausgang des 18. Jahrhunderts*, Hamburg 1961, S. 14 ff. 田口論文では、ドイツ、イタリアの公証制度に関する先行研究が詳細かつ的確に整理・紹介されている。

（11）皇帝たちが任命した宮廷宮中伯の数は二五〇〇人にも及び、カール五世は一人で四五〇人もの任命を行った。Schmoeckel/Schubert, a.a.O., S. 50.

（12）イタリアの組合については、Oesterley, a.a.O., S. 193 ff. フランスにも同様の組合がみられた。ユベール・メティヴィエ著、井上堯裕訳『アンシアン・レジーム』白水社（一九八三）九頁。

（13）*Emminghaus, Corpus iuris Germanici*, 2. Aufl., Jena 1884, S. 124 ff., Grziwotz, Herbert, *Kaiserliche Notariatsordnung von 1512*, München 1996, S. 3 ff., 田口正樹「帝国公証人条令（一五一二年）邦訳」北大法学論集六五—六（二〇一五）一八九四—一九一二頁。

（14）宮廷宮中伯が候補者に何の試験も課さないこともしばしば見受けられ、一七一九年のクーアザクセンの命令には、およそ法知識や能力を備えていないと考えられる手工業者や肉屋までもが公証人に任じられることへの苦情が記されている。Oesterley, a.a.O., S. 515, 521.

（15）帝国最高法院の下で、品行や職務遂行能力、公証人が作成した文書の合法性などに関する審査が行われた。ただしこれらの審査も、すでに故郷で審査を受けたと証明できた場合には免除されるなど、実効力を備えたリジットなものとはいえなかった。Oesterley, a.a.O., S. 522 ff., Schmoeckel/Schubert, a.a.O., S. 60 f.

（16）召喚状の送達は、金銭的トラブルが頻発したため、一五七〇年代以降、帝国最高法院の使者の手に委ねられるようになった。Oesterley, a.a.O., S. 524.

（17）Oesterley, a.a.O., S. 512 ff., Conrad, Hermann, *Die geschichtlichen Grundlagen des modernen Notariats in Deutschland*, in:*Deutsche Notar–Zeitschrift*, Heft 1, 1960, S. 13.

（18）Postel, Rainer, *Gefährliche Leute und achtbare Bürger. Das Hamburgische Notariat im 19. Jahrhundert*, in:Ancker, Bernd/Postel, Rainer（Hrsg.）, *Das Hamburgische Notariat in Geschichte und Gegenwart : 1811 – 2011*, München 2011, S. 48.

（19）ハンブルクの南約二〇〇キロに位置する同大学は、一七世紀にはドイツ語圏第三位の規模を誇り、一八〇六年に閉鎖されるまでの二五〇年間に七三二人の公証人を任命した。他にも、ザクセンのライプツィヒ大学は一八〇六年までの約一〇〇年で八三〇人を任命するなど、大学の果たした役割は大きい。Schmoeckel/Schubert, a.a.O., S. 50. ヘルムシュテット大学については、Bruning, Jens/Gleixner, Ulrike（Hrsg.）, *Das Athen der Welfen – Die Reformuniversität Helmstedt 1576–1810*, Wiesbaden 2010 を参照。

（20）ハンブルクでも宮廷宮中伯による恣意的な任命は確認されており、一七世紀末の宮廷宮中伯ベーム J. P. Behm は時計職人や仕立屋の徒弟などの手工業者を任命した。Schultze–von Lasaulx, a.a.O., S. 40.

（21）Verein für Hamburgische Geschichte（Hrsg.）, *Der Stadt Hamburg Gerichts–Ordnung und Statuta*, Hamburg 1842, フランク・アイヒラー著、和田卓朗訳「ハンブルク都市法――端緒から一六〇三／〇五年まで」大阪市立大学法学雑誌四九―四（二〇〇三）七〇六―七一三、七三一―七三九頁参照。その一方で市参事会や裁判所は、不動産取引からの排除や証人尋問の不採用などを通して、帝国公証人の活動を制約しようとした。Schultze–von Lasaulx, a.a.O., S. 29 ff., Anderson, Christian Daniel（Hrsg.）, *Hamburgisches Privatrecht*, Teil 3, Hamburg 1787, S. 121, 325. 帝国・皇帝の権威をまとう公証人に対する市の姿勢から、帝国と都市との権力闘争の一端が窺えよう。

（22）この背景には、市参事会や裁判所が十分な質保証のなされていない帝国公証人を評価せず、その結果として公証人の作成する文書にも信頼を置かなかったということがある。Staatsarchiv Hamburg（以下、StAH と略す）, Senat Cl. VII. Lit. Mb Nr. 1. Vol. 1^{c}1.

（23）Jochmann, Werner/Loose, Hans–Dieter（Hrsg.）, *Hamburg: Geschichte der Stadt und ihrer Bewohner*, Bd. I, Hamburg 1982, S. 366 ff.

（24）Schultze–von Lasaulx, a.a.O., S. 33, 35 ff, 42, 49 ff. ただし、副業として公証業務を行う者も多く、また一八四二年の大火による史料焼失もあり、フランス法制導入前の公証人数を把握することは困難である。その数を二〇〇～三〇〇人と見積もる同時代の史料も存在する。Ebd., S. 36.

（25）代表的なものとして、Schmoeckel/Schubert, a.a.O., S. 50, Wiedemann, Andrean Wolfgang, *Preußische Justizreformen und die Entwicklung zum Anwaltsnotariat in Altpreußen (1700–1849)*, Köln 2003, S. 36 ff.

（26）Bachmann, Sarah A., *Die kaiserliche Notariatspraxis im frühenzeitlichen Hamburg*, Köln 2017, S. 143 ff., 324 ff., 336 f. この研究は「弱い皇帝権力、強い地域権力」という従来のテーゼにも一石を投じる。少なくともハンブルクでは、公証人に関する独自法の整備に注力されなかったことで帝国の制度が都市権力の介入から守られ、市民は帝国公証人の証書を引っ張り出すことで市参事会の影響を免れており、この背景には、私的に公正証書を作成・保管できたこと、公正証書は帝国法によって認められ公信力を増したことがあると指摘する。Ebd., S. 337 f. しかしこの見方は、公証人の活動の制約を目的とした市当局の政策や、伝統的に公証人や公証制度への不信が根強かったという市参事会の評価とは相容れず、精査が必要であろう。

（27）一七世紀初頭に約三・六万人だった人口は一七、一八世紀を通して急増し、一八一一年には約一三・二万人となった。Jochmann/Loose, a.a.O., S. 265, 366, 452.

（28）大陸封鎖による経済の衰退やフランスへの併合などにより、対仏感情が高まった時期でもある。Ebd., S. 418 ff.

（29）プロイセンの司法制度改革については、Wiedemann, a.a.O., S. 27 ff., 44 ff., 58 ff., Conrad, a.a. O., S. 15 f., 黒田忠史「弁護士資格

の制度と機能」望田幸男編『近代ドイツ＝「資格社会」の制度と機能』名古屋大学出版会（一九九五）一七四—一七七頁。

（30）Brandt, Hans, *Eigentumserwerb und Austauschgeschäft*, Leipzig 1940, S. 86.

（31）StAH, Senat Cl. VII. Lit. Mb Nr. 1. Vol. 1^c4, 1^c5.

（32）フランスの公証制度史は三堀博「各国公証制度の沿革と現状」公証法学一（一九七二）四九—五三頁、Eckhardt, Wolfram, *Zum 200. Geburtstag des modernen Notariats–Das Gesetz vom 25. Ventôse des Jahres XI (16.03.1803)*, in:Mitteilungen des Bayerischen Notarvereins, Heft 2, 2003, S. 106. なお、内田日出海「アルザスの公証制度に関する歴史的考察」成蹊大学経済学部論集四二—一（二〇一一）は独仏いずれの法制下にも置かれた経験をもつアルザス二県を考察するもので示唆に富む。V法はその後、さまざまな修正が加えられ、現在に至っている。松川正毅「フランスにおける公証人と紛争予防」公証法学三三（二〇〇三）二頁。

（33）人口一〇万人以上の都市では、六〇〇〇人ごとに最大で一人の公証人を設置すると定められた。

（34）公正証書が義務づけられた法律行為については、「佛蘭西『ノテール』公證人規則」司法省『仏朗西和蘭陀ノテール規則合巻』（一八七八）四頁に詳しい。

（35）Schultze–von Lasaulx, a.a.O., S. 64 ff.

（36）一八一三年三月の公証人たちの請願書では、犯罪に手を染めるような悪質な公証人が排除されたのはフランス法制と厳格な選抜のおかげであると記されている。StAH, Senat Cl. VII. Lit. Mb Nr. 1. Vol. 1^c6. 市参事会は一八一五年一月二七日と六月九日の市会宛ての報告書で、市民が率先して公証人に証書作成を任せ、その証書により大きな信用を置くようになったとフランス時代の公証制度を総括している。StAH, Senat Cl. VII Lit. Ma Nr. 10 Vol. 3 Fasc. 5 Invol. 1.

（37）統治システムについては、稲元格「中世都市ハンブルクの市民協定」近畿大学法学六〇—一（二〇一二）一九七—一九八頁、Jochmann/Loose, a.a.O., S. 270 f., 286 f.

（38）*Sammlung der Verordnungen der freyen Hanse=Stadt Hamburg*, Bd. I, S. 107.

（39）帝国公証人の復活を支持する主張については、StAH, Obergericht A XI b 7^4, StAH, Senat Cl. VII Lit. Ma Nr. 10 Vol. 3 Fasc. 5 Invol. 9.

（40）StAH, Senat Cl. VII. Lit. Mb Nr. 1. Vol. 1^c6.

（41）市参事会は一八一五年、神聖ローマ帝国時代の公証制度を回顧して「ある制度において、何人かの者が合法性や能力、知識の面で尊敬や重要性を得られなかったり、ある者を尊敬・信用できないという理由で彼と同じ職に就く多数の者の品位が落とされたりすると、この制度は信用されなくなってしまう」と述べている。StAH, Senat Cl VII Lit. Ma Nr. 10 Vol. 3 Fasc. 5 Invol. 1. この回顧からも、公証人個人への不信が公証制度への不信と直結するというハンブルクの伝統が確認できる。それゆえ市参事会が最も関心を寄せたのは、いかにして質の高い公証人を創出するかであった。

（42）その後のドイツにおける執行認諾の変遷や昨今の議論については、山本和昭「執行認諾の意思表示をめぐる若干の問題点」専修ロージャーナル六（二〇一一）、柳沢雄二「執行文付与における執行の成熟性」公証法学四六（二〇一六）参照。

（43）以下の市参事会案、各組織の対案や反論、議論の内容については、StAH, Senat Cl. VII. Lit. Ma Nr. 10. Vol. 3 Fasc. 5 Invol. 1. und Schultze–von Lasaulx, a.a.O., S. 74 ff.

（44）司法制度検討委員会に対する回答（一八一五年六月九日）に確認できる。前掲注（36）参照。

（45）公証人会の主張については、Postel, Rainer, *Johann Heinrich Hübbe 1771–1847*, in:Postel, Rainer/Luz, Helmut Stubbe–da, *Die Notare*, Bremen 2001, S. 29 ff. 会長ヒュッベ J. H. Hübbe が四条の兼任禁止の例外として現役登記官を盛り込むよう強く働きかけ実現したため、この例外規定は「ヒュッベ法 Lex Hübbe」と呼ばれた。

（46）StAH, Notare, Luis.

（47）Notariats=Ordnung nebst Gebühren=Taxe. Auf Befehl eines Hochedlen Raths der freien Hansestadt Hamburg publicirt den 18. December 1815. 公証人条令、宣誓文、手数料表から構成されている。

（48）Schultze–von Lasaulx, a.a.O., S. 89 ff.

（49）当初市参事会は、定員を一六人（うち、翻訳業との兼務四人）と提案した。前掲注（43）参照。

（50）一九世紀前半のハンブルクにおける五人家族の一週間分の食費が五マルク六・一／二シリング（一マルク＝一六シリング）とされる。Kraus, Antje, *Die Unterschichten Hamburgs in der ersten Hälfte des 19. Jahrhunderts*, Stuttgart 1965, S. 61. したがって、保証金二〇〇〇もしくは一〇〇〇マルクは相当の負担であったと推察できる。

（51）StAH, Senat Cl. VII. Lit. Ma Nr. 10. Vol. 3 Fasc. 5 Invol. 1.

（52）「苛酷な刑罰で脅したフランス法の下ですら、公証人は不注意で無知、不実であった」、「公証人は危険な輩である」と評している。Ebd.

（53）StAH, Obergericht A XI b 7^{10}.

（54）学位取得者シュラム E. Schramm が一八三〇年代に任用されたことを皮切りに、学位をもつ公証人は増加し、一八四七年に任じられたバルクハン J. C. H. Barckhan が最後の非学位取得者となった。StAH, Notare, Barckhan.

（55）StAH, Obergericht A XI b 7^{6}, 7^{7}, und 7^{8}.

（56）Schultze-von Lasaulx, a.a.O., S. 108 f.

（57）Postel, *Gefährliche Leute und achtbare Bürger*, S. 54.

（58）制度の骨子を変更するものではないが、一八四〇年、ユダヤ人ゲマインデのために一人もしくは二人のユダヤ人公証人の任用を認める改正がなされた。また、一八六〇年の憲法制定にともなう国制改革によって、公証人の任命権が上級裁判所から市参事会に変更された。ハンブルクにおけるユダヤ人の法的処遇と立憲化という重要なテーマとかかわるこれらの改正については、稿を改めて論じたい。

第七章　在野法曹と非弁護士の間
――オーストリア司法省文書にみる公的代理業

上田理恵子

はじめに

本書を貫く二つの視点（序章参照）について、二〇世紀初頭のオーストリア諸邦という地域に即して見直すことが、本章の課題である。ここにいう「オーストリア諸邦」とは、正式には「帝国議会において代表される諸王国および諸邦」と称し、一八六七年から一九一八年まで君臨したオーストリア＝ハンガリー二重君主国のうち、ハンガリー王国を除いた領域に該当する。今日でいうオーストリア共和国を中心に、北はポーランドやウクライナ、チェコ、南はバルカン諸国やイタリア半島の一部に及ぶ、多民族の「ゆるやかな」共存を試みた国家として知られる[1]。

まず、第一の視点についてみれば、「裁判所の面前における権利義務の確定」という紛争解決方法は、二〇世紀初頭のオーストリア諸邦にとって、少なくとも理想ではなかった。当時、ここでは時代の最先端とされる「福祉国家の」民事訴訟法（一八九五年）[2]が制定された。その起草者フランツ・クライン（Franz Klein, 1854–1926）は、民事訴訟法学者にして社会政策推進者、司法大臣も勤めた。一九〇一年の講演においてクラインは、訴訟を減らすことこそ法律家の務めなのだ、と呼びかけている。(3)「権利のための闘争」という「勇ましい考え」(geistvolle Apercu)に眩惑されることをやめ、裁判官は中立者の役割に徹するという拘束から解き放ち、他の国家機関と同じように「法と公益と社会平和」に積極的に奉仕せねばならない、という。この講演の最後は、「強制や摩擦なしに忠実に履行されたひとつの法律行為」の方が「凡百の立派な訴訟」よりはるかに勝る、と結ばれている。(4) これに先立つ一八九三年には、弁護士層に対して、この目的に向けて裁判所と「協働」(Mitarbeit)するよう求めている。(5)

社会的弱者の救済を訴訟の目的として掲げることは、民事訴訟法制度の趣旨に立ち返れば「いささか強引にすぎる」というもっともな批判もある。(6) ただ、さまざまな福祉政策を推進することが急務とされていた当時、新たな訴訟立法を制定させるには、弱者救済という政策効果を殊更に強調する必要もあったと推測される。

そのような国家官僚としての立場からみれば、訴訟はないに越したことはなかった。そして、ひとたび訴訟が持ち込まれた以上は裁判所主導で効率的に、迅速に、安価に終了できるような、国民性に適った民事訴訟制度を構築することこそが国家の責務であった。したがって、たとえば、当事者に対して弁護士強制(Anwaltszwang)を拡大する、という案に対してクラインが反対する理由も、ただでさえ「裁判所による権利保護」という方法を敬遠する民衆が、制限を強化すれば、ますます裁判所離れしてしまうことを恐れるからであった。(7)

ただし、調停や仲裁という代替的紛争解決方法に対して、ましてや法専門家でない人間が仲介役や裁定者役を務める制度をクラインは全く認めようとしなかった、と断定することもできない。マイヤー(一九八八)の指摘によれば、確かなのは、オーストリア諸邦で採用されていた従来の自治体調停(Gemeindevermittlungsämter)をはじめとする裁判所外の紛争解決手段を、訴訟制度の充実にも資するべく抜本的に改革しようとしていたことだけだ、という。(8)

この時期のオーストリア＝ハンガリーにおける法曹の主要な養成機関は、ドイツと同じく大学法学部である。(9) この地域の、とくに大学法学部には官僚機関としてのみならず、一般教養的な役割を担ったことも指摘される。そのため、とくにハンガリー側の諸大学・法科学院（jogakadémia）における官吏養成機能については問題もあったようだ[10]。それでも、全体としてみれば、裁判所をはじめとする諸官庁や法曹のもとで実務修習を経て誕生した裁判官、法制官僚、弁護士、公証人の質は、ヨーロッパの「後進地域」ではなかったようだ。

弁護士や公証人の制度が整い、供給量も増加する過程で、この地域においても各地の類似する職種は、彼らと競合し、国家に排除される。類似職種の多様性は、この地に公証人制度が根づかなかった背景事情の一つにも数えられている[11]。ただ、少なくとも当時「弁護士または公証人ではない」＝「悪徳業者」を意味しただろうか。また、非法専門家は地域における法的サービスの充実にとって障害だったのだろうか。これらの職種にかかわる見直しが、本書を貫く第二の視点とかかわる。

そうした職種の一つ、一九世紀前半にオーストリア帝国当局から創設され、二〇世紀初頭もなお存在していたとみられる「公的代理業」（öffentliche Agentie）について、拙稿（二〇一八）では司法省文書に基づき、実態の一端を明らかにしようと試みた[12]。その到達点として、①地方官庁で「公的代理」に関する認許を求め、上級庁たる中央省庁まで不服申立てをしてくるほどの実務能力を自負できる人々が多数存在したこと、②申請の大部分は却下されながらも兵役・軍隊に関する案件については、申請者によっては「情報提供事務所」に限定して許可を与える場合もあったこと、③省庁間や地方・中央官庁間の見解に不統一があったこと、④司法省はその中でも弁護士と公証人の権益を一貫して強く擁護する立場であったことが確認できた。

その一方、前稿に残された課題も多い。そもそも、当時の行政実務における公的代理制度や検討史料の位置づけや文書の存在状況の確認についても補足調査の必要を痛感していた。

そこで本章では、一九世紀末に刊行された司法行政実務手引書や当時の新聞を手がかりとして、公的代理をめぐる司法省の取り扱い準則や実態、さらには一〇九便の文書の性格と所在状況に関する追加調査の結果をふまえて、上述の視点との関連で、公的代理制度の考察を進めたい。

手順としては、二〇世紀初頭のオーストリア諸邦における司法制度の整備と在野法曹の状況を概観し（第一節）、「公的代理」に対する司法省上の対応原則について、実務向け手引書で確認し（第二節）、当時の一般的な新聞・雑誌を通して公的代理の営業の実態に触れ（第三節）、司法省文書の特徴を概観（第四節）、束の中の個別文書を案件別に整理し、前稿でも案件数では兵役案件と並んで多かった税務・財務案件に関する取り扱いの変化に注目する。

なお、地名表記はなるべく現地語の読み方を採用し、別の名称（とくにドイツ語）で知られていることが多い場合は括弧内に併記あるいは別記した。前稿では個別文書の記載方法を重視したが、検討を進めるにつれ、あくまで現代からの目線であるが、多様な地域の実態理解に少しでも近づきたいと考えたからである。

また、本章では無資格であることを一般に示す「無資格者」（Winkelschreiber）と、蔑称として用いる言い回しとしての「もぐり」（Winkelschreiberei）も、ドイツ語表記に応じて使い分けようと試みている。

一　二〇世紀初頭のオーストリア＝ハンガリーにおける司法制度と在野法曹

（1）二重体制期における司法制度の整備状況の概要

そのオーストリア諸邦一四の行政区とその中心となる官庁すなわち総督府または州庁の所在地、あわせて二重体制期に機能していた九つの高等裁判所の所在地を記入したのが図1である。一五番目のオーストリア諸邦ボスニア・ヘルツェゴヴィナには特別の自治が認められていたため、本章の検討対象外とする。

今日のオーストリア共和国でも通用する裁判所組織および管区の原型は、おおむね一八四九年六月一四

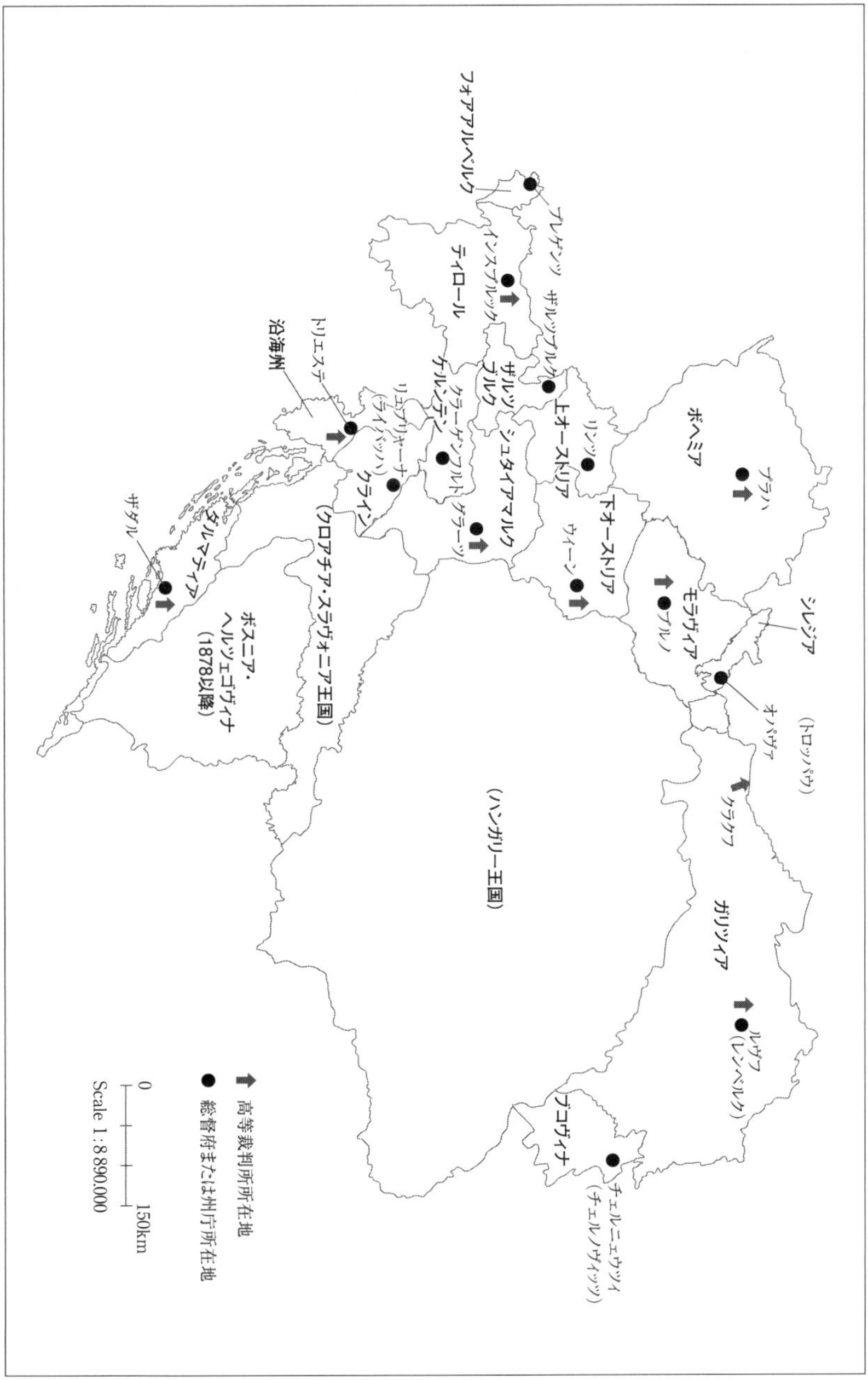

図1　オーストリア諸邦における行政区分および高等裁判所所在地

日勅令[13]で規定された。諸外国と同様、この地域でも基本は最高裁判所（Oberster Gerichtshof）、高等裁判所（Oberlandesgerichte）、地方裁判所（Landes- und Kreisgerichte）および区裁判所（Bezirksgerichte）である。一九一二年当時の統計で、全国の地方裁判所数は七四、区裁判所数は九五四、このほか主に都市部を中心に、全国で九つの商事仲裁裁判所（Handelsgerichte）と一七の営業裁判所（Gewerbegerichte）が加わる。[14]

高等裁判所の管区ウィーン、グラーツ、インスブルック（以上、現オーストリア共和国）、プラハ、ブルノ（以上、現チェコ共和国）、トリエステ（現イタリア共和国）、ザダル（現クロアチア共和国）、クラクフ（現ポーランド共和国）、リヴィウ（現ウクライナ共和国）である。高等裁判所管区がおおむね行政区と一致するのはボヘミア、沿海州およびトリエステ、ダルマティアで、残りは複数の行政区を統括している場合が多い。ブルノ高等裁判所はモラヴィアとシレジアを、ウィーン高等裁判所が上オーストリア、下オーストリア、ザルツブルクを管区とした。グラーツ高等裁判所はシュタイアーマルクとカルニオラ（クライン）、インスブルック高等裁判所はティロールとフォアアルベルクを管区とした。

ガリツィアの管轄は他の諸邦と異なり、東ガリツィアとブコヴィナが一括してリヴィウ（レンベルク）高等裁判所管区となり、西ガリツィアはクラクフ高等裁判所区となった。

二重体制期には、司法制度の整備に拍車がかけられた。一八六七年基本法では行政と司法権の分離、裁判官の独立が保障され（一四条）、一八七三年には刑事訴訟法、[15]民事では少額事件手続法が制定され、[16]一八七五年には行政裁判所法、一八九五年には前述の民事訴訟法と裁判所組織法が制定された。法専門職については、弁護士法はオーストリア諸邦で一八六八年、[17]公証人法は一八七一年[18]に制定された。

一九一三年の統計として、オーストリア諸邦において裁判官・検察官・弁護士・公証人合計は一万二一〇五人、うち弁護士は五七六六人（人口一万人あたり一・九人）、公証人は一一一〇人（人口一万人あたり〇・三九人）とされる。[19]

一九一三年の年頭における弁護士会、公証人会ごとの分布状況を示したのが表1である。職務の都合上、法曹が裁判所所在地に集中するとは容易に想像がつく。実際に、二四のうち二二の弁護士会では裁判所所在地の弁護士数がそれ以外の地域の人数を上回る。反対に公証人会では、ウィーンを除くすべての管区で裁判所所在地以外の方が多いことがわかる。また、弁護士総数については年頭の集計で五七〇八人、二月半ばには五七六六人に増加している。[20]

一九一五年のドイツ帝国については、弁護士数一万三〇二四人（人口一万人あたり一九・二〇人）という統計がある。[21]その十分の一程度の供給率ではあるが、前後数年分の統計書を確認した限りでは、供給数自体が帝国解体まで、増加の一途をたどる。[22]

(2) 公証人制度の近代化過程

上述の表作成等でも用いた公式司法統計書では、法曹といえば「裁判所と検察庁」「弁護士と公証人」がセットになっている。今日なお、自由業としての法曹は弁護士と公証人を指す。とはいえ、公証人の歴史は、弁護士と比べれば、随分と紆余曲折があったようだ。遡れば、ザルツブルクでは一三一四年に、ウィーンでは一三二〇年、クレムスでは一三三〇年に公証人がいた記録があり、マクシミリアン一世治下では最初の帝国公証人法（一五一二年）が制定された。[23]

しかし、公証人の活躍は専ら教会に限定されており、たとえば同時期のイタリアの状況と異なり、世俗の世界では確実な制度化にはいたらなかったという。その理由は、任命権者の不統一、とりわけ神聖ローマ帝国下では宮中伯の強力な権限、証書の信用性について競合相手が複数あったこと、職能団体の不存在、さらには政争も関連したという。裁判所の判断によっては、裁判所職員（Gerichtsbeamte）、自治体長（Gemeindevorsteher）、そして後述する

表1　オーストリア諸邦における弁護士・公証人の分布状況（1913年年頭）

高等裁判所管区	州（Land）	弁護士会所在地	弁護士総数	弁護士数		公証人会所在地	公証人総数	公証人数	
				裁判所所在地	その他			裁判所所在地	その他
ウィーン	下オーストリア	ウィーン	1,435	1,331	104	ウィーン	141	74	67
	上オーストリア	リンツ	72	40	32	リンツ	53	10	43
	ザルツブルク	ザルツブルク	29	24	5	ザルツブルク	19	4	15
グラーツ	シュタイヤーマルク	グラーツ	187	121	6	グラーツ	53	12	41
	ケルンテン	クラーゲンフルト	38	21	17	チリ	23	4	19
	クライン	リュブリャーナ	44	34	10	クラーゲンフルト リュブリャーナ	30 35	3 6	27 29
インスブルック	ティロル	インスブルック	63	40	23	インスブルック	44	6	38
		ボルツァーノ	45	18	27				
		ロヴェレト	34	15	19				
		トレント	41	11	30	トレント	26	5	21
	フォアルベルク	フェルトキルヒ	21	5	16				
トリエステ	沿海州	トリエステ	150	102	48	トリエステ ロヴィニョ	28 15	11 2	17 13
		ゴリツィア	28	23	5				
プラハ	ボヘミア	プラハ	1,267	616	651	プラハ リベレツ モスト ブジェヨヴィツェ エゲル ケーニヒスグレーツ*	133 17 32 16 21 30	21 3 3 2 2 3	112 14 29 14 19 27
ブルノ	モラヴィア	ブルノ	385	170	215	ブルノ オロモウツ	46 49	10 6	36 43
	シレジア	トロパウ	82	31	51	トロパウ	26	4	22
クラクフ	西ガリツィア	クラクフ	460	268	192	クラクフ タルヌフ	45 33	9 6	36 27
リヴィウ（レンベルク）	東ガリツィア	リヴィウ	732	492	240	リヴィウ	89	18	71
		プシェミシル	141	76	65	プシェミシル	46	8	38
		サムボル	155	56	99				
	ブコヴィナ	チェルニェウツィ	206	120	86	チェルニェウツィ	23	6	17
ザダル（ザラ）	ダルマティア	ザダル	30	23	7	ザダル カッタロ	13 3	4 1	9 2
		ラグーサ	19	14	5	ラグーザ	7	2	5
		スパラト	44	22	22	スパラト	14	2	12
		合計	5,708	3,673	2,035	合計	1,110	247	863

K.k. Statistische Zentralkommission (Hg.) *Österreichische Justiz–Statistik: Ein Handbuch für die Justizverwaltung*, zweiter Jahrgang 1911, Wien 1914, pp.17–19 より筆者作成。
* チェコ語地名：フラデツ・クラーロヴェー

公的代理人（öffentliche Agenten）を活用することができた。遺言書などの私文書作成について弁護士、地方の裁判所管区においては裁判官もまた競争相手だったという。[24]

一九世紀に入り、公証人制度の法整備が急がれた理由の筆頭が「もぐり」（Winkelschreiberei）対策であった。一八四四年には、最高司法院（Justizstelle）により、まずはウィーンにおいてのみ、試験的にフランス流の公証制度が導入されている。[25]

一八四八年革命の影響のもと、諸邦の領主裁判権（Patrimonialgerichtsbarkeit）が廃止され、司法権が一元的に国家に掌握されると、将来の紛争を防止するため、公証人法の草案づくりが司法省主導で進められた。しかし、実質的に最初の公証人法（一八五〇年）は「フランス法の理念からは程遠いものになった」のみならず、公証人作成証書には執行力（Exekutionsfähigkeit）が与えられないという大きな欠陥があった。[26]適用範囲もドイツ同盟に属した諸邦に限定され、その他の地域で一時的に導入されたフランスやイタリアの制度も定着する間もなかったという。また、ハンガリー王国では、固有の伝統的な公証発行所（loca credibilia）としての機能が修道院にあり、証書の証明力を競うこととなった。[27]公証人の任命権は司法大臣が有し、公証人会は第一審裁判所に統括されたせいか、個別の公証人は、営業に際して会を無視しがちで、職能団体としての自治意識も育ちにくかったという。ティロールとフォアアルベルクでは長きにわたり、公証人不在の状態が続いた。一八五五年の改正によって、裁判所管区ごとに公証人数が確保されるようになったものの、部分的にすぎなかった。[28]

大きな区切りは現行法となる一八七一年の公証人法である。[29]それまでと比べて、フランス法に随分と近いものになった。公証人の作成した証書の執行力が認められ、ティロールとブコヴィナ以外の諸邦では、裁判所における公証人必置義務（公証人強制）が行き渡った。非訟事件における当事者代理と法律相談も認められ、一八七三年までには公証人会（Kammer）もフォアアルベルク、ブコヴィナ、ダルマティアを除いて設置された。自主団体である公証人協会（Verein）の組織率は一九一〇年当時で八割に達したという。

（3）非合法化される業者たち

一九世紀前半からオーストリア諸邦の中では先進諸国の例に倣い、統一的な司法制度の実現が目指される。先進諸国から見れば遅ればせながらではあるが、公証人制度の普及も進められ、その際、競合相手と目される職種は排除された。

一八五七年には非弁護士取締に関する司法省令[30]が制定され、「当事者が訴訟法の規定に従って、法曹を用いなければならないような事件において、権限なくして当事者の名において出廷し、または当事者のために申請書類（Eingaben）を作成した者」または「権限のある官庁により許可を得ずして、法的効力ある証書や、訴訟・非訟事件（in und außer Streitsachen）において、裁判所関係書類を当事者のために作成し、または代理人として出廷することを業として行っている者」（第二条）に秩序罰として五〜二〇〇グルデンの罰金または二四時間から六週間の拘留（第三条）を科した。

後述する「代理業」以外にも、二重体制の前後で非合法とみなされたなかに、所領管理職、貴族や大司教が法律顧問として雇った法務秘書、そして自治体職員の副業という諸形態があった。

①所領管理職

領主裁判権が廃止されたとき、所領管理職（Wirtschaftsamt）による和解手続（Vergleichsversuche）も廃止された。その宣言書には当時の内務大臣バッハの署名入りで「大部分は全く目的もなく、法的解決（Rechtszug）をためらうだけの、臣民同士の和解の試みに過ぎない」とある[31]。ところが、これを存続させたいという要望、なくなって困っている実情が地方から寄せられていたようである。たとえば、ガリツィアの高等裁判所は、農場管理職が農民の身近な存在で頼りにされていることを強調する。「法律家は大抵の場合、離れた都会に住んでおり、地方の人々が出かけて行くには時間を失い、追求欲の満足のために誘惑され、待ち伏せている『もぐり』（Winkerschreiber）の手に落ちる」。ボヘミアの高等裁判所は廃止を歓迎しつつも、新たに整えられた区裁判所に、和解手続も引き継がせるよう提案する。[32]

領主の農場管理職は弁護士でも公証人でもないが、その仲裁は、少なくとも地元の住民にとって、いかがわしい「もぐり」ばかりではなかった。彼らにとっての「もぐり」は都会に待ち受けていたのである。

② 法務秘書

二重体制期に入った一八八一年の法曹新聞には「私設弁護士か『もぐり』か」という見出しで、司教付き法務秘書（Justizsekretär）の非弁活動事例を紹介している。[33] 件の人物はクロムニェジーシュ（現チェコ共和国、ドイツ語名はクレムジール）の元裁判所職員で、法学博士の学位も取得している。退職後、オロモウツ（現チェコ共和国、ドイツ語名オルミュッツ）大司教の私設秘書（Privatsecretär）、次いで大司教付き法務秘書（fürsterzbischöflicher Justizsecretär）という肩書を与えられ、教区の紛争に何度も訴訟代理人としてかかわり、やがてはプラハやウィーンの裁判所にまで訴訟代理人として出廷してきた。この人物の場合、モラヴィアの弁護士名鑑にまで名前を載せているのだから、一見、弁護士詐称の「もぐり」と非難されても仕方がなさそうである。しかし、モラヴィア弁護士会が区裁判所による非弁活動調査を開始させたところ、裁判所では非弁活動を認定できなかった。この人物は常に「法務秘書」であると明言して活動してきたと主張し、裁判所側も、明文の法規定で弁護士に限定された行為を行ったのか、確証を得るにいたらなかった。記者は、弁護士会にとっては、同じようなことが起こらぬよう、「法務秘書」という肩書を持つ人物が登場しても弁護士に類似する行為をしないよう、警戒を強めることになろう、というばかりである。

③自治体職員

二重体制期に入った一八九〇年の法曹新聞には、「自治体官庁職員と弁護士」（Die Gemeindebeamten und die Advocaten）という見出しの小さな記事が掲載されている。[34] 地方官庁職員（Gemeindebeamte）による「副業」を伝える記事である。下オーストリア総督府は基礎自治体に、少額事件に限定して書類作成業務を自治体職員に認めれば、生活が安定するかアンケート調査を実施したという。これに対し弁護士会・公証人会が自分たちの権益が侵害されているため、そのような制度の導入に断固として反対し、司法省にまで訴え、時の司法大臣シェーンボルンから導入しない旨の確約を取り付けたとする。自治体職員の「副業」を非合法化するよう、弁護士・公証人団体が司法省の圧力団体として働きかけていることがわかる。

以上の諸事例からも、制度の変更や新設に伴い、「非合法の業者」とされた人々が直ちに「悪質な業者」を意味しなかったこと、彼らがいなくなることで迷惑を被る人々が少なからずいたことがわかる。それもすべて「過渡期の混乱」として甘受するしかないのだろうか。

次節では、一九世紀末期の時点における当局側からの対応指針を検討する。

二　『司法行政便覧』より――「公的代理業」取扱について

一八八二年刊行の『司法行政便覧』（全四巻）[35] は、司法省次官カーザラー（Josef Kaserer, 1842–1891）を編者とする司法行政実務法規集である。オーストリアの司法行政を規律する「現在も効力を有する諸準則（Anordnungen）」が五部にわたって体系的にまとめられている。[36]

第三部は「弁護士業（Advocatur）、公証人業（Notariat）、（刑事事件の）弁護（Verteidigung）、代理業者（Agenten）」[37]。

弁護士（第一章）から始まって第四章は「代理業」。これはさらに第一節「公的および私的代理業者」（Oeffentliche und Privatagenten）と第二節「兵役・軍事事項代理業者」（Militäragenten）の二つに分かれる。以下では、この第四章部分に収録された法令、諸通達と注釈を検討し、司法当局の方針を明らかにしたい。

（1）公的代理と私的代理

最初に公的代理を創設した司法局令（一八三三年四月一六日付）が掲載され、続いて供託金の地方別特例、減額、試験、業務の範囲変更等、随時追加・変更された命令、特定の裁判所や官庁への通達等、九つの命令が適宜注釈付きで抄出されている。

続いて一八四七年二月五日付司法局令[38]が掲載され、「地方の農業、商工業、会計、演劇、音楽関連産業に関しては」、地方当局と警察庁とが合意してこの私的代理の制度が存続することが認められている。この訓令（Belehrung）は「地方官庁が了承しておく」にとどめ、「公布しない」（nicht öffentlich kundzumachen）事項とされる。

一八五七年司法省通達（Z.18520）では、「公的代理」と「私的代理」を明確に区別し、後者には教育も、実務経験も、供託金の要件も課されていないため、公的代理に認められた業務は決して行ってはならず、地方官庁許可を得た範囲内で、営業にかかわる事項についてのみ書面を作成し、役所で当事者を代理することを認める、とする[39]。

（2）公証人制度普及に向けて

一八五八年通達はウィーン高等裁判所に宛てられている。それによれば、権限のない「もぐり」（Winkelschreiberei）行為の疑いをかけられた公的代理の何某に対する手続を一時的に停止するよう、指示している。該当したのは複数回にわたり、報酬を得て略式訴訟の当事者のために、訴状を作成したことである。裁判所に提出される書面の受理や提出資格を決める権限は専ら裁判所に属し、内務省をはじめ他の官庁にはない。一八五七年省令に規定された「もぐり」行為に対する調査は裁判所に任されるべきである、と結論づけられている。

公証人の権益を危うくする存在が私的・公的代理業にあること、とりわけ公的代理は公証人と同じく法令にもとづいていることが確認されている。

一八六三年通達（Z.2306）は、ザダルを除く全高等裁判所管区に宛てられる。それによれば、公証人の増加に向けて、近年、新たに公証人事務所が大部分の諸邦に開設された。このような機会が増えるにあたり、公証人が自分の営業所において、自分と家族の生計維持のために十分な程度の財産が満たされているか、民衆に公正さを示す人物にふさわしく、法の道を踏み外さないでいるか、厳しい監視を怠ってはならない、そのため、部分的にせよ同じ業務を営業する他の業者との過度の競争に公証人がさらされないことも必要である、とする。

それらの業種に該当するのが公的および私的代理業者である。まず、公的代理については、公証人と同じように、一八三三年四月一六日付司法局令という根拠があり、既存の法律上明文で他の者に留保されていないあらゆる業務の遂行を認められているため、地区に存在する公証人や地域の需要に配慮することなく認許すれば、公証人と公的代理との抵触、そして往々にして相互の営業妨害に陥るに違いない。その結果、生計の面で、双方の機能を脅かす結果が危惧される。

その予防のため、オーストリア諸邦の中央諸官庁支部に要求されたのは、今後、公的代理を認許するにあたっては、代理業が営まれるべき地域にすでに存在する公証人と代理業者について、および新たに認許することで経済的な必要性について綿密に考慮することである。さらに、上述の司法局令に規定された要件を完全に満たしているかどうか、厳しく追及するよう、官吏には指示される。

さらに、供託金や試験について免除申請があった場合は、特別に考慮するに値する場合にのみ扱うべきであり、それが国家の省庁に申請されるのは、申請者が「特定の地域でのみ」代理業を申請し、地方官庁が厳格に法規で示された原則のもとで、申請者に対して免除が叶う場合に認許ができるかどうか見極められる場合に限る、とされる。

(3) 既存の業者――私的代理の扱い

一八六三年通達では、私的代理の制度の取扱いについても詳細な指示を出す。彼らに対しては一八三三年四月一六日（Z.8782）および一八四七年二月五日の法規定に基づき、「極めて厳格に」見張らなければならないし、認許を得た者が不法なこと、または、およそこの制度を創設した趣旨に反することが一度でもあれば、直ちに認許を取り消さねばならない。

政府が繰り返し、とりわけ下オーストリア総督府に向けて注意してきたことは、私的代理を許可するにあたり、既存の法規と整合させつつ、この種の業者が暴利を貪りがちである、という数多く見受けられる事例を防止せねばならない、ということである。ここには、個別の諸邦において過度に私的代理の認許が下されすぎた、という過去の苦い経験がある。

そこで、中央省庁は私的代理の認許について以下の通りに規定する。

①私的営業代理の認許は全く特別に必要な場合に限定する。地方官庁に認許の権限は与える。
②私的営業代理業者を認許するにあたっては、真に必要があるかどうか厳格に吟味せねばならない。
③一般的な認許は私的営業代理には与えてはならず、厳密に、認許の後からいかなる自主的な拡大をしてもその認許を失う、との付記がなくてはいけない。
④既存の業者も、将来、上述の要件のもとで認許される業者も厳しく監督されねばならない。そして必ず守ら

ねばならないのは、そのような代理業者は訴訟・非訟事件において法的証書や裁判所への提出書類の作成、法廷における当事者の代理をしてはならない。ひとたび権限踰越または初犯と常習とを問わず権限の濫用が認められれば、ただちに認許を取り消すこと。

同年のもう一つの通達（Z.2087）では、公的・私的代理が増大し、公証人の職域を侵害しないよう、予防しなくてはならないこと、弁護士会と公証人会の強化をはかること、とりわけ私的代理については、訴訟・非訟事件における書面を作成するならば、一八五七省令にもとづき資格を剥奪するよう指示している。

（4）軍隊・兵役関連事務代理業者

「代理業」の最後に抄出されているのは、代理の創設により、従来の兵役事務代理業者の採用は停止することを決めた一八三四年七月一九日付司法局令[40]である。ただし、これについても既存の代理業者には営業を許可している。総司令部（die Generalcommanden）所在地区においても、暫定的に、軍事行政官（Justiz= und politsche Referent des Generalcommandos）の主催する試験に合格すれば、必要とされる場合に当事者に無償で後見人となること、手数料（Gebühren）をとって兵役関連官庁に代理人として出頭すること、この資格について総司令部に不服がある場合は軍事局（Hofkriegsrath）に抗告することができることを定めている。

（5）小括

『司法行政便覧』中に認められた代理業者取扱準則によれば、一八八二年当時、一八三三年の司法局令は現行法規であり、したがって公的代理業、加えて私的代理業の一部も司法省公認であった。

公的代理の創設は、同時に私的代理業者に対して、認許が将来的に廃止されるべく、既存の業者にも監督が強化され、職域が制限される方針の根拠となった。

兵役関連業務代理業への対応も同様で、この段階で既存の業者のみ営業の継続が認められる。一方で、拙稿（二〇一八）で検討したように、情報提供業務に関しては二重体制期末期まで認許の余地があった。[41]

一八五〇年代以降、弁護士や公証人、とりわけ後者の制度を普及させる必要が出てくると、今度は公的代理の取締が強化される。このようにして、在野法曹の中で、弁護士と公証人だけが職域を確保できるよう、「代理業者」（Agenten）が順番に制度面では排除されていく過程が認められる。

一八三三年司法局令の効力は維持されつつも、これ以上公的代理認許を与えないという方針は、すでにウィーンに限っては一八七八年のうちに、一八九四年四月八日付の内務省令でも確認されたという。しかし、内務省と司法省以外の省庁・団体の間で、さらには中央と地方官庁の間でも、対応の足並みがなかなか揃わなかったという。[42]地方によっては認許が与えられる場合もあったからこそ、認許を得られなかった申請者は中央へも抗告したということになる。

三　一九世紀後半の公的代理業――新聞記事をてがかりに

一九世紀末までれっきとした法律関連職種として合法的に認められていた公的代理業者（öffentliche Agenten）が広く営業していた様子は、一八四〇年代から六〇年代にかけて、一般新聞で知ることができる。新聞の広告欄では、大きく見出しをつけた事務所開設の広告がある。一八四六年の『ウィーン新聞』では、業者が「『宮廷軍事局員』（Hofkrieg=Agent）兼弁護士の息子」であることも謳われる。[43]ほかにも、トルコなどの中東諸国まで含め「東洋」

（Orient）諸国で領事裁判を多数担当してきた人物がウィーンで公的代理業の事務所を開設する、という短い記事がある。ウィーンの新聞に加え、ケルンテンのクラーゲンフルトやシュタイアーマルクのグラーツ、シレジアのオパヴァの新聞にも掲載されている。(44) 事務所運営のために「フランス語の堪能な」事務員の求人広告、土地・建物の売買広告の問い合わせ先の場合もある。(45) 広告ばかりではなく、廃業広告、それに伴う供託金の返納申立てへの回答等、公示（Kundmachung）の場合もある。(46)

ザルツブルクでは、政府系（offiziell）の新聞に一八六八から六九年にかけて「ザルツブルク唯一人の公的代理業者」シュトッカー博士（Dr. Carl Stocker）の事務所の広告が掲載されている。「公証人の資格も有している」と書かれ、不動産取引の物件紹介から花嫁募集まで含まれる。広告の最後は「詳細は本事務所まで。契約、証書その他の書類作成まで、どこよりも迅速かつお安く承ります」と締めくくられている。(47) この博士は商談だけでなく、「お教えします」（Zur Aufklärung）と題した啓発目的の記事も掲載している。公的代理は「法律行為の仲介だけではなく、法律で別の定めがある場合を除き、契約書、証書その他の書類一式まで作成することが認められる」点で私的代理とは異なる点を説明する。(48) さらには、ザルツブルク年鑑を作成する際、誤ってシュトッカー博士の職業を「私的代理業者」（Privatgeschäftagent）と印刷してしまった業者は訂正・謝罪広告を掲載している。(49)

広告や公示を新聞で認められるのは、一八六〇年代までが多い。一八六八年に弁護士法、一八七一年に公証人法が制定されたこと、本章第二節で検討したように、認許を控えるように中央からの指示が始まっていたことと関連している。

にもかかわらず一九〇七年には、後述する文書にも名前のある勅任財務次官のS博士の開業広告が建設業界新聞に三回掲載されていた。税務・財務案件の専門家であることが強調されている。(50)

一九〇八年のチェルノヴィッツの新聞三紙にも、元上級行政官（k.k.Ober-Administrationsrat）の事務所開設広告を見つけることができた。開業者は、行政、財務、軍事、税務、財務案件に関して複数の法律家や専門家の協力を得つつ、「当局の認可を受けた」(allgemeine behördlich konzessionierte) 公的代理事務所を開設するという。[51]

総じて、公的代理業者の素養や実務上の実績は高く、他の代理業者や仲介業者とは異なるという誇りをもって営業していることがうかがえる。

四　オーストリア司法省閲覧用文書の検討より

(1) 閲覧用文書について

検討対象とした閲覧用文書 (Einsichtsakt) とは、官庁間の情報・意見交換のための内部文書である。対外的には効力を持たない。本章の検討史料についてみれば、関係省庁は、抗告を直接受理する内務省のほか、商業省 (Handelsministerium)、財務省 (Finanzministerium)、鉄道省 (Eisenbahnministerium) 等、兵役案件では国防省 (Landesverteidigungsministerium) も含まれる。省庁間のみならず、利害関係団体、商業省でいえば商工会議所、司法省でいえば弁護士会や公証人会へも閲覧に供され、意見照会される。そのために、送信元の省庁では、案件を所定の用紙にまとめて番号を付し、他省庁へ送る。必要に応じて資料も添付される。文書を受け取った省庁は、回答内容、回答者が後々まで確認できるように覚書用文書を、所定の用紙に作成する。その写し (Abschrift) が、送信元の省庁または、その依頼に従って他の省庁に送られる。送られてきた原本は返却または次の官庁へ送付してしまうため、司法省保管用、所定の用紙に抜き書きや要約を作成するのである。ここに、必要に応じて意見も付される。名宛人 (もとの官庁または次の送付先) には、清書係が清書した文書が送付される。[52]

本章で扱う史料は、このうち、司法省に保管された覚書件回答案である。そのうちの一点を図2に示した。一〇九便の通し番号一二三（文書番号一二四一七・一八九）一九一五年二月二四日に司法省に到着した文書（五四七五）であり、四月二三日に文書が作成され、清書、原本との比較された後、原本は二六日には次の省庁へ発送された。ウィーン在住の元税務監督官（Finanzkommissar）Wが公的代理の事務所開設の認可を申請している。扱うのは税務案件であり、情報提供、書面の作成、行政官庁への当事者代理まで含めている。公的代理はもはや認可されないため、内務省は総督府の拒否処分を支持する。司法省は「閲覧済み」（Gesehen）として財務省へ送付した。メモ書きではあるが、同様の処理をした文書番号も記されている。

図2のように所定用紙一枚にまとめられたものもあれば、二倍の大きさの用紙を綴じたもの、添付資料の写しも含め、数枚にわたるものもある。字句訂正の指摘から内容面に至るまで、修正・訂正が加えられたものもある。

一八四八年から一九一八年にかけての『代理制度、非弁護士』（Agentenwesen, Winkelschreiber）と題した箱（Kasten）の中に収納された、司法省に送られてきた案件の要約および司法省から送付する意見の草案の束（Fascikel）の一つが、一九〇〇年から一九一七年に作成され文書一〇九便がある。この一〇九便の補足調査の結果が、本章の検討対象となる。

（2）一〇九便の文書群の概要

一〇九便の束に記載されたリストによれば、一四五点の文書が存在する。それらを内容別に分類すると表2の通りとなった。最も多い九八点の文書は、個別の抗告案件に対する取り扱いについて省庁間で照会した覚書兼司法省の回答案である。弁護士会・公証人会からの請願書、省庁間の申し合わせと文案もある。

和議制度仲介業関連文書（Ausgeichs–Agenten）一七点分、そして下院議員オフナー（Julius Ofner, 1845–1924）を中心として作成された非弁活動取締に関する特別立法草案資料一六点分は、帝国解体後の一九二〇年代の箱（Karton）

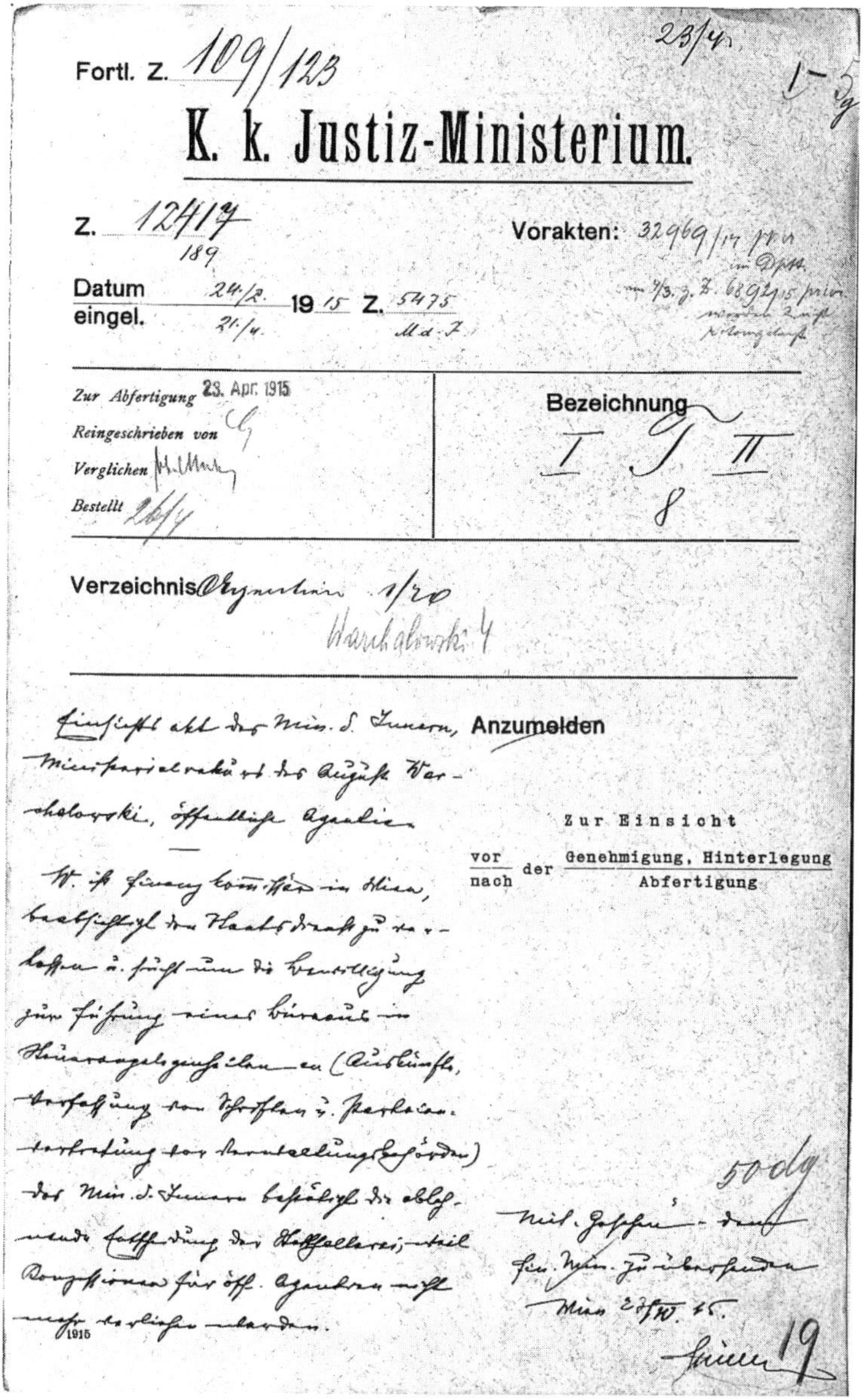

Fortl. Z. 109/123

K. k. Justiz-Ministerium.

Z. 12417

Vorakten:

Datum eingel. 19 15 Z. 5475

Zur Abfertigung 23. Apr. 1915

Reingeschrieben von

Verglichen

Bestellt

Bezeichnung

Verzeichnis

Anzumelden

Zur Einsicht

vor / nach der Genehmigung, Hinterlegung / Abfertigung

1915

図２　オーストリア国立文書館所蔵の閲覧用文書書式例

（AT-OeStA/AVAJustiz JM Allgemein Sig. A1740 Post109/123（zl. 12417））

表2　109便文書の内訳

内容	文書数
和議法代理人関連文書	17
公的代理制度廃止草案関連文書	16
弁護士会・公証人会からの請願書	4
省庁間申し合わせ・法令草案等	6
公的代理申請却下に対する不服申し立て取扱覚書	98
不明	4
計	145

AVA JM, Karton A1740, Agentenwesen, Post109, A1742をもとに筆者作成。

中に別置となっている。オーストリア共和国になってから、新たに立法作業が試みられたとみえる。

破産の予防を目的とする手続について一九一四年に制定されたオーストリアの諸法[53]は、当時の最新立法であり、日本の和議法（大正一一年）の立法作業においても参照されたという。文書群の詳細は後日に譲るが、その際の和議手続担当業者（Ausgleichsvermittler）を制限し、将来的には廃止するよう、省庁間で制度化を検討するために集められていたようである。個別の申請事件や省庁間の意見交換など、文章の内容は多岐にわたる。

オフナーらによる特別法立法の動議についても詳細は別稿に譲るが、非弁活動の罰則を刑法上の犯罪として厳しく取り締まることが目的であった。その草案は「称賛に値する」内容であったと評されるが、成立には至らなかった[54]。そのための別置文書が多い年が一九〇七年前後、一九一一年前後であることと、表3で同じ頃に申請文書数が多いこととはおそらく関連している。中央の動きと連動して、地方官庁でも一層取締が強化されたと思われるからである。

（3）文書情報に関する留保事項

検討対象となった一〇九便内の文書群から得られる情報について、文書の性格に由来する留保事項を確認しておきたい。

まず、各省庁の意見が最終処分に生かされたかどうかは未定である。本文書が作成された後、手続の流れとして、その他の関係省庁や団体へ回されるものも、発信元の省庁（一〇九便では内務省）に送り返されることとなる。それらを踏まえて下した担当省庁の決定については、さらなる調査が求められよう。[55]

二つ目は、記載事項が時期や担当者によって変化していることである。申請文書すべてについて人名は明記されていたが、職業や身分状況は、記載の有無が定まっていない。案件についても、申請者の記載通りに詳細かつ具体的に記したものもあれば、「公的代理」とのみ記載されている場合もある。したがって、文書の調査が、直ちに申請者の事情を反映するわけではないことにも留意しておく必要がある。

表3　109便文書の年別文書数（合計145点）

年	文書数	年	文書数
1900	1	1909	2
1901	5	1910	9
1902	0	1911	13
1903	3	1912	29
1904	2	1913	19
1905	2	1914	8
1906	7	1915	12
1907	14	1916	5
1908	4	1917	10

AVA JM, Karton A1740, Agentenwesen Post109 リストをもとに筆者作成、不明文書も算入。

さらに、情報がないことについての理由にも注意を要する。たとえば、言語についてである。文書の中には管轄違いかもしれないが「タイプ打ち」や「戦時下のよろず困りごと相談」[56]といった申請まであるにもかかわらず、言語に関する業務内容の記載は認められなかった。当時、各地の行政機関では、窓口で地域住民に対応するための「外務語」（各地域の現地語）、行政機関内部で使用される「内務語」（ドイツ語）という二種類の言語が使用されていた。憲法（一八六七年）[57]一九条に謳う地域住民の言語尊重の原則と行政の効率化という要請を両立させるためである。[58]その意味で一定の合理性があったとはいえ、両者を区別すること自体、それほど単純ではなく、そこにはさまざまな紛争が生じる可能性があり、ボヘミアの行政言語をめぐって、大きな政争も起こっている。[59]

その一方、少なくともドイツ語以外の言語が一定数を超える地域ならば、「窓口ではそこに現れた住民の言語で対応せねばならなかった以上、一般の住民が特に困ることがなかった」とする指摘もある。[60] この点につき、書面上の言語の取り扱いも含め、今少し検討が必要となろう。申請者たちは、中央省庁に不服申立ができるほどドイツ語が堪能なくらいだから、内務語となるドイツ語に関する支援という意味も含め、書類作成業務の申請をしていたのかもしれない。あるいは翻訳や通訳担当官は別途、地方官庁のレベルで確保されており、翻訳業者は公的代理の管轄とは別の業種として扱われていた、という推測も成り立つ。

五　申請内容別の検討

個別の抗告案件を、公的代理としての申請内容別に分類したのが表4から6である。同じ申請者が兵役・軍隊案件と税務・財務案件の両方を申請していたと明らかだったのは二件あった。

地域別に申請案件数を整理した表7からは、ボヘミアと下オーストリアという中心地からの申請が多かったこと、兵役・軍隊案件はとくにボヘミア、唯一の軍港トリエステを抱える沿海州に多かったこと、ガリツィアやティロールからの申請も複数あったことがわかる。

(1) 兵役・軍隊案件

拙稿（二〇一八）では、この案件の記載が最も多いこと、帝国全域の地域と第一次世界大戦直前という時期、さらに「情報提供」に限って開業を許可してよい、という中央官庁の見解も確認できた。[61]

表4　兵役・軍隊案件取扱申請者

	年	申請者イニシャル	（元）身分・職業	年金等	申請地	管轄総督府・州
1	1907	F. D.	郡職員（Bezirkssekretär）	○	マリボル	シュタイアマルク
2	1908	A. C.	中尉（Hauptmann）	○	オストラヴァ	シレジア
3	1908	Z. P.	郵便局職員（Postoffizier）	○	リヴィウ	ガリツィア
4	1910	J. P.	陸軍大尉（Hauptmann）	○	プラハ	ボヘミア
5	1910	K. W.	中尉（Oberleutnant）		プルゼニ	ボヘミア
6	1910	S. R.	（記載無）		ウィーン	下オーストリア
7	1911	D. G.	郡警察上級職員（Bezirksoberkommissar）	○	レーヴィコ	ティロル
8	1911	R. V.	郡警察上級職員（Bezirksoberkommissar）	○	トレント	ティロル
9	1911	L. M.	大尉（Hauptmann）	○	プラハ	ボヘミア
10	1911	E. H.	陸軍少佐（Major）	○	ヘプ	ボヘミア
11	1912	F. S.	中尉（Oberleutnant）	○	ヴァラスケー・メジジーチー	モラヴィア
12	1912	K. J.	将校（Offizier）	○	プラハ	ボヘミア
13	1912	J. K.	自治体上級職員		プラハ	ボヘミア
14	1912	R. S.	（記載無）		ゴリツィア	沿海州
15	1912	R. C.	海軍兵站官（Marinenkommissar）	○	ウィーン	下オーストリア
16	1912	G. P.	（記載無）		シュクルナン	ボヘミア
17	1912	G. F	（記載無）		ウィーン	下オーストリア
18	1912	M. K	（記載無）		ゴリツィア	沿海州
19	1913	A. F.	（記載無）		ブルノ	ボヘミア
20	1913	F. G.	（記載無）		チェコ	ボヘミア
21	1913	A. B.	陸軍中佐（Oberstleutnant）	○	トリエステ	沿海州
22	1913	F. T.	（記載無）		ヴォロスカ	沿海州
23	1914	N. T.	（記載無）		（記載無）	下オーストリア
24	1915	F. D.	郡職員（Bezirkssekretär）	○	グラーツ	シュタイアマルク
25	1917	M. D.	（記載無）		（記載無）	—
26	1917	F. C.	（記載無）		プーラ	沿海州
27	1917	C. G.	（記載無）		ガブロンツ	ボヘミア

AVA JM, Karton A1740, Agentenwesen Post109リストをもとに筆者作成。

表5　税務・財務案件取扱申請者

	年	申請者イニシャル	（元）身分・職業	年金	申請地	管轄総督府・州
1	1905	L.U.	国税徴収員（k.k. Steuereinnehmer）	○	ザダル	ダルマチア
2	1906	G.B.博士	宮内庁職員（Oberhofmeisteramt）	○	ウィーン	下オーストリア
3	1906	R.S.博士	財務次官（Finanzsekretär）	○	ウィーン	下オーストリア
4	1907	L.F.	行政職公務員（politische Dienst）		グラーツ	シュタイアマルク
5	1907	J.P.	行政職公務員（politische Dienst）		チェルニェウツィ	ブコヴィナ
6	1909	J.N.	税務事務官（Finanzrath）		リンツ	上オーストリア
7	1910	E.K.	上級税務事務官（Oberfinanzrath）	○	リヴィウ	ガリツィア
8	1910	J.P.	弁護士見習経験者	○	クロスノ	ガリツィア
9	1912	J.E.	国税庁勤務（24年）を免職後、著述業		ウィーン	下オーストリア
10	1912	G.M.	総督府職員	○	スプリト	ダルマチア
11	1912	J.S.	上級国税監督官（k.k.Obersteuerinspektor）		チェルニェウツィ	ブコヴィナ
12	1912	J.B.	財務次官	○	リベレツ	ボヘミア
13	1912	R.S.	（記載無）		ゴリツィア	沿海州
14	1912	H.H.	商事裁判所帳簿・会計専門官		ウィーン	下オーストリア
15	1913	A.U.	税務情報提供事務所の認可取得経験		クラーゲンフルト	ケルンテン
16	1913	A.K.	（記載無）		ザルツブルク	ザルツブルク
17	1913	A.L.	（記載無）		クーフシュタイン	ティロール
18	1913	K.K.	（記載無）		ウィーン	下オーストリア
19	1913	J.K.	（記載無）		マリアーンスケー･ラーズニェ	ボヘミア
20	1915	P.W.	（記載無）		ブルック・アン・デア・ムーア	シュタイアマルク
21	1913	R.K.博士	税務監督官（Finanzkommissar）		リュブリャーナ	クライン
22	1914	A.L.	（記載無）		ウィーン	下オーストリア
23	1915	D.B.	（記載無）		トリエステ	トリエステ
24	1915	A.W.	税務監督官		ウィーン	下オーストリア

AVA JM, Karton A1740, Agentenwesen Post109リストをもとに筆者作成。

表6　兵役・税務案件以外／明記されていない申請文書

	年	申請者イニシャル	（元）身分・職業	年金	申請地	管轄総督府・州	申請内容
1	1906	T. E.	地方裁判所職員	○	記載無	ブコヴィナ	（記載無）
2	1907	K. S	（記載無）		リヴィウ	ガリツィア	（記載無）
3	1909	S. W.	元区裁判所判事・弁護士事務所経営	○	ステーニコ	ティロル	裁判所関連案件
4	1910	E. S. 博士	（記載無）		ウィーン	下オーストリア	住民票・法人設立
5	1911	R. V.	（記載無）		トリエント	ティロル	行政案件
6	1912	P. K.	（記載無）		チェルニェウツィ	ブコヴィナ	（記載無）
7	1912	J. T.	（記載無）		シニ	沿海州	行政庁に提出する書類作成
9	1912	H. W.	税関職員	○	ポクラティツェ	ボヘミア	税関案件・税関申告
10	1912	M. P.	（記載無）		コステル	モラヴィア	不動産登記・抵当権付貸借
11	1913	A. B.	（記載無）		ドルンビルン	インスブルック	個人営業仲介・電力供給・保険契約関連
12	1913	S. H.	（記載無）		ウィーン	下オーストリア	不動産取引
13	1914	F. J.	査察官		コウジム	ボヘミア	法律事務関連申請書・訴状の作成
14	1914	V. S.	裁判所職員	○	チェルニェウツィ	ブコヴィナ	代理人として出廷等
15	1914	Y. G.	薬剤師		ウィーン	下オーストリア	行政官庁への申請書作成・薬事関連情報
16	1914	R. K. 博士	（記載無）		リュブリァーナ	クライン	個人営業の仲介・裁判所を除く官公庁に提出する書類作成
17	1916	J.F	（記載無）		プラハ	ボヘミア	不動産売買・抵当権の設定・手形売買、借地借家相談
18	1916	G.B	税務署勤務		トリエステ	沿海州	官公庁提出書類の作成
19	1917	M. P.	新聞記者		シュクヴォレツ	ボヘミア	戦時下の生活関連提出書類全般
20	1917	P. G.	宿屋経営		ウィーン	下オーストリア	個人営業仲介・清算手続・申請書作成（官公庁・弁護士会等）
21	1917	L. T.	総督府職員	○	クラクフ	ガリツィア	行政案件における法律事務相談
22	1917	E. R.	総督府職員		トリエステ	沿海州	官公庁提出書類作成
23	1917	J. I.	（記載無）		トリエステ	沿海州	タイプ打ち書類作成

AVA JM, Karton A1740, Agentenwesen Post109リストをもとに筆者作成。

表7　地域別申請案件数

総督府・州名	税務・財務案件	兵役・軍隊案件	その他	合計
ボヘミア	2	10	4	16
ブコヴィナ	2	0	3	5
ケルンテン	1	0	0	1
クライン	1	0	1	2
ダルマティア	2	0	0	2
ガリツィア	2	1	2	5
沿海州	1	5	4	10
下オーストリア	6	4	4	14
モラヴィア	0	1	1	2
上オーストリア	1	0	0	1
ザルツブルク	1	0	0	1
シレジア	0	1	0	1
シュタイアマルク	2	2	0	4
ティロール	1	2	2	5
計	22	26	21	69

AVA JM, Karton A1740, Agentenwesen Post109リストをもとに筆者作成。

今回、取扱案件の中に「軍事の」（militär）が認められた文書の一覧が表4である。文書に記された、軍隊案件（Militärangelegenheiten）、軍隊関連事務所（Militärbureau）、兵役（Wehrpflicht）を含む。一覧表にまとめることで、帝冠領内という大きなくくりで地域の特色を裏づけすることができよう。表ではボヘミアからの申請者数が一〇名、第二位の沿海州は五名である。後者については、オーストリア＝ハンガリー唯一の軍港所在地トリエステに近かった。前者については、「優秀な」軍人の供給源という地域特性にも呼応している。[62]

（2）税務・財務案件

一〇九便のうち、個別の抗告取扱文書から、「税務」（Steuer）または「財務」（Finanz）案件の語が認められた文書は三一点認められた。その中から、同一人物の重複を避けた二四名の情報が、表5である。申請年、人名、申請地（現地語名）はすべての文書で確認できた。

身分や職業について確認できたのは一六名分であった。その限りではあるが、徴税官吏や財務監督官など、税務・行政現場での実務に詳しい人々であることが一目瞭然ではないだろうか。このうち、「年金受給者」という記載は七名、博士（Dr.）の肩書は三名確認できた。

文書の多くは、必要最小限の事項のみ記録され、処理されていたが、税務・財務案件の申請者たちがエキスパートとして自負していたことをうかがわせる記載も、中には残されている。

ある申請者は、別途、請願書を添付して、弁護士も公証人も当該分野の実務には「きちんと対応できて」おらず、商工会議所（Handels- und Gewerbekammer）が困っており、自分がいないと「無資格業者」（Winkelschreiber）がはびこる、と訴える。(63)

逆に、弁護士・公証人団体からは、申請者のような「業者」をしかるべく取り締まってほしい、と省庁へ要望書を提出して対抗する。たとえば、一九〇六年にも、ブコヴィナ弁護士会、下オーストリア弁護士会・公証人会からの要望書対応の文書が存在する。(64)

少なくとも、一九一三年の改正は弁護士・公証人会側に与したようだ。それまで、税法違反事件に限って、弁護士、公証人と並んで「公的代理業者」も当事者の代理人として裁判所へ出廷できたが、改正により、少なくとも第二審以降は、弁護士による代理しか認められなくなってしまった。それにより、自分への依頼業務に支障が出ているから、と元財務次官（pensionierter Finanzsekretär）は財務省に改正を申し入れている。(65)これに対して財務省は拒否しながらも、「国益」（das Interesse des Staates）とは関係なく「専ら弁護士会の申し立て」によって制限したのだ、と回答する。いかにも、省内に精通していた元同僚の申請者に詰め寄られ、苦しい言い訳をしていたかのようだ。それに引き換え、司法省のコメントは簡潔である。「専ら弁護士の代理権を擁護したい」。したがって、申し入れを拒否した財務省の態度に「賛同する」。

(3) その他の案件より

税務とも兵役とも明記されていなかった案件が表6である。ただし、記載されたなかにないからといって、これらの案件を除外しているとは限らない。たとえば、表の一七番目申請者F（一九一六年）の場合、所見中に、申請書には税務まで取り扱うことをうかがわせる記述があった。また、「官公庁提出書類」の中に税務関係の官庁まで含めていると想定される場合もある。

それらの点を留保した上、司法省が覚書を作成する段階で「税務」とは明記していないものを選択したところ、案件に関する最も多い表現は「官公庁に提出する書面の作成」であった。より具体的に特定された案件では、住民登録、不動産取引、抵当物件案件、消費貸借、税関関連事務のほか、運送契約、保険契約まで認められる。個人申請ではないため表からは除外したが、貨物苦情処理（Frachtenrekramation）を信託会社の形態で設立する件に関する省庁間での相談案件、一九〇四年の時点では「探偵事務所」（Privatdetektivbureau）に関して、省庁間で申し合わせ案を作成する旨の文書も存在した。[66]

文書に付された意見は「公的代理事項に該当」、「今日では弁護士または公証人に留保されている」として抗告却下の処理が大半を占める。

申請者の職業には薬剤師や税関職員、新聞記者も認められるが、大半は今日でいう「公務員」に該当する人々である。ウィーン、プラハ、トリエステという大都市では、実際の申請数ははるかに多かったことを除けば、文書の性格が却下された案件の抗告であった点を考慮すると、地域的な偏りはそれほど大きくはない。

これらの中で興味深いのは、司法省が「注目すべきこと」として付した意見である。「ボヘミアの弁護士会は、『当地には税関事務に詳しい弁護士がいる』といわない。したがって、税関案件は弁護士の管轄を超えているのではないか、詳しい者に業務を任せることができていないのではないか、という疑いが生じてしまう」とする。しかし、「立場上、提案された判断（内務省の判断）を司法省は常に受け入れてきた。本文書は財務省へ回されるので、さらなる検討を期待する」と結んでいる。

六　税務・財務案件に関する諸事例より

税務・財務案件の申請は、文書群のなかでも早い時期から登場し、後年になると上述の図2のように、簡潔な記載の画一的な却下処理に落ち着く特徴が認められる。以下の二つの文書は、そのように扱われるにいたるきっかけとなった案件と推測される。三つ目の文書は、そのしばらく後の案件である。

（1）実務経験豊富な元官吏（一九〇五年）

申請者Uはザダル在住の元徴税官吏であり、税務案件（IN AFFARI D'IMPOSTA）の事務所開設認可を申請している。勤務評定表によれば、在職中はきわめて有能、勤勉、突出して優秀であった。最後の勤務地はベンコヴァツ（Benkovac）（現クロアチア共和国）。病気による退職の後は、年金二〇四〇クローネを支給されているが、妻とまだ幼い五人の子を養うには不十分であると書かれている。

ダルマティア総督府による拒否理由によれば、本事務所開設は「公的代理業」に相当する。一八三三年四月一六日付勅令による「公的代理業者」としての要件を満たさねばならない。その後の通達等により、三年の法律実務修習と、専門試験が要件となった。申請者は、これらの二つの要件を満たしていない。

Uの（財務省に対する）抗告理由。税務に関する法規に精通することには、法的知識は関係ない。それより、はるかに重要なこととして、自分が長年にわたり、税務職において獲得した経験と実務上の素養がある。したがって、

「三年間の法実務見習い」と専門試験の受験という要件の免除を願い出ている。ただし、申請（軍隊案件の情報事務所許可に類似して）税務に関する情報の提供、納税申告書の作成に限定し、当事者の代理人として官公庁に出頭する権限は要求しない、とことわっている。加えて、類似する事務所は、必要性にもかかわらずダルマティアに存在しないことを指摘する。なぜなら納税者の多くは、今日、「実務経験もなく、賄賂をとり、納税者および国庫の利益を害するような代理業者（Agenten）」に頼らざるをえないからである。

ザダルの総督府の所見によれば、「税務案件について、地域の需要あり。大多数の納税者は新しい税法に十分に精通しているわけではなく（nicht vollkommen vertraut）、したがって無資格者（Winkelschreiber）に頼るしかない」。したがって、抗告人に対して、認可の取得に必要とされる諸条件を保証するような寛大な措置を願う。そうすれば、総督府の方では、いうまでもなく拒否処分を撤回できる。

財務省ザラ支部の所見では、一八六三年二月二八日付省令および一八七一年七月二三日付内務省令と、本事例については とりわけ地域の諸事情を考慮したうえで、認許の是非については諸行政庁（die politischen Behörden）の判断に委ねることとする。ただし、「その際、強調しておくが、納税者たちにより、当該行政地域において、そのような代理業の設置の要望は、大きくない」。

内務省は要件の免除を認め、総督府の方針に委ねる意向である。

財務省によれば「免除はできるだけ限定的に許可するべきである」。ザダルには弁護士一一名、公証人三名が存在するが、とくに後者はほとんど仕事していないことを確認している。そのうえで、司法省に意見を求めている。

その司法省側の意見では簡潔に、財務省ザラ支部の所見を考慮するべきである、とする。弁護士・公証人の実態は把握済みであり、申請者は「他の点では」すべて認許の要件を満たしている、としつつも、実務と試験要件の免除は、認許に慎重であれ、とする内務省自身の通達（一八七一年七月二三日付）に反する、と指摘する。

（２）元上級官僚による申請（一九〇六年）

元宮内庁上級職員Ｂと元財務次官Ｓとの財務関連共同事務所の申請である。両者とも法学博士の学位を取得しており、公的代理を試験と供託金免除（ないし軽減）を求めている。

この事務所は「専ら財務関連機関に限定し、法令上、弁護士や公証人に留保されていない範囲で」国・地方官庁における当事者代理を予定。申請者は個別に認可を得たうえで相互に拘束力ある認可、あるいは共同の認可を求める。Ｂは慢性の持病のため（chronisches Leiden）現役を退かねばならず、健康状態に応じた仕事を確保したい旨を希望。Ｓは個人的理由ではなく、専ら財務関連事務所を設立する必要から申請している。

財務省ウィーン支部はＳのみを支持する。Ｂについては、おそらく内務省経由でと思われるが、ウィーン警察（Polizeidirektion）の意見照会結果もよせられる。Ｂは借金を抱えながら、生活状態が不相応であった。さらに、一八七一年の司法省からの内務省への指示（Ersuchen）にしたがい、（公的）代理の認許はなるべく、やむをえない場合に限定すべき、と指摘する。しかも、弁護士や公証人が多数いるウィーンで公的代理を認める必要性はさらに乏しい。弁護士会と公証人会からの所見も提出される。

下オーストリア総督府の見解では、申請を聞き入れる理由はない。Ｂは優秀な官吏で人脈も広く、弁護士や公証人と競合する分野以外の仕事をすることもできる。とはいえ、他と競合することなく、これらの申請は公益に資するだろう。試験については免除に賛成で、供託金の件は、商業省の判断を仰ぎたいという。

商業省によれば、公的代理の認可はごくまれで、現在、ウィーンでは弁護士のツィルナー博士が兵役案件で認可されているだけだという。Ｂには試験免除、供託金は二万一〇〇〇クローネから一万五〇〇〇クローネに減額の用意がある。

司法省の見解は簡潔に、通達や弁護士会・公証人会の所見を考慮すべき、とのみ記される。

本事例は、容認派（財務省、商業省）と慎重派（内務省、総督府、司法府）との対立が認められるものである。申請者から直接に抗告を受理したのは商業省である。公的代理の抗告取り扱い機関の決定も、翌年の一九〇七年に決まる。すなわち、商業省と内務省との間で「営業許可」に関する権限分配が確定され[67]、以後は内務省の管轄事項となる。

さらに、内務省通達[68]を境に、少なくとも税務・財務案件については却下という処理で統一している。「公的代理業に該当し、弁護士または公証人に留保された業務であるため拒否」という簡潔かつ定型的な記述が繰り返されるようになる。

（３）税務案件に関する地方の需要（一九一二年）

チェルニェウツィ（チェルノヴィッツ）在住の元上級税務監察官Jの不服申し立てである。

Sはブコヴィナ州政府により、一九〇四年一一月一日付指令（Z.30707）をもって、当時の住所ストロジネチ（現ウクライナ、ドイツ語名はストロジネッツ）に限定して、また業務内容は税務・諸費用案件に限定して、公的代理業者の営業についてJに対して認許（Konzession）していた。この認許を取得するにあたり、Jは試験と供託金の免除も認められている。

一九一〇年一一月三日付でブコヴィナ州政府から提出された申立書（Eingaben）（Z.52565）によれば、Jは家族の事情により一九一〇年一一月一日に　チェルニェウツィへ転居した。その機会をもって、ストロジネチにおける公的代理業は決定的に廃止となった。Jはチェルノヴィッツにおいても営業を続け、転居後にも営業申請をした。

本申請に対してブコヴィナ州政府は、「すでに三名の公的代理が存在することから、認許の必要性がないこと」「市役所から、Jが公的代理業を営業していないこと」を理由として申請の更新を一九一〇年一一月一二日付の決定で拒否した。

Jはまず、一九一〇年一二月二三日付で州政府に対し、ストロジネチでの営業を再申請するとともに、一二月三〇日付（LZ.62701）申請で上級省に対する不服申し立て（Ministerialrekurs）を行った。チェルニェウツィにおいても財務・税務案件に関する代理業者は大いに必要とされている、と主張する。

州政府の申し立てによれば、当地には「法律で他の者に留保されていないすべての案件」を扱うために二名、「当事者のために財務関連官庁への書類提出や申し立てのために、また、手数料や罰金について、また行政官庁の市町村、営業、労働、医療、労災保険、兵役、戸籍（Matrikus）、国籍、住民登録」を扱うために一名の公的代理業者が存在する。ただし、最後の一名は現在営業していない。

さらに、州政府は、自身が拒否した決定に関する新たな報告書を提出してきた。チェルニェウツィには前回の人口調査時から一万六〇〇〇人の人口増となり、抗告人の申し立て通り、公的代理業者の需要が認められる。というのも、財務・税務提出書類は専ら無資格者（Winkelschreiber）によって作成されている。弁護士たちは必要な知識を「持っていない」。

文書作成者が財務省地方支局の意見として引用している部分には注意が必要である。「個々の弁護士、ならびに行政局によって、手数料および税務案件について作成された申請書を見ると、この案件に関する作成者は実務的な素養を欠いている」という部分を引用している。すなわち、チェルニェウツィ支局から見れば、現地の弁護士や地方官庁の方が実務的に頼りない、というのである。

例によって、弁護士会・公証人会は転居の申請に反対している。

内務省と司法省自身の所見は簡潔である。前者は「チェルノヴィッツ（チェルニェウツィ）には多数の弁護士と公証人がいることを考慮して抗告を拒否」、後者は「内務省に対して異論なし」とのみ記されている。

上述の税関事務に関する意見のように明記はしていないが、当地の弁護士や公証人が「税務案件に詳しくない」という地方官庁の報告を詳細に書き留めているあたりを、担当官僚のためらいと捉えることはできないだろうか。

（4）小括

税務・財務案件の申請者たちは、今日の日本でなら、税理士等、専門職種として資格の取得・独立営業が認められたであろう。大学教育を受けて学位を取得している者、元上級行政官僚、徴税人等、税務・財務に特化した実務の点では、弁護士や公証人に劣後しない。

したがって、中央官庁間でも商業省や財務省、早い時期には内務省も含めて、税務実務の熟練者に認許を与えることにやぶさかではないような態度を示していた。

司法省は法務便覧で認められた取扱準則に忠実に、弁護士や公証人の既得権益を守るため、常に認許には否定的または慎重である。それでも、文面をよくよく見れば、時には、彼らの実務経験と専門知を感じ取ることが皆無ではなかったような書きぶりも認められた。ただし、本件に関しては、後の時期になるにつれ、取扱の覚書としては、次第に画一的に拒否の方針に統一される。

おわりに

本章では拙稿（二〇一八）に引き続き、二〇世紀初頭のオーストリア諸邦において、実態としてはなお、代理業者の申請が中央まで届いていたこと、その中には、官吏や軍人経験者がそれぞれの実務経験に基づいて営業を申請していたことを確認した。さらに、司法行政実務の取り扱い手引書を紐解けば、一九世紀後半、弁護士や公証人の制度化が進められると、とくに後者の権益確保のため、既存の「代理業者」たちへの取り締まりを厳しくし、制限していったことも確認できた。にもかかわらず帝国解体までそれを「なくしきれなかった」と捉えることもできるが、もしかすると地方の需要をふまえ、彼らがどうにか存続する余地を残していた、と考えることもできないではない。

繰り返すが、本章で用いてきた「オーストリア諸邦」は二重体制期の正式名称ではない。この名称に象徴される「国家」としての「あいまいさ」にもかかわらず、あるいは逆にそれが功を奏したこともあった。諸地域の学校で、役所で、軍隊の場で、住民たちの日常生活は滞りなく営まれてきたからだ。二重体制期は、一方で深刻な民族間の軋轢を抱えながらも、他方で経済や文化がかつてないほどの隆盛の時代を迎えたことで知られる。一八六七年のアウスグライヒ体制は「妥協」や「和協」というより、民族間の「新たな均衡」を作り出すべく工夫されたさまざまな方法論の実践だったとする見解[69]について、何度も問い直す価値はあろう。

本書を貫く二つの視点について、この時期と地域に即して考えるとき、「あいまい」な法律専門職についても先進諸地域からの「遅れ」や「障害」として断ずるのではなく、必要性、可能性を何度も問い直さねばならなくなってくる点で、ハプスブルクの「実験」とも重なってくる。

謝辞

本章のオーストリア国立公文書館における追加調査は、本プロジェクトのご助力で実現した。
司法省文書については、元テューリンゲン州司法次官ミヒャエル・ハウスナー（Michael Haußner）氏およびオーストリア司法省事務次官ヴォルフガング・フェルナー博士（Dr. Wolfgang Fellner）からの聞き取り、ご指摘内容を加えている。

この場を借りて心より感謝申し上げたい。

［注］

（1）オーストリア＝ハンガリー二重君主国の意義づけについて、本章では大津留厚『ハプスブルクの実験』春風社（二〇〇七）を参考とさせていただいた。このほか、最新の歴史評価をふまえたこの地域の通史には岩崎周一『ハプスブルク帝国』講談社（二〇一七）がある。

（2）RGBl.1895/113.

（3）Klein, Franz, Zeit– und Geistesströmungen im Prozesse, in: Klein, Franz, *Reden / Vorträge/Aufsätze /Briefe*, Bd. I, Wien, 1927（＝中野貞一郎訳『訴訟における時代思潮』信山社、一九八九）pp.117–138.

（4）Klein（Anm. 3）, p.138.

（5）Klein, Franz, Die Parteienvertretung im künftigen Prozesse, in: Klein（Anm. 3）, pp.10–46.

（6）鈴木正裕『近代民事訴訟法史・オーストリア』信山社（二〇一六）とくに一九四—一九五頁。

（7）Klein, Franz, Die Parteienvertretung im künftigen Processe, *Juristische Blätter*（1893）, p.327.

（8）Mayr, Peter, Franz Klein und die Friedensgerichtsbarkeit, in: Hofmeister, Herbert（Hg.）, *Forschungsband Franz Klein (1854–1926): Leben und Wirken*, Wien, 1988, p.152.

（9）オーストリア側の大学法学教育については以下の文献を参照 Simon, Thomas, Die Thun–Hohensteinsche Universitätsreform und die Neuordnung der juristischen Studien– und Prüfungsordnung in Österreich, in: Pokrovac, Zoran（Hg.）*Juristenausbildung in Osteuropa bis zum Ersten Weltkrieg*, Frankfurt am Main 2007, pp.1–36; Staudigl–Ciechowicz, Kamila, Zwischen Wien und Czernowitz–österreichische Universitäten um 1918, in: *Beiträge zur Rechtsgeschichte Österreichs*（2014）, pp.223–240; Anderson, R.D., *European Universities from the Enlightenment to 1914*, Oxford, 2014（安原義仁・橋本伸也監訳『近代ヨーロッパ大学史——啓蒙期から一九一四年まで』昭和堂、二〇一二）Gönczi Katalin, Jogászképzés a királyi akadémiákon a felvilágosodás korában és a reformkorban [Juristenausbildung an den königlichen Akademien in der Zeit der Aufkärung und des Vormärz], in: *Jogtörténeti Szemle*, 2006/2, 1–3.

（10）ハンガリー側についてのエピソードとして三苫民雄『価値と真実——ハンガリー法思想史一八八八—一九七九年』信山社（二〇一三）、五頁。

（11）Neschwara, Christian, Österreich–Ungarn: Geschichte und Historiografie des Notariats, in: Schmoeckel, Mathias / Schubert, Werner (Hg.) *Handbuch zur Geschichte des Notariats der europäischen Traditionen*, Baden–Baden, 2009, pp.241–277, insbesondere 255.

（12）上田理恵子「20世紀初頭ライタ川以西における「非弁護士」試論——オーストリア司法省文書を手がかりとして」法制史研究六七（二〇一八）、一六一—一九九頁。前稿では当時のオーストリア側を意味して公式の場でも慣用的に用いられた「ライタ川以西」（Cisleithania）という表現を用いたが、本章では国際比較という点を重視し「オーストリア諸邦」としている。

（13）RGBl. 1849/278.

（14）以上につき K.k. statistischen Zentralkommission, *Tafelwerk zur österreichischen Justiz–Statistik. Ein Quellenwerk für justizstatistische Forschungen.* Erster Jg, 1910, Neue Folge österreicischen Statistik, 6. B., Wien 1913.

（15）RGBl. 1873/119.

（16）RGBl. 1873/66.

（17）RGBl. 1868/96.

（18）RGBl. 1871/75.

（19）K.k. Statistische Zentralkommission（Hg.）*Österreichische Justiz–Statistik: Ein Handbuch für die Justizverwaltung*, zweiter Jahrgang 1911, Wien 1914.

（20）K.k. Statistische Zentralkommission（Anm. 19）, p.20.

（21）Jarausch, Konrad, *The Unfree Professions: German Lawyers, Teachers, and Engineers, 1900–1950*, Oxford, 1990, p.238.

（22）オーストリア諸邦の弁護士数の推移については以下の数値を参照 Schöninger–Hekele, Bernhard, *Die österreichische Zivilprozeßreform 1895: Wirkung im Inland bis zum Ausbruch des ersten Weltkrieges 1914: Ausstrahlung ins Ausland*, Frankfurt am Main, 2000, pp.94–95.

（23）本条令については Grziwotz, Herbert, *Kaiserliche Notariatsordnung von 1512: Spiegel der Entwicklung des Europäischen Notariats*, München, 1995; 条令の邦訳として田口正樹「帝国公証人条令（一五一二年）」北大法学論集六五（二〇一五）三四九—二四八頁。オーストリアにおける公証人の歴史について、簡潔な要約版として以下を参照：Meyer, August, Geschichte und Aufgabe des österreichischen Notariats, in: Deuschmann, Wilhelm（Hg.）, *200 Jahre Rechtsleben in Wien: Advokaten, Richter Rechtsgelehrte, Sonderausstellung 21. November 1985 bis 9. Februar 1986. Wien, Historisches Museum der Stadt Wien*, 1986, pp.212–216. 中世後期から一八五〇年公証人令までを詳細に辿れる文献として Neschwara, Christian, *Geschichte des österreichischen Notariats*, Bd.1, Wien

1996.
（24）Neschwara（Anm. 11）, p.255.
（25）Neschwara（Anm. 11）, p.571.
（26）Neschwara（Anm. 11）, p.585.
（27）除外されたハンガリー王国、トランシルヴァニア地方、ヴォイヴォディナ、クロアチア・スラヴォニア、テメス・バナト、ロンバルド・ヴェネトについてはNeschwara（Anm. 11）, p.253.
（28）Neschwara（Anm. 11）, p.215; Meyer（1986）p.213.
（29）RGBl. 1871/75.
（30）RGBl.1857/117.
（31）Mayr, Peter G., *Rechtsschutzalternativen in der österreichischen Rechtsentwicklung*, Wien 1995, pp.51–52.
（32）Mayr（Anm. 31）, p.53.
（33）Pleschner, Winkelschreiber oder Privat–Advocat?, *Allgemeine Juristen–Zeitung*, Nr.46, 1881
（34）*Allgemeine Juristen=Zeitung*, 1890/91, p.52.
（35）Kaserer, Josef, *Handbuch der österreichischen Justizverwaltung Mit Benutzung amtlicher Quellen*, Bde 1–4, Wien 1882.
（36）第一部　オーストリア＝ハンガリー君主国の帝国議会を代表する諸王国および諸州における司法官庁の組織と管轄、第二部　裁判所、検察およびそれらに付随する職（Nebenämter）、および刑事施設に勤務する人員の公務について、第三部　弁護士・公証人・代理業者、第四部　服務規程　第五部　その他の国家機関（Staatsleben）との関係における司法

ここにいう司法行政（Justizverwaltung）の概念については「司法作用を必要な機関に伝え、あらゆる方面に対して司法作用のための設備および措置を円滑に滞りなく準備かつ保障し、さらに裁判官の判決を、刑事事件については皇帝による恩赦によって変更されない限り、執行できるよう国家の行為」と規定している。今日の日本でいう司法行政よりも広い。
（37）Kaserer（Anm. 35）Bd.2, pp.256–263.
（38）Kaserer（Anm. 35）Bd.2, p.258.
（39）Erlaß des Justizministeriums vom 1. September 1857, Z. 18520 an das Oberlandesgericht Graz, Kaserer, ibid, pp.258–259.
（40）J.G.S. Nr.2663. Pol. G. S., Bd. 62, Nr.84.
（41）上田・前掲注（12）一八四―一八六頁。

（42）*Wiener Zeitung* 7. Juni 1910
（43）*Wiener Zeitung*, Mo, 22. Juni 1846.
（44）*Wiener Zeitung*, 5. Juli 1864; *Kais. Königl. Schlesische Troppauer–Zeitung*, 6. Juli 1864; *Klagenfurter Zeitung* 12. Juli 1864; *Grazer Zeitung*, 14. Juli 1864.
（45）*Fremden–Blatt*, 30. Mai 1853, *Wiener Zeitung*, 22. Juni 1846, etc.
（46）*Znaimer Wochenblatt*, 14. Juni 1868; *Die Presse*, 11. Mai 1854, etc.
（47）*Salzburger Zeitung* 20. Januar 1869; 23. Januar 1869, etc.
（48）*Salzburger Zeitung*,14. August 1868, etc.
（49）*Salzburger Zeitung*, 1. Oktober 1869.
（50）*Der Bauthekniker*, 1907.
（51）*Czernowitzer Tagblatt*, 29. Oktober 1908; *Neue Freie Lehrer–Zeitung*, 14., 21., 28. November, 5., 12. Dezember 1908; *Die Wahrheit*, 17., 23. Dezember 1908, 13., 30. Januar 1909.
（52）上田・前掲注（12）一七四―一七五頁、および聞き取り調査より。
（53）RGBl. 1914 /337.
（54）Spitzer, Hans, Die Bekämpfung der Winkelschreiberei in Österreich, *Mitteilungen der wirtschaftlichen Organisation der Rechtsanwälte in Wien, Niederösterreich und Burgenland*, Wien, September=October 1928.
（55）さらに不服ある申請者には、制度上は行政裁判所へ訴える道も残されている。実際に文書中の申請者名と同じ人物名が当事者となり、内務省からの申立却下について争う行政裁判所の審理期日公示が認められた。*Wiener Zeitung* 14. November 1913.
（56）AVA Justiz JM Allgemein Sig.1 A1740 Post109/136（Z.9100）（1917）新聞記者による申請。申請内容は「そもそも公的代理に関わることではない」として却下されている。
（57）Das Staatsgrundgesetz über die allgemeinen Rechte der Staatsbürger für die im Reichsrathe vertretenen Königreiche und Länder, RGBl. Nr. 142/1867.
（58）大津留・前掲注（1）八七―八八頁。
（59）大津留・前掲注（1）八七―九六頁。このほか言語令に関する邦語文献として川村清夫『ターフェとバデーニの言語令』中央公論社事業出版（二〇一二）。

（60）大津留・前掲注（1）九五―九六頁。

（61）上田・前掲注（12）一七八頁。

（62）この地の兵士を中心に編成されたチェコスロヴァキア軍団が第一次世界大戦で果たす役割林忠行による研究が知られる。最近では「林忠行基調報告 チェコスロヴァキア軍団再考――第一次世界大戦と国外のナショナリズム」（二〇一四年度大会共通論題報告 戦争と「未完のネイション」――近現代ヨーロッパ史再考）、西洋史研究四四（二〇〇五）一三九―一五五頁。

（63）AVA Justiz JM Allgemein Sig.1 A1740 Post109/27（Z.24992）（1907）事例について上田・前掲注（12）一七九―一八〇頁。

（64）AVA Justiz JM Allgemein Sig.1 A1740 Post109/15（Z.12137）（1906）, 16（Z.14939）（1906）.

（65）AVA Justiz JM Allgemein Sig.1 A1740 Post109/102（Z.9100）（1913）.

（66）AVA Justiz JM Allgemein Sig.1 A1740 Post109/10（Z. 5953）（1904）.

（67）AVA Justiz JM Allgemein Sig.1 A1740 Post109/21（Z.3343）（1907）.

（68）MIE.Vom 15.Februar 1907, Z. 41274.

（69）大津留・前掲注（1）、二〇四―二〇五頁。

第八章　中国の法的サービス供給における基層法的サービス従事者の機能とその需要の背景

――弁護士との比較から（一九八〇～二〇一七年）

坂口一成

【凡例】

本文中の（　）および引用文中の〔　〕は筆者による補足である。［　］は中国語であることを示し、原則として初出時にのみ付した。圏点は筆者による。法令名に冠されている「中華人民共和国」は省略した。参照したウェブサイトの最終アクセス日はいずれも二〇一八年一一月二七日である。本章が依拠する統計データは、とくに注記のない限り「中華人民共和国国家統計局」（http://www.stats.gov.cn/tjsj/）および表1の「出所」所掲の資料による。法令等の略称およびヒアリング調査の概略については末尾を参照されたい。

はじめに

一般に、法的サービス提供者[1]には複数の職があるが、その筆頭として挙げられるのは弁護士であろう。中華人民共和国（以下「中国」と呼ぶ。なお、本章においては香港・マカオ特別行政区は含まないものとする）でも同様である

（「律師」と呼ばれる）。そこでは反右派闘争（一九五七年）を契機として崩壊した弁護士制度が一九七〇年代末から再建され、[2] 一九八四年にはわずか一万人足らずであった弁護士は、二〇一六年には三〇万人を超えるまでに成長した。

もっともそこにはさらに、「基層法的サービス従事者」「基層法律服務工作者」[3]と呼ばれる集団が存在してきた（以下「サービス従事者」または「従事者」と略す）[4]。それは一九八〇年代以降、主に庶民に廉価で法的サービスを提供してきた。ここで注目すべきは、その職域の広さ（刑事弁護を除きおおむね弁護士と重なる）もさることながら、その業務量が弁護士に匹敵するという事実である。量的に見れば、サービス従事者は弁護士と共に中国の法的サービス提供者の主力を担ってきたことになる。[5] だとすれば、中国の法的サービス供給構造の全体像を描く上で、それは必須の、しかも小さからぬピースとなる。加えて法整備が進み、法律に書かれた権利が増えている中、庶民の法へのアクセスや権利の実効性の確保という点でいえば、「町医者的存在」[6]であるその重要性はひとしおである。

ところが、国内の先行研究はこれまでサービス従事者をほとんど取り上げてこなかった。[7] その制度記述すら満足になされておらず、実態についてはいわずもがなである。[8] ここには大きな空白が存在しており、それを埋めるための作業は山積しているといわざるをえない。そこでまず本章ではその法的サービス提供者としての重要性を示すために、一九八〇年から二〇一七年までの期間を対象に、弁護士との比較から、サービス従事者が実際にどれだけの法的サービスを供給してきたのかを明らかにした上で、その需要が何に支えられているのかを解きほぐす。[9]

そしてそのために、本章は次の順で論を進める。第一節では必要最小限の前提知識を得るために、「基層法的サービス」（本章ではサービス従事者が提供する法的サービスとする。なお基層「の」法的サービスである）の歴史的展開を概観する。そして同様の趣旨から、第二節ではサービス従事者の学識レベルを弁護士との比較から位置づける。第三節では、サービス従事者が実際にどのような業務を、どれだけ取り扱っているかを、弁護士と比較しつつ明らかにする。ここまでの検討を通じて、サービス従事者の学識レベルは全体として弁護士よりも低いにもかかわらず、その業務量は弁護士に迫るのみならず、それを上回ることすらあることを示す。そこで第四節では、そうしたサービス従事者の法的サービスの需要が如何に生じているのかを検討する。最後に以上の考察をまとめる。

一　基層法的サービスの展開の概観

一九七〇年代末以降、改革・開放や社会主義的民主・法制建設の提唱に伴い、法的サービスの需要が増えた。だが、弁護士[10]は量的に不足し、短期的にその解消を見込むことはできず、また大中都市に偏在していた。一般的にはこうした背景において、一九八〇年末にサービス所の前身[11]（以下便宜的に前身も「サービス所」と呼ぶ）が広東省等の経済が比較的発展した地域で登場し、主に農村の大衆に対して調停、代書、法律相談等の簡易な法的サービスを提供するようになったとされる。なおこうした背景は同時に、弁護士の不足を補うために必要とされ、かつその限りで正当化されるという性格（以下「補充性」と呼ぶ[12]）を本制度に刻み込んだと考えられる。

その後、サービス所は司法部、さらに国務院指導者や中共中央書記処のお墨付きを得て、郷鎮のみならず「街道」[13]をも含めて全国的に展開していった（以下、それぞれのサービス所を「郷鎮所」、「街道所」と呼ぶ）。当時のサービス所は概して司法補佐員「助理員」[14]の管理下[15]で若干名を雇用し、司法所[16]と一体化[17]して運営される[18]「国有性質の官営」体制[19]であり、国家機関である公安派出所・人民法廷と並ぶ「政法基層組織」と位置づけられていた（中共中央・国務院「社会治安総合ガバナンスの強化に関する決定」（一九九一年）六）。

とはいえその後間もなく、サービス所は行政ではなくサービス業に属することから、司法所と分離し（両所分離）、独立採算の主体となるべきとされた[20]。だが、多くの両所分離は資源不足から独り立ちが困難であった[21]ため、その進展は緩慢であった[22]。一体化は両所にとって生存戦略であった[23]。こうした中、サービス従事者・所および取扱業務量はおおむね順風満帆に成長していった（表1、後述第三節参照）。そして二〇〇〇年には従事者辦法およびサービス所辦法が制定され、基本的な制度整備が一段落した。

もっとも、両辦法制定時には本制度はすでに転換点に差し掛かっており、その後「発展を抑制する（あるいは公には持ち上げて裏では抑える）が当局の態度の主流の傾向とな〔った〕[24]」。「逆風」は主に次の三つの領域で吹いた。

①都市

都市の弁護士が相対的に充実してきたことを背景に、都市では基層法的サービスを抑制する方向性が顕著になった[25]。まず、サービス所辦法は、街道所の過剰・氾濫[26]に対して「一街道一所」の制約を設けた（同七条一項ただし書[27]）。また司法部は二〇〇二年に大中都市を対象に、訴訟代理業務からの段階的撤退方針を打ち出した（後述第三節（1）参照）。これらは「補充性」のあらわれといえよう。

②所有・運営形態

両辦法施行も束の間、司法部は国務院の意向を受け、九月にサービス所の私有化改革〔脱鈎改制〕、端的にはパートナー制への転換方針を示した[28]。私有化されれば、基本的に政府の資源を利用することはできなくなる[29]。この改革もスムーズではなかったが、とくに農村への影響（打撃）は大きかったという[30]。他方で、段正坤（副司法部長）は二〇〇二・二〇〇三年に基層法的サービスを公益性と性格づけた上で、街道所については非営利性を、郷鎮所については低価格をその特徴とした[31]。もっとも一般に、独立の主体が自力でこれらを実現することは困難であるところ、そのための政府からの支援は十分ではなかった[32]。

③参入障壁

行政許可法の施行（二〇〇四年）に合わせて、司法行政機関が行使していたサービス従事者の執務資格認可およ

表 1　基層法的サービスのデータ一覧表（1985 ～ 2017年）

年	サービス所（所）	サービス従事者（人）	法律顧問（万件）	訴訟代理（万件）	非訴訟法律事務（万件）	法律相談（延べ万人）	代書（万件）
1985	1.53万強	–	–	–	–	–	–
1986	19,058	5万余	–	3.4	–	91.0	18.5
1987	23,737	61,823	2.2	3.2	5.7	459.2	24.8
1988	28,241	81,520	5.5	7.1	12.9	2361.9	48.1
1989	30,920	93,364	10.6	12.1	24.3	409.2	61.4
1990	31,758	98,293	15.7	16.4	33.4	433.5	71.0
1991	32,193	102,254	22.8	20.2	61.4	483.4	86.1
1992	32,750	103,848	29.2	23.7	90.7	514.3	86.6
1993	33,652	107,398	32.3	26.4	73.5	504.7	132.1
1994	34,952	110,770	36.4	32.3	92.6	514.3	135.5
1995	35,038	111,295	41.3	38.6	99.9	525.6	104.5
1996	34,554	113,612	47.8	49.2	115.4	609.3	119.9
1997	35,207	119,155	48.9	54.2	113.8	818.7	135.1
1998	35,872	118,359	49.3	59.4	113.3	654.7	131.1
1999	35,286	119,722	48.7	67.0	119.0	1183.0	138.1*1
2000	34,219	121,904	51.6	71.3	117.6	655.0	143.1
2001	28,647	107,985	44.5	75.6	108.1	625.2	153.8
2002	26,889	98,541	42.9	76.0	105.0	651.3	134.3
2003	25,836	93,970	38.8	74.9	96.0	602.7	122.7
2004	–	–	–	–	–	–	–
2005	–	–	–	64.6	66.4	504.6	–
2006	–	–	–	–	–	–	–
2007	21,483	78,146	–	67.8	57.3	490.7	–
2008	–	–	–	70.3	57.8	–	–
2009	21,339	7.8万余	–	–	56.0	–	–
2010	2万強	8万余	–	–	50余	50余	–
2011	1.9万	7.3万	–	–	67.8	512.7余	–
2012	1.8万強	7万余*2	23余	77余	64余	480余	–
2013	1.8万強	7万余	–	83余	60余	445余	–
2014	1.8万強	6.8万強	–	75余	45強	500強	–
2015	1.8万強	7.2万強	19.8強	78.1余	72.6強	577強	–
2016	1.7万強	7.3万強	–	–	–	–	–
2017	1.6万強	7.1万強	11.6強	81.9強	40.8強*3	–	–

出所：1995 ～ 2015年版『中国司法行政年鑑』、1987 ～ 2017年版『中国法律年鑑』の順で参照した。このほか、これらには記載されていない1985年のサービス所、2007年のサービス所・従事者、2016年、2017年についてはそれぞれ《当代中国》叢書編輯部編・前掲注(2) 458頁、陳宜『我国基層法律服務工作者的現状与発展対策研究——兼論法律服務市場的規制』中国政法大学出版社（2015）2、3頁、司法部「対十二届全国人大五次会議第1968号建議的答復（摘要）」(http://www.moj.gov.cn/government_public/content/2017–12/28/142_11304.html)、「律師、公証、基層法律服務最新数拠出炉」司法部政府網（http://www.moj.gov.cn/government_public/content/2018–03/14/141_17049.html）を参照した。なお図示する際には、「強」・「余」は無視した。

注記：「–」はデータなしである。*1の原文は「13806.0」であるが、誤植と判断した。*2について、陳宜・同上は7.2万人余とする。*3は「非訴訟法律事務」（31.5万件強）と「仲裁参加」（9.3万件強）の和である。

びサービス所設立許可の権限が廃止された（国務院二〇〇四年決定六八・六九）[33]。もっとも、廃止直後にサービス従事者の執務許可権限は認められた（次節（1）参照）。

こうした（必ずしも一定しない）逆風に晒され、サービス従事者・所は減少し[34]、ついには増加の一途を辿る弁護士・弁護士事務所に逆転された[35]。もっともこの間、基層法的サービスの発展が奨励されたこともあった。ただしそれは主に法的サービスの供給が不足している農村や基層・発展途上地域を対象としたものであった[36]（補充性。なおこのほか法律面の「追い風」について第三節（1）参照）。

二　サービス従事者の学識レベル

サービス従事者の「資質」は一貫して問題視されてきた[37]。そこで本節ではサービス従事者の総体的な学識レベルを弁護士との比較から検討する[38]。まずサービス従事者となるために求められる学識レベルを整理する。その後、現職者の学識レベルを推認しうる事情の一つとして、その学歴状況を見る。

（1）求められる学識レベル

ここでは国レベルにおける①資格の位置づけ、②学歴要件（最低限必要とされる学歴。なお、資格取得の要件とは限らない）、③資格試験および④執務前の実習期間の四点[39]に着目して検討する。なお、一九八七年規定以前においてはこれらに関する全国的な規定はなかったため、以下では同規定以降を対象とする。

①資格の位置づけ

サービス従事者はそもそも資格職ではなかった。それが資格職となったのは従事者辦法（二〇〇〇年施行）による。同辦法はそれ専用の資格として、「基層法的サービス従事者執務資格」（以下「従事者資格」と略）を創設した。もっとも、一定の資格があれば、従事者資格がなくともサービス従事者の登録を申請することができるとされた。弁護士資格（現在は「法曹［法律職業］資格」）はその一つであった（同辦法五条）[40]。他方、従事者資格に基づき弁護士となることはできない。弁護士資格は従事者資格にとっては上位互換の資格となる。

②学歴要件

サービス従事者について学歴要件を初めて規定したのは一九八七年規定であった。同五条三項は「郷鎮法務従事者」就任要件として「高等学校以上に相当する教養［文化程度］」を定めた[41]。従事者辦法も資格試験（後述③）の受験資格として「高等学校または中等専門学校以上の学歴」を求めた（六条二号）。

他方、弁護士については、第一回全国弁護士資格試験[42]（一九八六年）の受験資格として、原則短大［専科］卒以上が求められてから[43]、段階的に引き上げられ、二〇〇二年以降は原則学部卒とされた（二〇〇二年弁護士法六条、最高人民法院・最高人民検察院・司法部「国家司法試験実施辦法」（二〇〇八年八月八日施行）一五条四号・一三条）。したがって、サービス従事者の学歴要件は弁護士のそれよりも低い（なお共に専攻不問）[44]。

③資格試験

弁護士資格を得るための全国弁護士資格試験、およびその後継として二〇〇二年から始まった国家統一司法試験は、最難関の試験とされている[45]。

他方、サービス従事者の全国的な資格試験（全国基層法的サービス従事者資格試験）が初めて実施されたのは、二〇〇〇年であった[46]。それは主に現職者に資格を付与するためのものであり、弁護士・司法試験よりも容易であったという。[47] しかも、本試験が実施されたのは一回だけであった。

さらに、国務院二〇〇四年決定により、サービス従事者は資格職ではなくなった。もっとも、その直後に執務を許可する権限が省クラスまたはそれが授権した一級下の司法行政機関に認められた（国務院「確かに存置を要する行政審査承認項目について行政許可を設定することに関する決定」（二〇〇四年七月一日施行）七五）。[48] 地方によっては試験を実施しているが、[49] その難度は司法試験よりも低いと推測される。[50]

④執務前の実習期間

弁護士として執務するためには弁護士事務所における満一年の実習が必須とされる（弁護士法五条一項三号。なお同八条）。他方、サービス従事者に必要とされるサービス所での実習期間は満六ヶ月であった。[51] また一定の実務経験があれば実習は免除された（従事者辦法一三条一項一号・二項）。

⑤小括

このようにサービス従事者となるために求められる学識レベルは弁護士のそれと隔たりがある。これは基層法的サービスの補充性に由来するものと考えられる。

（2）学歴状況

以上の隔たりを反映し、両者の短大卒以上の学歴保有者の比率には歴然とした差がある。弁護士については一九八六年以前においては四〇％足らずであったが、[52] 二〇〇〇年には九七・〇％に達した。[53] 他方、サービス従事者のそれは、一九八七年でわずか四・九％であり（高卒も半数に至らなかった）、二〇〇七年（管見の限りの最新データ）になりようやく八割を超えた。

以上のことから、両集団の学識レベルには隔たりがあると考えられる。

三　サービス従事者による法的サービス供給の実際

本節では業務量の統計に基づき、弁護士との比較において、サービス従事者が法的サービスの供給において、実際にどのような役割を果たしてきたのかを検討する。

サービス従事者の職域は広範かつ多岐にわたる。具体的には①法律顧問、②民事[54]・行政訴訟の代理、③非訴訟法律事務、④調停主宰[55]、⑤法律相談、⑥法律事務文書の代書（以下「代書」と略す）、⑦公証協力（申請代理を含む）[56]、⑧司法補佐員の法制宣伝等の司法行政業務への協力がある（一九九一年細則三・八五条）[57]。以下では、弁護士と一定程度比較可能な法的サービスである①②③⑤⑥を検討する。このほか、サービス従事者は弁護士と同様に法律扶助義務を負っており、各業務とは別に統計がとられている。そこでこれも合わせて検討することとする（行論の都合から順不同）。

なお非弁規制について、サービス従事者との関係に限って補足しておく。法律上、非弁活動を包括的に禁止する規定はない。しかし、訴訟代理・（刑事）弁護および法的サービス一般の有償提供については一定の制約がある[58]。前者について、非弁護士も所定の要件[59]を充たせば、いわゆる国民代理［公民代理］として訴訟代理人・弁護人となることができる。サービス従事者は現行民訴法・行訴法がその訴訟代理権を正面から認めるまで（それぞれ二〇一三・二〇一五年改正）、一般に国民代理として訴訟代理をしていたという[60]。

他方、後者を一般的に禁止する法律はなかったものの、司法部は原則禁止としていた[61]。もっとも、司法部はサービス従事者については訴訟代理を含めて認めてきた[62]。だが、一九九七年弁護士法一四条は経済的利益目的の訴訟代理・弁護を禁止した（行政処罰について四六条二項）。そのため同規定とサービス従事者の有償訴訟代理の関係が問題となったが[63]、後述（本節（1）参照）のように統計上、大勢に影響はなかったと見受けられる。その後、二〇〇八年弁護士法が経済的利益目的の文言を削除した（一三条）ことから、この問題は解消された。

（1）訴訟代理

①概要

サービス従事者は民事・行政訴訟において訴訟代理人となることができる（一九九一年細則二三条、現行民訴法五八条二項一号、現行行訴法三一条二項一号）[64]。一般に刑事弁護は認められていないとされるが[65]、実際には一九九〇年代までは多くの地方で認められており、今日でも一部の発展途上地域では認められているという[66]。また刑事自訴原告および刑事附帯民事訴訟部分についての訴訟代理はなされているという[67]。

訴訟代理権は多くのサービス従事者にとって「核心」的職能とされ、これがなければ他の法的サービス業務をサービス従事者に依頼する者はいないであろうとすら述べるベテラン従事者もいる[68]。実際、江蘇省南京市のサービス所の二〇〇三年の売上げのうち、七五％が訴訟による収入であったという[69]。これはまさに「生命線」と位置づけるべき業務といえよう。

他方で、これは弁護士にとっても重要であることから、弁護士からの批判が最も集中する業務でもある[70]。サービス従事者は費用が弁護士よりも低く、また利用者から「弁護士」と誤認されることが少なくないため[71]、弁護士にとって手強い（立場・場合によっては不当な）競争相手となりうる[72]。

こうした中、司法部は二〇〇二年に大中都市における訴訟代理業務からのサービス従事者の段階的撤退方針を示した。その理由として張福森（司法部長）は、大中都市における①弁護士の増加に伴うサービス従事者との競争の激化を背景に、②サービス所の訴訟代理について法律上の根拠がないこと、および③有償訴訟代理業務を行うのは弁護士だけというのが世界の潮流であり、弁護士の独占業務としている国も少なくないことを指摘した。[73]なお、農村も都市と同様に②③が妥当するはずだが、さしあたり対象外とされたことから、その決定的な理由は①であったと考えられる。[74]

とはいえ、本業務の重要性からサービス従事者の抵抗は強く、また実効性の不足やサービス従事者の生活の安定（まさに「生命線」）等を理由に司法部に同調しない地方の司法行政機関もあったため、この方針は徹底されなかった。[75]そしてその後、二〇一三年改正民訴法および二〇一五年改正行訴法が、サービス従事者の訴訟代理権を正面から認めた（②は解消）。法律レベルで初めてサービス従事者の存在が、その生命線たる訴訟代理権と共に認められたことになる（法律面での追い風）。

もっとも、サービス従事者の訴訟代理権は、次の二点で法律上弁護士のそれとは区別があり、またはあった。一つは権利の内容である。民事訴訟では一九九一年民訴法により解消されたが、かつて弁護士以外の代理人（サービス従事者を含む）には関係資料へのアクセスにおいて弁護士にはない制約があった。具体的には法院の許可が必要とされ、また閲覧範囲も制限されていた（一九八二年民事訴訟法（試行）五三条）。行政訴訟でも同様であった。その後、前者は二〇一五年改正行訴法で解消されたが、後者は維持されている（現行三二条）。[76]このほか一九九一年細則二七条も参照）。もう一つは、地理的制限を受ける点である。すなわちサービス従事者の訴訟代理権には「当事者の一方が当該管轄区内にいること」という制約がある（一九九一年細則二四条四号。司法部「基層法的サービス従事者は当事者のいずれの一方も当該管轄区内にいない民事経済行政訴訟事件を代理することができないことに関する批復」（二〇〇二年一二月一〇日）も踏襲）。[77]この「当該管轄区」をめぐる解釈は地方により異なっていたが、[78]二〇一五年に司法部はそれを所属サービス所「所在の県クラス行政区画および直轄市の区（県）の行政区画の管轄区を指す」とした

（同「基層法的サービス従事者の訴訟代理の執務区域の問題に関する批復」（六月二五日））。このほか最高人民法院「『民事訴訟法』適用に関する解釈」（二〇一五年二月四日施行）八八条二号は、サービス従事者に「当事者一方が当該管轄区内にいることの証明資料」の提出を義務づけた。とくにこの影響は大きく、たとえば青海省の独立採算のサービス所（計一六所）の収入は前年比六〇％減であったという。[79]

②状況

絶対数において、サービス従事者は一貫して弁護士よりも少ない（図1参照）。弁護士はおおむね順調に成長してきた。他方、サービス従事者も一九八八年から二〇〇二年までプラス成長が続き、[80]その間の平均成長率は弁護士の倍以上あった。だが、それ以降は基本的に横ばいである。

両者を比較すれば、一九九一年から二〇〇三年まで、および二〇〇七年におけるサービス従事者の受任件数は、弁護士のそれの半数を超えていた。とくに一九九六年から二〇〇三年までは六割を超え、最高は二〇〇一年の六七・九％であった（「サービス従事者／弁護士」参照）。近年は両者の差が広がっているが、サービス従事者はなお弁護士の約二〇％に相当する量を取り扱っている。

なお、近年の一人当たりの受任件数については、サービス従事者の方が多い。すなわち二〇一二年から二〇一七年（二〇一六年を除く）までの平均で、弁護士のそれが八・六件であったのに対して、サービス従事者のそれは一一・三件であった。このことはサービス従事者の訴訟代理に対する需要が安定して存在していることを意味すると考えられる。[81]

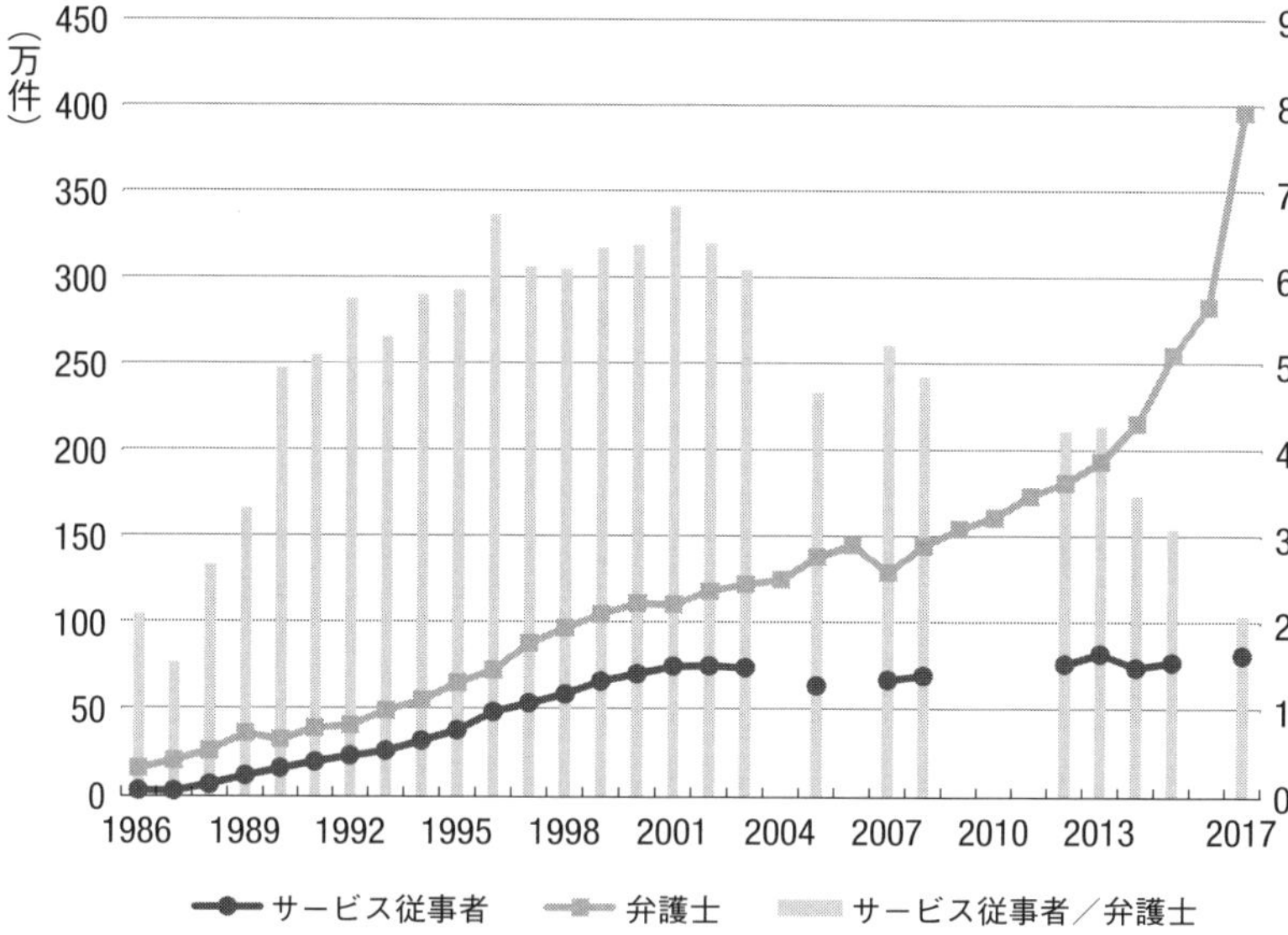

図1　民事・行政訴訟代理（1986～2017年）

(2) 非訴訟法律事務

①概要

サービス従事者が取り扱う[82]非訴訟法律事務は、①争いのない民事・行政法律事務、②争いはあるが、法により非訴訟手続により解決することができる法律事務（調停・仲裁への代理参加）、③行政不服審査の申立てである（一九九一年細則三八・四五条）。

他方、これに類する弁護士の業務としては、「非訴訟法的サービスの提供」がある（弁護士法二八条六号）。とはいえ、両者には次の三点のズレがある。まず、サービス従事者にとっては独立の業務である①調停主宰および②公証申請代理は、弁護士においては「非訴訟法的サービス」に含まれる[83]。他方、③調停・仲裁に一方当事者の代理人として参加することは、サービス従事者では「非訴訟法律事務」に分類されるが、弁護士では独立の業務とされる（同条五号）。このように両者にはズレがあり、しかもそのズレの大きさがわからないことに留意する必要がある。

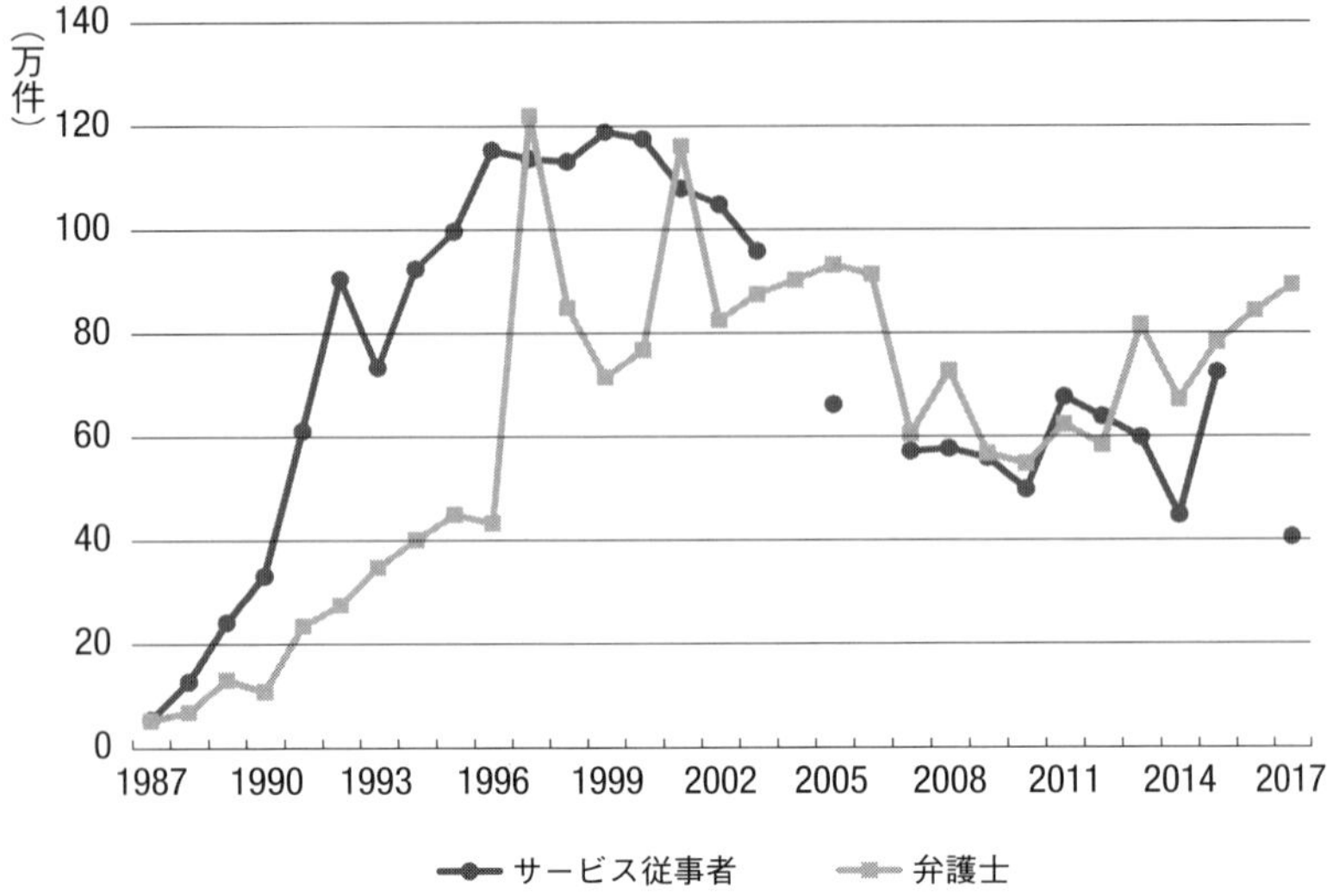

図2　非訴訟法律事務（1987～2017年）

②状況

図2から次の三点がわかる。①両者は基本的に拮抗してきた。②二〇〇三年まではサービス従事者の受任件数が弁護士のそれを基本的に上回っていた。[84] ③二〇一七年はサービス従事者の受任件数が大幅に減り、弁護士のそれ（八九・四万件）の半分に満たなかった。前者の減少の理由は不明である。

なお、絶対数において両者は一見「良い勝負」をしているが、それは皮相にすぎるであろう。というのも、（先のズレとは別に）具体的な業務内容には大きな差があるとされるからである。すなわち、サービス従事者が受任する非訴訟法律事務の多くは、日常的な「些事」であり、経済的な見返りも大きくはなく、弁護士が受任することを「潔しとしない」ものとされる。他方、弁護士が受任するそれは、とくに北京・上海等の先進都市においては、金融・投資・M&A・事業再生・建設プロジェクト・渉外法務等の「ハイエンド」領域であり、今や「非訴訟事務は弁護士業界の最大の『宝の山』になっている」という。[85] なおこうした差異

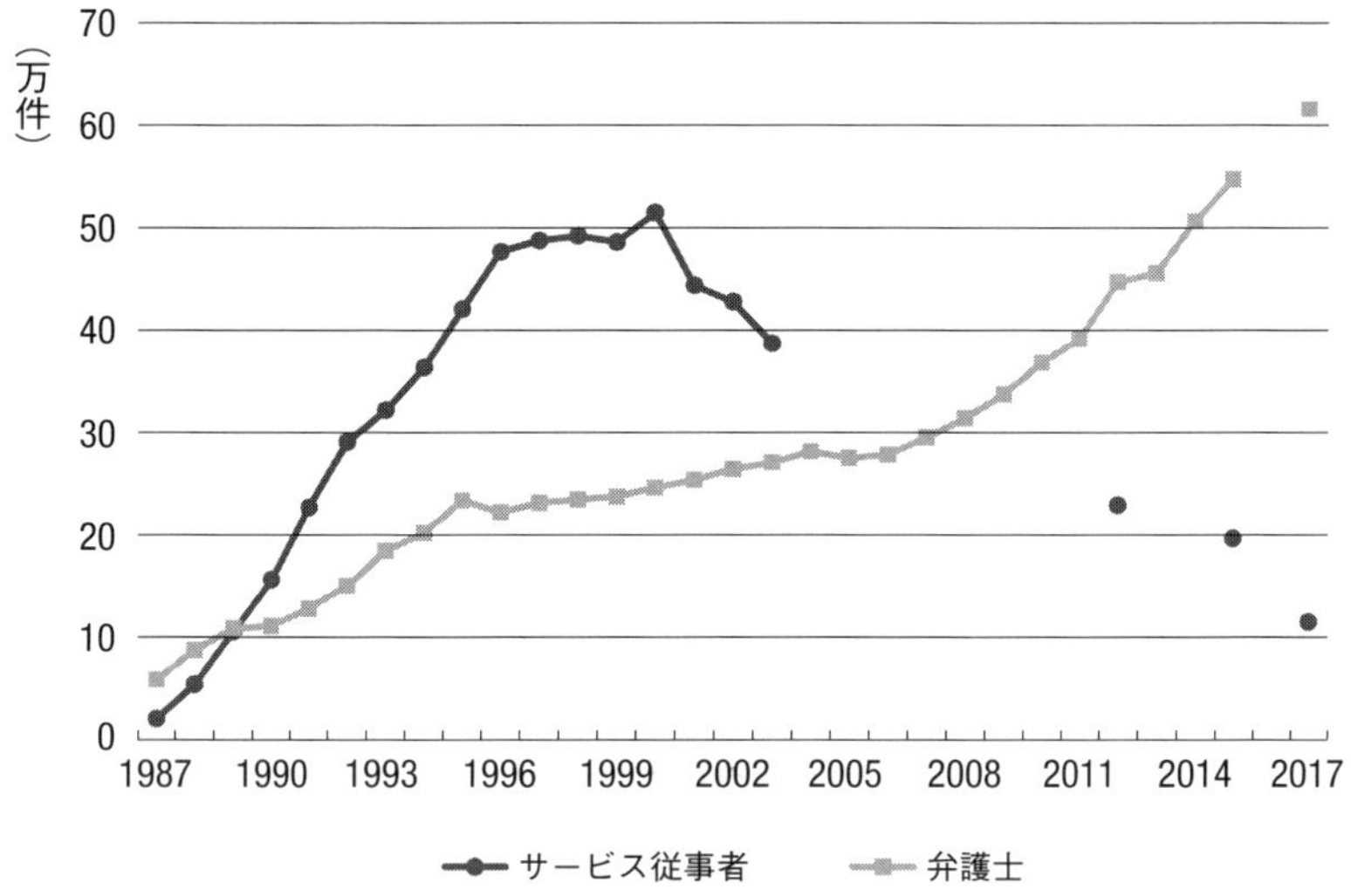

図3　法律顧問（1987～2017年）

は他の業務内容についても妥当する。この点については次節で改めて取り上げる。

（3）法律顧問

①概要

法律顧問の対象は「当該管轄区内の」各主体とされた（一九九一年細則一三条一項）。もっとも訴訟代理とは異なり、その具体的な内容について司法部の見解は示されていない。(86)

②状況

法律顧問の受任件数は、当初弁護士の方が多かったが、一九九〇年にサービス従事者が上回り、二〇〇〇年にそのピークに達した（五一・六万件。なお弁護士は二四・七万件）。

もっとも、その後サービス従事者が減少に転じたのに対して、弁護士は増加を続けた。その後両者は逆転し（その時点は特定不能）、二〇一七年時点では弁護士が六一・七万件であったのに対して、サービス従事者は一一・六万件（前者の一八・八％）に落ち込んでいた。(87)

なお、両者の和は一九九五年から二〇一七年まで（二〇〇四年以降は断片的だが）おおむね七〇万件±五万件の範囲にある。この間、両者が限られたパイを奪い合った結果、弁護士が優勢になったと映る。

（4）法律相談

①概要

法律相談の内容は多岐にわたる。民事・行政法のみならず、刑事法をも含み、さらに［政策］についても「知悉するところの関係政策の規定により回答することができる」。また「この業務を通じて法制宣伝教育を行う」ものとされている（一九九一年細則六四・六五条）。

②状況

まず、一九八八年の取扱量は際立って多い（延べ一二三六二万人、前年の五倍以上）。これは法務コンサルタント機構（サービス所とは別）の分も計上されたためである[88]。他方、二〇一〇年は五〇万件と際立って少ない。その理由は不明である。誤植かもしれない。いずれにせよ、これらは考慮の埒外に置くこととする。

その上で両者を比較すると、まず一九八七年から二〇〇三年まではサービス従事者の方が多かった。また、それ以降もおおむね拮抗しつつ、全体としてはサービス従事者の方が若干多いといえよう。その背景としては、法律相談が初級・簡単な法的サービスであることから、価格差が影響していること等が指摘されている[89]。これにはサービス従事者の費用が相対的に低いこと（詳しくは次節（1）参照）のほか、その法律相談については比較的簡易であれば無償とされている（一九九七年費用辦法九条）ことの影響も含まれると考えられる。

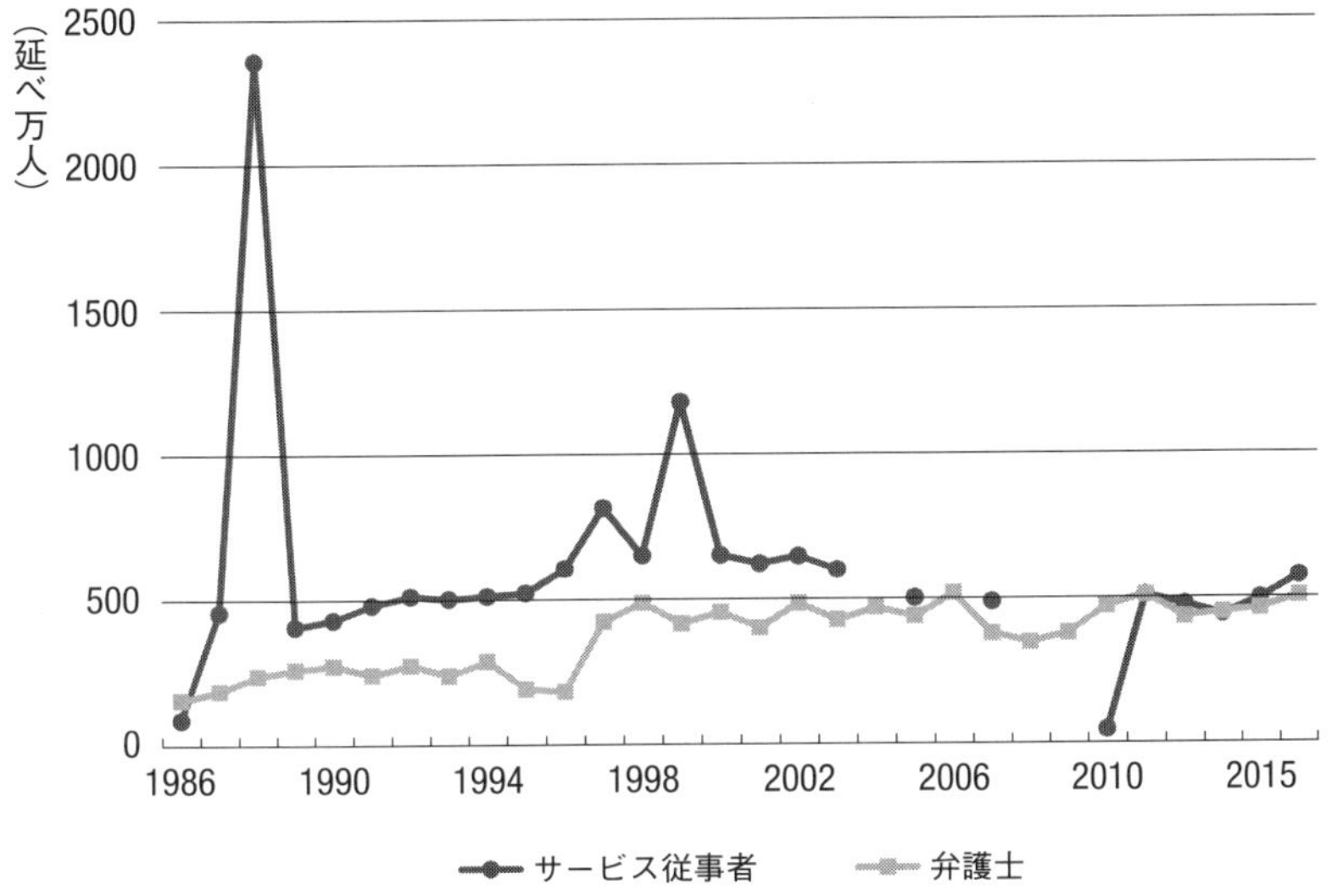

図4　法律相談（1986～2015年）

（5）代書

①概要

対象となる法律事務文書は法的意味のある文書であり、民事・刑事・行政法律事務文書（訴状、執行申立書等）や民事・行政非訴訟法律事務文書（契約書、定款［章程］等）が例示列挙されている（一九九一年細則七二条）。

②状況

サービス従事者のデータは二〇〇四年以降不明である。それ以前における受任件数は、おおむね弁護士を上回っていた。なお、弁護士の受任件数は二〇〇七年に激増し、その後もその水準を維持している。激増の原因は不明である[90]。

（6）法律扶助

①概要

法律扶助が国家事業として実施されるようになったのは、一九九〇年代後半からであった[91]。その基本法たる国務院「法律扶助条例」（二〇〇三年九月一日施行）

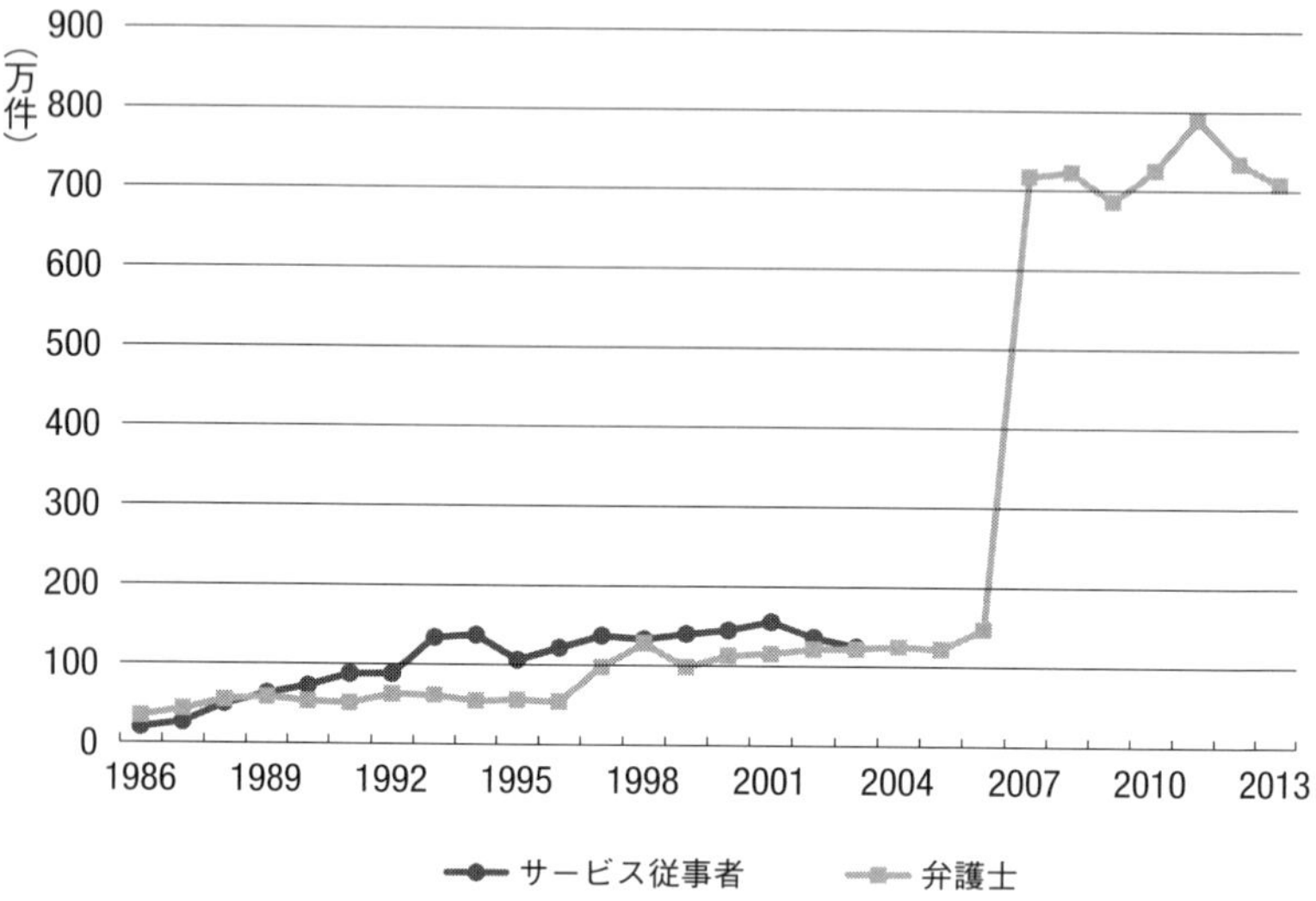

図5　代書（1986～2013年）

によれば、法律扶助とは法律相談・代理・刑事弁護の無償提供を意味する（二条）[92]。サービス従事者は弁護士と同様に、法律扶助義務を負う（従事者辦法四〇条、弁護士法四二条）。同義務は具体的には、法律扶助機構が指定した法律扶助事件を毎年一定数担当する義務であり、各人が負う[93]。事件を担当した弁護士・サービス従事者には手当が支給される（同条例二四条）。なお、民事・行政代理扶助の受給要件として事件類型要件および資力要件がある。同条例は前者について国家賠償・最低生活保障待遇・扶養費・労働報酬の給付請求等を定める（省クラス政府は拡張可。以上について同条例一〇・一三条）。また後者については、一般に資力基準の設定額が低すぎる（ハードルが高くなる）ことが問題視されている[94]。

②状況

法律扶助（訴訟・非訴訟代理）において、サービス従事者は弁護士に匹敵する活躍をしてきた（表2参照）。その主な要因としては、事件の制約と手当の低さが考えられる。前者について、刑事弁護の法律扶助は弁護士に限られている（刑事訴訟法三四条。以前の［指定弁護］も同じ）[95]。そのため、弁護士の法律扶助義務は刑事事件で優先的に履行されることになり、その分民事・行政が手薄になる[96]。実際、管見の限りではあるが、二〇〇七年から二〇一一年までの民事法律扶助においては弁護士よりもサービス従事者の方が多く担当していた。

後者については、一方でインセンティブメカニズムの欠如や手当が安すぎる等のことから弁護士の積極性が乏しいことが[97]、他方ではサービス従事者にとっては合理的な収入といえることが[98]指摘されている[99]。

表2　法律扶助事件の担当比率（単位：%）

年	全事件		うち民事事件	
	弁護士	従事者	弁護士	従事者
2005	42.7	20.7	–	–
2006	39.0	25.3	–	–
2007	36.8	26.3	26.4	36.7
2008	34.8	32.3	26.2	42.1
2009	33.8	34.3	26.5	42.5
2010	32.6	36.7	26.5	43.3
2011	32.0	38.4	26.3	44.3
2012	33.1	38.5	–	44.2
2013	37.9	36.0	–	43.5
2014	39.9	36.1	–	–

出所：『中国法律援助年鑑』法律出版社（2005年版）・中国民主法制出版社（2006～2014年版）。

（7）小括

サービス従事者は各業務において一定の役割を果たしてきたということができよう。ここで特記すべきは、サービス従事者には量的に弁護士に匹敵する業務が少なからずあることである。非訴訟法律事務および法律相談はその代表例である。また時期を限れば、代書および法律扶助もこれに当たり、法律顧問および民事法律扶助に至っては、弁護士を凌ぐほどであった。なお、訴訟代理は弁護士を超えたことがないが、それでも一定量を維持し、また二〇一七年においても、弁護士の約二割に当たる件数を取り扱っている。

このように業務量から見れば、サービス従事者は法的サービスを少なからず供給してきた。しかも、一人当たりの業務量においては、全体としてサービス従事者は弁護士を大きく上回っていた。

四　サービス従事者に対する需要の背景――法的サービスの二層分化を中心に

学識レベルがより高い弁護士がいるにもかかわらず、サービス従事者は一定の、業務・時期によっては弁護士に匹敵し、さらにはそれを凌ぐほどの法的サービスを供給してきた。こうした状況はいかにもたらされたのか。その要因としてはすでに述べた（前節（1）参照）ように、利用者がサービス従事者と弁護士を区別できていないことが考えられる。本節ではさらにサービス従事者のアクセシビリティの高さと弁護士の事件選別という点から、この問題をときほぐしたい。

（1）サービス従事者のアクセシビリティの高さ

ここでアクセシビリティとは、物理的・経済的・心理的なそれを考えている[100]。それぞれ具体的に弁護士と比べて物理的な距離が近いこと、経済的コストが低いこと、および心理的な距離が近いことを指す。以下、順に見ていく。

①物理面

一般に弁護士については都市部、とくに大都市集中・偏在が問題視されている。その表裏として、発展途上地域、とくに農村の弁護士「不足」が深刻な問題とされている[101]。その要因としては、農村では事件数が少なく、また高額の報酬を望めないため、事務所の存続が困難であることが指摘されている[102]。

他方、基層法的サービスはそうした農村において誕生し、また農村を中心に発展してきた。一九八九年にはサービス所の九七％が、また一九九一年には八九・九％が郷鎮にあった。農村におけるその身近さは、弁護士と比べようもない。

もっともその後、郷鎮所は減少傾向にある（表3参照）。とはいえ、それでもなおサービス所は、弁護士事務所と比べれば相対的にはこのアドバンテージを保っているとされる（経済的コストにも影響する）[103]。

②経済面

サービス従事者の費用基準は、弁護士よりも低く設定されるべきとされ（司法部・財政部「郷鎮法的サービス所財務管理辦法」（一九九〇年九月一日発布・施行）三条一項）[104]、また実際にそうされてきた。表4はその一例である[105]。また実際の費用にもかなり隔たりがあるという。たとえば王亜新（清華大学教授）等が江蘇省F市で二〇〇六年春に行った調査によれば、サービス従事者の民事訴訟代理の費用の下限は四〇〇～六〇〇元であるのに対して、弁護士の民事事件の費用基準の下限は一五〇〇元であり、しかも実際に弁護士が受任するには、これを上回る費用が必要となることが多いという[106]。

このほか、サービス所は私有化改革前においては、約三分の一の業務について費用を減免していたという（二〇〇一年私有化紀要二（三））。またサービス従事者は一般に、訴訟よりも低コストの調停による解決を重視するという[107]。

こうした経済的コストの低さは、基層法的サービスが発展途上地域や農村を主な対象とするという「この制度の性質の必然的要求である」[108]とされる。そして利用者の最大の関心事が資格の有無ではなく費用であることから[109]、この点はサービス従事者が弁護士と差別化を図る重要なポイントとなっているという[110]。こうしてサービス従事者は、高額の弁護士費用を負担できず、また要件が厳しい法律扶助を利用できない低収入層（とくに農民）の法的サービス需要を充足する役割を果たしている[111]。

表3　郷鎮所の状況

年	1989	1991	2007	2017
郷鎮所	29,979	28,952	16,535	1.1万強

表4　浙江省における弁護士・サービス従事者の政府指導価対照表

内容		弁護士	サービス従事者
財産関係なし		2,500 ～ 1万元	1,500 ～ 8,000元
財産関係あり	10万元以下の部分	6 ～ 8% （最低2,500元）	4.8 ～ 6.4% （最低1,500元）
	10万元を超えて50万元以下の部分	5 ～ 6%	4 ～ 4.8%
	50万元を超えて100万元以下の部分	4 ～ 5%	3.2 ～ 4%
	100万元を超えて500万元以下の部分	3 ～ 4%	2.4 ～ 3.2%
	500万元を超えて1000万元以下の部分	2 ～ 3%	1.6 ～ 2.4%
	1000万元を超えた部分	1 ～ 2%	0.8 ～ 1.6%

出所：浙江省物価局・同司法庁「弁護士および基層法的サービスの費用の改善に関する通知」（2015年11月15日執行）。

注記：対象は一般的な民事・行政訴訟代理（審級ごと）である。なお弁護士事務所は、重大・難解・複雑事件について依頼人との協議の上で基準の上限の５倍を超えない範囲内で費用を決めることができる（浙江省物価局・同司法庁「弁護士のサービス費用基準の制定に関する通知」（2011年８月１日執行）三）。

③心理面

一般にサービス従事者は庶民にとっては「身近で、呼べばすぐに駆けつけて来、話が合い、信頼できる」［離得近、叫得応、談得攏、信得過］存在とされる[112]。このことは、とくに［熟人社会］（顔馴染み社会）の濃度が高い農村においては重要なプラスポイントとなる[113]。

またサービス従事者の多くは地元民であり、またそうでなくとも同地で長年生活しており、依頼者である地元民と文化的バックグラウンドを共有しており、物事に対して共通の心理的反応を持ち、共通言語も多いとされる[114]。

このほかサービス所は他の法的サービス機構と比べて、その事務所・設備の多くが質素であり、庶民はプレッシャーを感じず、心理的な垣根は低いとされる[115]。他方で司法行政業務への協力を通じて官としての「権威」を一定程度得たりもしていた[116]。

（2）弁護士の事件選別

一般に弁護士は利益・収益性の低い事件の受任に消極的であるという。その典型例は目的額が少額の事件である[117]。また離婚・隣近所のもめ事・不動産財産権紛争等の生活紛争もこれに当たる。これら生活紛争については、そもそも多くの法的専門知識は必要なく、むしろ現地の習俗・人間関係の把握や、「足を使った」調査、「言葉を尽くす」等の手間がより必要となる。これらはむしろ［熟人社会］に身を置くサービス従事者の得意領域といえよう。

こうして弁護士が充実している都市においても、弁護士が受任に消極的である領域においては、法的サービスの供給に空白は生じうる[118]。そして「こうした『ローエンド』の紛争事件は、投入が多く、収益が少ないため、弁護士は往々にしてしたがらず、基層法的サービス従事者のサービスは完全にこの穴を埋めることができる[119]」とされる。

（3）小括

サービス従事者は弁護士と比べて経済的コストが低く、またとりわけ農民にとっては物理的アクセスが容易であり、さらに心理的にも身近で頼れる存在である。他方、たとえ都市であっても、弁護士は利益・収益性が低ければ、受任に消極的となる。そうした場合であっても、サービス従事者は法的サービスを廉価で提供してくれる（そのビジネスモデルは「薄利多売」とされる[120]）。こうした両者の間には一定の棲み分けが形成され（表5参照）、両者の誤認も合わさり、サービス従事者の法的サービスに対する需要が生じていると考えられる。なお、この棲み分けは相対的・流動的なものであり、交錯領域においては競争が生じている[121]。

表5　弁護士とサービス従事者の棲み分けの概要

	弁護士	サービス従事者
所在地	主に都市	都市と農村
費用	高い	安い
取扱い案件	重大・難解事件	少額・簡単な民事・行政事件
サービス	ハイエンド・高ランク	ローエンド・低ランク
客層	一定の資力のある者	低収入層

出所：董開軍・前掲注（23）253～255、259頁をもとに筆者作成。

おわりに

サービス従事者が産声を上げてから、すでに四〇年近くが経った。前半はおおむね順風満帆に成長してきたが、その後は基本的に逆風に晒されてきた。しかもその一方で、より高度な学識を擁する弁護士は成長の一途を辿っている。こうした逆境の中、サービス従事者は人数的にはピークを過ぎたが、業務量においてはなお一定の存在感を示している。そして本章は、その需要を支えているのは、一部の利用者が両者を区別せず、まとめて「弁護士」と捉えている現状、および両者の間で形成されている一定の棲み分けであると考える。

もっとも、だからといって本制度が安泰であるとはいいがたい。それは本質的には補充性という本制度の基本的性格による。すなわち、司法部は新両辦法の施行を控えて、本制度の性格を「補充性・公益性・段階性」と定式化した（同「改正後の『基層法的サービス所管理辦法』および『基層法的サービス従事者管理辦法』の学習貫徹活動に関する通知」（二〇一七年一二月二五日）一）。ここでの「補充性」は具体的には、本制度の「主な機能は弁護士サービスに対する補充である」ことから、「弁護士資源が比較的充実している……市直轄区〔都市中心部〕においては原則として今後基層法的サービス隊伍を発展させず、〔そうではない〕農村においては必要により秩序立てて基層法的サービス隊伍を発展させ〔る〕」ことを意味する（本章のいう「補充性」と同旨と解される）[122]。また「段階性」は非永続的であることを指す[123]。これは（少なくとも本章のいう）補充性の論理的帰結といえよう。

もっとも、弁護士過疎地域の解消にはなお一定の期間が必要となろう[124]。しかしそこではサービス所の存続も容易ではない（第四節（1）参照）。さらに新サービス所辦法は両所分離を定めた（七条四項）。また「国有性質の官営」体制の維持は私有化改革に逆行するものであり、これを基礎に据えることは難しいであろう。基層法的サービスは、今後いかに生存（あるいは転生）を図っていくのであろうか[125]。引き続き注視していきたい。

謝辞

ヒアリング調査に際しては多くの方のご協力を得た。とくに陳宜氏（中国政法大学副教授）には聯合所・華宇所調査をアレンジしていただいた。また方建銀氏（聯合所）にはお忙しい中で二度も快く迎えていただいたのみならず、誠天所・政通所・光正所調査のアレンジおよび各所への案内の労を執っていただいた。ここに記して各位に謝意を表したい。

なお、二〇一八年五月の調査は二〇一八年度稲盛財団研究助成による。

［注］

（1）本章において「法的サービス」とは、「法律問題の処理のために、法に関する専門的知識・技能に基づいてその当事者に対して供与される、さまざまの形の助力活動」（六本佳平『日本の法と社会』有斐閣（二〇〇四）一〇二頁）とする。

（2）《当代中国》叢書編輯部編『当代中国的司法行政工作』当代中国出版社（一九九五）三〇五―三〇六頁、田中信行「中国弁護士制度の改革と課題」社会科学研究四八巻六号（一九九七）二〇三―二一五頁参照。

（3）旧称は「郷鎮（の）法務従事者」であった（一九八七年規定五条二項）。ちなみに、弁護士は当時「国の法務従事者」と呼ばれていた（弁護士暫定条例（一九八二年一月一日施行。一九九七年一月一日廃止）一条）。なお、「郷」・「鎮」はともに県クラスの直近下級行政区画である。

（4）なお、中国の法的サービス提供者はこれらだけではない。

（5）一九九〇年代においては弁護士・公証人と共に「三本柱」とされていた（「張耕同志在全国基層法律服務工作会議上的講話」『中国司法行政年鑑（一九九八）』法律出版社（一九九九年）三四八頁参照。なお以下同書を『中国司法行政年鑑（年）』と略して引用する。各年版『中国法律年鑑』法律出版社（一九八七～一九八九年版）・中国法律年鑑出版社（一九九〇～二〇一七年版）も同様とする）。

（6）鈴木賢「〔補論〕中国の法曹制度」広渡清吾編『法曹の比較法社会学』東京大学出版会（二〇〇三）三七六頁。

（7）比較的まとまった記述として、鈴木・前掲注（6）三七六頁参照。また調停を中心とするが、宇田川幸則「中国における公安機関による私人間紛争の解決（一）」関西大学法学論集四九巻五号（一九九九）一七二―一七四頁もある。

（8）なお中国においても「中国の法務従事者において、基層法的サービス従事者は性質が最も曖昧模糊とし、業務職能が最も多様であり、争いが最も大きい集団であると同時に、最も注目されていない法律職集団であるかもしれない」（朱景文主編『中国法律発展報告2012――中国法律工作者的職業化』中国人民大学出版社（二〇一三）三八六頁）とされる。

（9）紙幅の都合から、その他の作業については他日を期す。たとえば歴史・制度の記述といった基本的な作業も、本章では必要最小限にとどめる。また二〇一八年に基本法たる従事者辦法およびサービス所辦法が改正されたが、この点についても基本的に触れない。なお、サービス従事者・基層法的サービス所（以下「サービス所」と略）は単なる法的サービス提供者に止まらず、「司法行政」の補助者・実働部隊という側面もあり、「政法基層組織」と位置づけられる場合（第一節参照）には、こちらのウェイトの方が大きい（張祖明主編『基層法律服務制度与実務』華東理工大学出版社（二〇〇三）一五頁参照。なお「司法行政」の意味は広い。たとえば張福森（元司法部長）は「司法に関係する行政または行政管理である」とし、主な職能として法的サービス、法制宣伝、刑の執行（一部）、人民調停、司法試験、司法共助等を挙げる。張福森『司法部長談司法行政』法律出版社（二〇〇六）二五、二八頁参照）。この点は組織運営の面でも重要であるが、同様に他日を期す。

（10）当初は公証人も併記されていた（前掲注（5）参照）が、その後は一般に弁護士しか言及されなくなった。公証人については、本章では割愛する。

（11）名称はさまざまであった（たとえば『中国司法行政年鑑（一九九五）』一四三、一七六、一八〇頁参照）。

（12）後述（後掲注（122）部分参照）のように、司法部のいう「補充性」も同旨と解される。

（13）「街道」とは区・区を置かない市の直近下級行政区画である（地方各級人民代表大会および地方各級人民政府組織法五三条三項）。なお、実際にはこれら以外のサービス所も存在していた（二〇〇〇年意見四参照）。

（14）「基層政権の司法行政職員」（司法部「司法補佐員活動暫定規定」（一九八一年）二条）である。

（15）一九八七年規定二条、司法部「『郷鎮法的サービス所の暫定規定』に関するいくつかの説明」（年月日不明）三参照。

（16）その前身は一般に「司法事務室」「司法辦公室」とされる（狄馨萍・邢文静「新中国基層司法行政、法律服務与法律援助事業」程維栄等『新中国司法行政60年』上海社会科学院出版社（二〇〇九）二三二頁参照）。以下では便宜的に「司法所」で統一する。

（17）「合署辦公」、「一套人馬、両塊牌子」（陣容は同じだが、二枚別の看板を掲げている）等と呼ばれた（前者は多義的であり、オフィスの共用から後者までをも含みうる。朱景文主編『中国法律発展報告――数拠庫和指標体系』中国人民大学出版社（二〇〇七）三七八―三七九頁参照）。

(18) 以上についてはとくに注記のない限り、《当代中国》叢書編輯部編・前掲注（2）四五七頁以下、陳俊生「1979―1993年的基層法律服務工作」『中国司法行政年鑑（一九九五）』二九―三〇頁、傅郁林「中国基層法律服務現状与発展――以農村基層法律服務所為窓口」同主編『農村基層法律服務研究』中国政法大学出版社（二〇〇六）九―一二頁参照。

(19) 馬建栄主編『基層法律服務（第二版）』中国政法大学出版社（二〇一四）四頁参照。

(20) 中共中央・国務院「第三次産業の発展を加速させることに関する決定」（一九九二年）（八）・（一二）、中共中央「社会主義市場経済システムの樹立の若干の問題に関する決定」（一九九三年）（14）、陳俊生・前掲注（18）三二頁参照。

(21) 二〇〇一年私有化紀要二参照。

(22) 一九九九年時点で分離していたサービス所は二〇・九％であった。

(23) とくに発展途上地域では司法所のサービス所への依存が際立っているという（董開軍主編『司法行政学』中国民主法制出版社（二〇〇七）二五五頁参照）。なおより踏み込んだ分析として、傅郁林（北京大学教授）はサービス所が経済的・人的資源を供出する代わりに、司法所と一体化することによりサービス従事者が政府／官的色彩を帯び、一定の「権威」・競争力を得るという共生関係を指摘する（同・前掲注（18）二八頁参照）。

(24) 傅郁林・前掲注（18）一一頁参照。

(25) なお司法部は一九九七年一一月時点ですでに、街道所については実際の需要を十分に考慮し、今後は原則として新設を認めず、現存するサービス所については整頓してレベルアップを図る方針を示していた（張耕・前掲注（5）三四九頁参照）。

(26) その主な要因としては、都市の収益性の高さがある（たとえば董開軍・前掲注（23）二五七頁参照）。

(27) 二〇〇〇年意見二（二）、司法部司法研究所「関於律師事務所与法律服務所設置及業務範囲劃分的専題調研報告」傅郁林・前掲注（18）書五七―五九頁参照。

(28) 二〇〇〇年私有化意見参照。なお、［脱鈎］とは従来の運営主体または従属先の組織と人員・財務・業務・名称面の関係を解除することを（同二）、［改制］とは所有制改革を意味する。またこの改革は、先述の一九九二年以降の改革の延長線上に位置づけることができる。

(29) 独立採算できない場合は暫定的に現状維持が認められた。以上について二〇〇〇年私有化意見二参照。

(30) 狄馨萍・邢文静・前掲注（16）二三六頁参照。二〇〇一年私有化紀要二（一）によれば、「全国の半数近くの所がなお独立採算を果たせておらず、収入で維持費を賄うことができる所は一割強しかない」という。なおサービス所の減少については、サービス所辦法の要件を充たさないサービス所を廃止したという要素もある（『中国司法行政年鑑（二〇〇二）』一三頁参照）。また私有化改革は今日でも未完である（新サービス所辦法七条二項参照）。

(31)「段正坤同志在全国司法庁（局）長座談会上的発言」『中国司法行政年鑑（二〇〇三）』二八〇頁、「関於拓展和規範法律服務問題的思考——段正坤同志在全国司法庁（局）長座談会上的発言」『中国司法行政年鑑（二〇〇四）』二六七頁参照。

(32) 傅郁林・前掲注（18）一五頁参照。

(33) これによりサービス所の変更・廃止もできなくなったとする地方もある（陝西省司法庁課題組「陝西省農村法律服務工作調研報告」中国司法二〇〇九年八期一八頁参照）。他方、温州市ではそれらは可能であると解され、廃止すべきサービス所を廃止せずに残しておき、新規参入希望者があらわれた場合に変更手続により、同人に当該サービス所を引き継がせるという（聯合所調査）。

(34) 退場したサービス従事者は法務コンサルタント機構に勤めたり、「闇弁護士」になったりするという（劉思達『割拠的邏輯：中国法律服務市場的生態分析（増訂本）』訳林出版社（二〇一七）三〇頁参照）。

(35) それぞれ二〇〇一・二〇一二年であった。このタイムラグは事務所一ヶ所当たりの人員数（事務所の規模）の差によるものと考えられる。

(36) たとえば司法部「司法行政活動が社会主義新農村建設に奉仕することに関する意見」（二〇〇六年）二（一）、中共中央「法による国家統治の全面的推進における若干の重大問題に関する決定」（二〇一四年）六（三）参照。

(37) たとえば司法部司法研究所・前掲注（27）六一頁、陳宜『我国基層法律服務工作者的現状与発展対策研究——兼論法律服務市場的規制』中国政法大学出版社（二〇一五）一五三頁参照。

(38) 兼業者には専業者よりも高いハードルが課されてきたが、ここでは最低限度を示す後者に限る。

(39) 任永安・盧顕洋『中国特色司法行政制度新論』中国政法大学出版社（二〇一四）三〇二頁参照。

(40) サービス従事者における弁護士有資格者は、二〇〇三年時点で全体の三％であった（董開軍・前掲注（23）二五六頁）。なお光正所調査において、司法試験に合格したが、主に業務上のストレス・プレッシャー等から弁護士の道を選ばなかったサービス従事者に出会った。

(41) これは当時の一般的な郷鎮幹部と基本的に同じであった（中央組織部・労働人事部「郷鎮幹部を補充するに当たっては選任制および雇用制を実施することに関する暫定規定」（一九八七年三月一四日）三条参照）。なお、一九八九年建設意見四（四）は郷鎮政府の配置転換により異動してきた幹部については、学歴要件も筆記試験も明記しなかった。また当時、高卒者自体が多くはなく、就職前における高校段階の総就学率（「毛入学率」、“Gross Enrollment Ratio”）は、一九九一年で二三・九％であった（「各級教育毛入学率」中華人民共和国教育部（http://www.moe.gov.cn/s78/A03/moe_560/jytjsj_2014/2014_qg/201509/t20150901_204903.

html）参照）。

（42）弁護士は資格職であったが、一九八八年以前においては基本的に、その資格は弁護士業に従事している一定の者に付与されていた（陳衛東・王家福主編『中国律師学』中国人民大学出版社（一九九〇）六八頁参照）。なお、当時は弁護士資格を持たない者でも弁護士業務を行うことができた（たとえば司法部「目下の弁護士資格審査承認活動における若干の問題に関する通知」（一九八一年二月一七日。一九九三年九月九日廃止）三参照）。

（43）陳衛東・王家福・前掲注（42）六五頁参照。

（44）なお、地方によっては嵩上げ規定を設けている。たとえば重慶市人大常委会「重慶市基層法的サービス条例」（二〇一二年一月一日施行）は法学専攻短大卒または非法学専攻学部卒の学歴を求める（七条三号）。

（45）汪習根「論中国法学教育改革的目標模式、機制与方法——基於〝研究性学習〟新視角的分析」法学雑誌二〇一一年五期八頁。なお二〇一八年から「国家統一法曹資格試験」に改められた（二〇一八年弁護士法五条一項二号等）。

（46）それ以前からも、地方によっては試験が行われていた（『中国司法行政年鑑（一九九八）』一八頁参照。また一九八九年建設意見四（三）参照）。

（47）傅郁林・前掲注（18）一七頁、任永安・盧顕洋・前掲注（39）三〇二頁参照。第一回は受験申込者を基本的に現職者に限り（実は第一回弁護士試験も同様であった（陳衛東・王家福・前掲注（42）六五頁参照）。なお受験者は九・五万人であった）、また合格率は、筆者の計算によればおおむね九割であった（司法部「二〇〇〇年全国基層法的サービス従事者執務資格試験の合格確認・資格授与および執務登記を改めてする活動に関する通知」（二〇〇一年三月一日）、『中国司法行政年鑑（二〇〇二）』一七頁参照）。ちなみに華宇所調査によれば、本（大綱）が二冊配布され、それをしっかりと読めば合格できたという。

なお、資格取得ルートには試験以外に審査［考核］もあった（要件はより厳しい。従事者辦法八条参照）。第一回試験に際しては試験との「衝突を避けるため」、先に審査が行われ、そこではベテラン従事者を対象に学歴要件を度外視した例外が認められた（司法部「全国基層法的サービス従事者執務資格試験および審査活動の組織に関する通知」（二〇〇〇年六月七日）三（一）・（七））。

（48）その後、二〇一二年に「区を置く市クラス人民政府司法行政部門」に包括的に委譲された（国務院「第六期行政審査承認項目の取消しおよび調整に関する決定」）。

（49）たとえば四川省人大常委会「四川省基層法的サービス条例」（二〇〇四年九月二四日改正・公布・施行）一一条一項四号参照。もっとも、試験が毎年行われるとは限らない（たとえば北京市通州区について陳宜・前掲注（37）六八—六九頁参照）。

（50）なぜなら、「サービス所は弁護士の揺り籠」（華宇所調査）といわれるように、サービス従事者は司法試験受験生が就くことのできる職だからである（劉思達・前掲注（34）一〇八頁）。

(51) 一九八九年建設意見は筆記試験合格者にサービス所における三ヶ月の試用への合格を義務づけていた（四（三））。

(52) 茅彭年・李必達主編『中国律師制度研究』法律出版社（一九九二）一二〇頁参照。なお母数には補助者が含まれている可能性がある。

(53) 朱景文・前掲注（17）三四六頁参照。さらに二〇一二年には学部卒以上が九割を超えた（『中国法律年鑑（二〇一三）』一二四頁参照）。

(54)「民事訴訟」とは別に「経済訴訟」があった時期もあったが、その後、後者は前者に吸収された。本章では便宜的にそれ以前についても合わせて「民事」と表記する。

(55) その取扱件数は人民調停（無償）よりも少なく、近年は差が広がっており、一割未満である（年間七〇〜八〇万件）。もっとも、本業務が有償であることを考えると、これにはなお一定の需要があるといえる。なお、サービス従事者は後述⑧の一環として司法所等の名義で調停を主宰したり、人民調停委員会を指導し、調停に参加したりすることもあるが、法的にはそれぞれ司法補佐員の調停（行政調停）・人民調停と位置づけられる（張祖明・前掲注（9）一三八―一四六頁参照）。ちなみに江蘇省無錫市ではサービス従事者全員が人民調停員を兼任しているという（華宇所調査）。

(56) 一九八七年から一九九八年までは、協力件数はおおむね全体の三割以上であった（一九九一年は五五％）。なお二〇〇四年以降の統計は管見に及ばない。

(57) 一九八七年規定四条も同旨とされる（朱景文・前掲注（8）四〇八頁）。なお少なくとも⑧は法的サービスに当たらないと考える。

(58) 王勝明・趙大程主編『中華人民共和国律師法釈義』法律出版社（二〇〇七）三六頁参照。

(59) たとえば直近改正前の民訴法・行訴法によれば、法院の許可があればよかった（民訴法五八条二項、行訴法二九条二項）。

(60) 王勝明主編『中華人民共和国民事訴訟法釈義（最新修正版）』法律出版社（二〇一二）一二九頁、信春鷹主編『中華人民共和国行政訴訟法釈義』法律出版社（二〇一四）八二頁参照。なお、サービス従事者が国民代理として弁護人となることができるか否かについての一般的状況は不明である。華宇所調査においては、被告人が親族であり、サービス所主任の承認を得、無償であれば可能であるとの回答を得た。

(61) 司法部・国家工商行政管理局「法務コンサルタントサービス機構の管理の強化に関する若干の規定」（一九八九年七月一五日。二〇〇四年八月一七日廃止）、司法部・国家工商行政管理局「法的サービスの管理の一層の強化の関係問題に関する通知」（一九九二年六月二〇日。二〇〇四年八月一七日廃止）二条、司法部「国民個人が承認を得ずに有償法的サービスに従事してはならないことに関する批復」（一九九三年八月三一日。二〇一四年四月八日廃止）。しかし、これらはいずれも失効した。ただしこのことは規制がなくなったことを直ちに意味するものではなく、その後も有償国民代理を禁止する地方の規定が制定されている（たとえば重慶市高級人民法院「国民が民事訴訟を代理することの若干の問題に関する規定」（二〇一三年四月七日）五条七号参照）。

(62) たとえば一九八七年規定、一九九七年費用辦法三条三号参照。

(63) 弁護士法は法律であり、それは司法部の規定（せいぜい部門規則）に優位する（立法法（二〇〇〇年七月一日施行。二〇一五年改正前）七九条一項）。

(64) なお、かつて裁判官であった者は、裁判官離任後二年以内は原勤務法院が審理する訴訟事件の代理人となることはできない（従事者辦法四一条二項）。

(65) 一九八五年通知（二〇一四年廃止）、劉思達・前掲注（34）七八頁参照。

(66) 劉思達・前掲注（34）八一頁参照。また聯合所調査によれば、最初期（一九八〇年代中頃と目される）には刑事弁護が認められていたという。

(67) 孫強主編『基層法律服務工作指南』中国法制出版社（二〇一五）九六―九七頁参照。聯合所・政通所調査では両業務共に取り扱っているとの回答を得た。他方、華宇所調査では後者は取り扱っているが、前者（自訴原告の代理）は不可との回答を得た。なお、高潔如主編『基層法律服務実務』法律出版社（二〇一七）一六頁は少なくとも前者について否定説に立つ。

(68) 朱景文・前掲注（8）四一二頁参照。

(69) 陳栄卓・唐鳴「城郷基層法律服務所改革：区域選択与実践比較」江漢論壇二〇一〇年二期一〇四頁参照。

(70) 朱景文・前掲注（8）四一二頁参照。

(71) サービス従事者職の社会的認知度が低いため、「民衆はこの集団と弁護士とをほとんど区別しがたい」（朱景文・前掲注（8）四三五頁）という。さらに、意図的に弁護士と誤認させようとするサービス従事者もいるという（呉鈺鴻「関于基層法律服務工作存在的問題与改革的方向」中国司法二〇〇六年一期六八頁参照）。

(72) 朱景文・前掲注（17）三九〇頁、劉思達・前掲注（34）八七―八八頁参照。なお両サイドの見解の相違については、司法部司法研究所・前掲注（27）五六頁以下参照。

(73)「張福森同志在加強大中城市社区法律服務工作座談会上的講話」『中国司法行政年鑑（二〇〇三）』三三九―三四〇頁参照。さらに朱景文・前掲注（8）四一二頁参照。

(74)「張福森同志在全国司法庁（局）長座談会上的講話」『中国司法行政年鑑（二〇〇四）』二七四頁参照。
(75) 朱景文・前掲注（8）四一二頁、劉思達・前掲注（34）三〇頁参照。
(76) 信春鷹・前掲注（60）八三―八四頁参照。
(77) とくに私有化している場合には、地元政府の非営利事業ではないにもかかわらず、地元のみに提供を制限することに対しては、サービス従事者側から強い反発を招いている（聯合所調査、華宇所調査）。従事者の中には司法部を被告として行政訴訟を提起した者もいるが、門前払いされた（たとえば（二〇一五）三中行初字第〇〇六二八号。「中国裁判文書網」（http://www.court.gov.cn/zgcpwsw/）参照）。
(78) たとえば省直轄市（江蘇省高級人民法院・同司法庁・同公安庁「国民が依頼を受けて訴訟活動に参加する資格の審査の規範化に関する若干の規定」（二〇〇三年九月二八日）二（二））や県直轄区または区を置く市（州）の市街区（湖南省司法庁「基層法的サービス活動を一層強化し、および規範化することに関する意見」（二〇一一年四月一八日）三（三））があった。なお「地域外の事件受任現象は経常的に生じている」（傅郁林・前掲注（18）二二頁）という。
(79) 青海省司法庁課題組「青海省基層法律服務体系建設的調査与思考」中国司法二〇一六年二期三八頁参照。
(80) ここから一九九七年弁護士法一四条の影響が大勢に影響しなかったと判断した。
(81) なお、二〇一三年のサービス従事者の受任件数は前年比七・八％増であった。これには先述の民訴法改正の影響があったと推測される。もっとも、二〇一四年は前年比九・六％減であった。
(82) 一九九一年細則は［代理］を用いるが、後述の①には法律意見書の作成（同四二条）や（契約の）立会いも含まれるとされる（張祖明・前掲注（9）八七頁、孫強・前掲注（67）一二四―一二六頁参照）。これらは「代理」に当たらないと思われるため、本章ではさしあたりこのように意訳する。
(83) 一九九一年細則五章・四八・八五条、王勝明・趙大程・前掲注（58）九三頁参照。
(84) なお一九九七年に弁護士の受任件数が前年の三倍近くに増えた理由について、冉井富・周琰は需要の増大のほか、司法行政機関が弁護士の業務開拓を推進したことを指摘する（同「我国律師業務発展研究報告」中国司法二〇一三年六期三四頁参照）。
(85) 朱景文・前掲注（8）四一四―四一五頁参照。
(86) 孫強・前掲注（67）六一頁は他の鎮の主体の法律顧問になることはできないとする。なお、聯合所・華宇所調査では、地理的制限はないとの回答を得た。後者によれば、それは禁止規定がないためである。
(87) なお、近年は政府によるサービス購入［政府購買服務］の一環として、村等に法律顧問を付す動きが活発しており、弁護士と共にサービス従事者もその活動に従事している（二〇一四年意見二（三）1、安徽省司法庁課題組「公共法律服務体系建設研究」中国司法二〇一六年八期五四頁参照）。

(88) 朱景文・前掲注（8）四一六頁参照。このことは同時に同機構の役割の大きさを物語る。これについては今後の課題としたい。

(89) 王亜新・王贏「農村法律服務実証研究」清華法学二巻五期（二〇〇八）六五頁、朱景文・前掲注（8）四一六―四一七頁参照。

(90) 朱景文・前掲注（8）四一七頁参照。

(91) たとえば司法部「迅速に法律扶助機構を設置し法律扶助活動を展開することに関する通知」（一九九六年）参照。

(92) 国務院法制辦政法司・司法部法律援助中心・司法部法規教育司編『法律援助条例通釈』中国法制出版社（二〇〇三）一九―二〇頁参照。

(93) 司法部「弁護士および基層法的サービス従事者の法律扶助活動展開暫定管理辦法」（二〇〇四年九月八日）三条参照。なお件数は省クラス司法行政機関が確定する（同条）。多くは一～二件であるという（張中『弱勢群体的法律救助――法律援助服務及其質量問題研究』中国人民公安大学出版社（二〇〇八）九九頁参照）。

(94) たとえば徐樟根「浅析法律援助経済困難的認定与審査」賈午光主編『法律援助制度改革与発展――2012―2013年度全国法律援助徴文選輯』中国民主法制出版社（二〇一三）四九二頁参照。

(95) なお実務では弁護士不足からサービス従事者が担当することもあるという（陳宜・前掲注（37）一三〇―一三一頁参照）。

(96) 陳宜・前掲注（37）一〇四頁、華宇所調査参照。なお二〇一七年から一部地域において、法律扶助スキームを通じて全被告人に対して弁護士を選定し、通常事件では弁護を、簡易手続・即決裁判［速裁］手続では法的支援を提供する実証実験が行われている（最高人民法院・司法部「刑事事件における弁護士弁護の全件カバーの実証実験活動の展開に関する辦法」（二〇一七年一〇月一一日））。また二〇一八年の刑事訴訟法改正により、同スキームを通じて当番弁護士を法院等に駐在させることとなった（同三六条）。本文で述べた傾向は、これらによりさらに強まると考えられる。

(97) 浙江省法律援助中心「関於提高我省法律援助質量的探索与思考」賈午光・前掲注（94）一二頁参照。

(98) 傅郁林・前掲注（18）四三頁参照。なお聯合所・誠天所・華宇所調査によれば、手当は担当者に一〇〇％帰属するという。

(99) なお、二〇一七年は弁護士の扶助件数は五七・八万件であり、サービス従事者（二〇・九万件）の三倍近くとなっている。その内実は不明であるが、弁護士の担当件数増については「刑事事件における弁護士弁護の全件カバー」（前掲注（96）参照）の影響が考えられる。

(100) たとえば任金保・王瓊「基層法律服務所発展取向与農村基本法律服務制度之構建」中国司法二〇〇六年一一期六九―七〇頁参照。

(101) たとえば冉井富「律師地区分布的非均衡性——一個描述和解釈」『法哲学与法社会学論叢（第一一期）』北京大学出版社（二〇〇七年）五五—六一頁参照。また後者について司法部「弁護士がいない地方、および発展を欠く地区の弁護士資源不足の問題を速やかに解決することに関する意見」（二〇一三年七月三日）一。

(102) 李毅「農村法律服務：現状、問題与完善」中共天津市委党校学報二〇一七年四期九三頁参照。さらに詳細な背景分析については冉井富・前掲注（101）七九頁以下参照。なお冉によれば、農村では「弁護士が少なく、『弁護士を必要としない社会秩序』となっているが、市場の需要から見て、弁護士数は飽和している」（同九二頁）。この立場によれば、弁護士「不足」とは評価できなくなる。さらに蘇力『送法入郷——中国基層司法制度研究』中国政法大学出版社（二〇〇〇）三三〇頁参照。

(103) 馬建栄・前掲注（19）二頁参照。なお、農民にとっては「郷鎮に赴き法的サービスを求めたり、県中心部に赴き法律扶助を求めたりすること自体が、交通費・食費・通信費、ひいては宿泊費といった高額なコストを支払わなければならない」（李小雲・李鶴・劉林「２００６～２００７年中国農村法律服務状況報告」李小雲・左停・叶敬忠主編『２００６～２００７中国農村情況報告』社会科学文献出版社（二〇〇八）二二九頁）という。

(104) さらに比較的簡易な法律相談は無償とされた（前節（４）参照）。

(105)「政府指導価」とは「政府価格主管部門またはその他の関係部門が、価格設定権限および範囲により基準価およびその変動幅を規定し、経営者を指導して制定させる価格」（価格法（一九九八年五月一日施行）三条四項）である。法的サービスは広く政府指導価とされていたが、国家発展改革委員会「一部のサービス価格を開放する意見に関する通知」（二〇一四年一二月一七日）により、その対象は①刑事弁護・同訴訟代理、②労働報酬・労災賠償、扶養費、救済金の給付請求等の所定の民事・行政訴訟の代理、③国家賠償請求事件の代理に限定された。これら以外は「経営者が自主的に制定し、市場の競争を通じて形成する価格」（＝「市場調節価」）による（価格法三条三項）。なお政府指導価については、それを上回ることはできないが、下回ることはできるという（聯合所調査）。ちなみに、聯合所の市場調節価としての第一審民事訴訟代理（財産関係あり）の費用基準の上限は、弁護士の政府指導価よりも若干高い（下限は同じ）。もっとも、実際の費用はおおむね同水準であるという（同上）。また華宇所では、現在の政府指導価はすでに安くないため、市場調節価の領域においてもこれを基準にしているという（華宇所調査）。

(106) 王亜新・鄧軼「農村法律服務実証研究（続）」清華法学三巻一期（二〇〇九）一五一頁参照。また誠天所調査によれば、弁護士事務所の費用が五万元であれば、同所は一万元ほどであるという。

(107) 馬建栄・前掲注（19）二—三頁参照。

(108) 朱景文・前掲注（17）三九〇頁。このほかにも、①費用基準が更新されていなかったこと、②税負担がないこと、③年度検査費が相対的に安いこと、④サービス従事者の参入規制の緩さも影響している（①につき朱景文・前掲注（8）四二六―四二七頁、②につき傅郁林・前掲注（18）一三頁、王亜新・鄧軼・前掲注（106）一三六頁、③につき傅郁林・同上、④につき李小雲ほか・前掲注（103）二二四頁参照）。なお②について聯合所調査によれば、税負担がなかったのは司法所と一体化していたサービス所の一部であったという（聯合所は二〇〇一年に私有化改革により五所の官営非営利事業性質のサービス所が合併して成立した。合併前、それら五所は弁護士事務所と同じ基準で納税していたという）。

（109）劉思達・前掲注（34）五二―五三頁参照。

（110）傅郁林・前掲注（18）四四頁参照。

（111）劉思達・前掲注（34）一〇七頁参照。もっとも、弁護士費用が高額化していったのは一九九〇年代以降のことであり、それまでは「そもそも形を変えた法律扶助とさえいえるような方式をもって、ほとんどただで社会へと提供されていた」（季衛東「中国の社会正義問題および弁護士の公益活動」財団法人法律扶助協会編『アジアの法律扶助――公益的弁護士活動と臨床的法学教育と共に』現代人文社（二〇〇一）二三八頁）という。したがってこの点は一九九〇年代以降に顕著になったものと解される。

（112）陳俊生・前掲注（18）三〇頁。こうしたイメージの格好の例として、出稼ぎ者が出稼ぎ先でトラブルに巻き込まれた場面がある。すなわち、一方で出稼ぎ者は高額な弁護士費用を負担できず（経済的コスト）、「他方ではこうした事件は大変で、当事者の支払能力は劣り、弁護士は一般にこうした事件を受任したがらない〔弁護士の選好〕。そのため主に基層法的〔サービス〕従事者に頼〔る〕。……多くの事件は当事者に代理費および活動費を先払いする資力が全くないため、法的〔サービス〕従事者が先に全ての費用を立て替えるほかなく、勝訴すれば状況に応じて数百元または数千元の報酬を得る。彼等は貧しい出稼ぎ農民である当事者といつも一緒に列車の二等座席に乗り、飯場に泊まり、交通不便な山間部を歩き……これらは都市にいる弁護士ではできないことである」（傅郁林・前掲注（18）三一頁）。

（113）宋慧宇「論吉林省基層法律服務制度的困境及改革措施」長春理工大学学報（社会科学版）二五巻一〇期（二〇一二）一八頁参照。

（114）他方、弁護士は一般に農村・農民のことをよくわかっていないという（任金保・王瓊・前掲注（100）六九頁参照）。

（115）以上についてとくに注記のない限り、馬建栄・前掲注（19）二頁参照。

（116）傅郁林・前掲注（18）二八頁参照。

（117）傅郁林・前掲注（18）四三頁参照。また前掲注（112）参照。なお、目的額の多寡と事件の難易度には必然的関係はない（于春霞整理「対話与交流――農村基層法律服務国際研討会録音整理」傅郁林・前掲注（18）書二八五頁〔張志銘発言〕参照）。

（118）弁護士の多い北京でもそうであるという（呉玲「用科学発展観指導基層法律服務」中国司法二〇〇八年三期六八頁参照）。

(119) 朱景文・前掲注（8）四三二頁。
(120) 傅郁林・前掲注（18）四四頁参照。
(121) たとえば中西部の都市や都市の中心部から外れた地域（董開軍・前掲注（23）二五九頁参照）、あるいは下層の弁護士とサービス従事者の間（陳柏峰「中西部農村基層法律服務業的困境――以贛南石鎮為例」湛江師範学院学報二〇〇八年二期二八頁参照）が指摘されている。
(122) このほか補充性について、新従事者辦法五二条、「司法部相関負責人就修訂後的《基層法律服務所管理辦法》《基層法律服務工作者管理辦法》答記者問」法制日報二〇一八年一月四日二面参照。
(123) 聯合所調査による。なお、同通知は本制度が「過渡的形態を有する」ともする。これは新たな形態への転換という活路を示唆するものかもしれない（任永安・盧顕洋・前掲注（39）二九五頁参照。またその模索例の簡要な整理として同三〇八―三一二頁参照）。
(124) 弁護士が基層、とくに農村の需要内容に応じた供給をできるか、という問題もある（前掲注（102）・（112）参照）。
(125) なお、近年司法部が推進している「公共法的サービス体系建設」においては、「サービス所が主に郷鎮（街道）・村居（社区）に公益的法的サービスを提供するようリードする」（二〇一四年意見二（一））とされた。これにより一定の公的支援を期待することはできる。もっとも財政難により費用を負担できない地方もある（司法部〝根在基層〟青年幹部調研団「湖南公共法律服務体系建設状況調研報告」中国司法二〇一八年二期四七頁参照）。なお、こうした問題は「国有性質の官営」体制においても生じうる。

付記
頻出法令・通知等の略称

略称	法令等名
従事者辦法	司法部「基層法的サービス従事者管理辦法」（二〇〇〇年三月三〇日採択、同月三一日発布・施行） ※その後、二〇一七年一二月二五日改正、二〇一八年二月一日施行。これは「新従事者辦法」と呼ぶ。サービス所辦法も同様。
サービス所辦法	司法部「基層法的サービス所管理辦法」（二〇〇〇年三月三〇日採択、同月三一日発布・施行）
〇〇〇〇年弁護士法	弁護士法（一九九七年一月一日施行。その後、二〇〇二年一月一日、二〇〇八年六月一日、二〇一三年一月一日、二〇一八年一月一日に改正法施行） ※〇〇〇〇年は施行年を指す。二〇一三年法は「弁護士法」とする。
一九八五年通知	司法部辦公庁「区・郷・鎮法的サービス所は公証を直接取り扱うことができないことに関する通知」（一九八五年四月一一日。二〇一四年四月四日廃止）
一九八七年規定	司法部「郷鎮法的サービス所の暫定規定」（一九八七年五月三〇日発布。サービス所辦法五一条により廃止）
一九八九年建設意見	司法部「郷鎮法的サービス所の組織建設の一層の強化に関する若干の意見」（一九八九年一一月一〇日、二〇〇二年八月六日廃止）
一九九一年細則	司法部「郷鎮法的サービス業務活動細則」（一九九一年九月二〇日発布・施行） ※都市街道法的サービス所に準用（同八七条）
一九九七年費用辦法	国家計画委員会・司法部「郷鎮法的サービス費用収受管理辦法」（一九九七年三月一日施行）
二〇〇〇年意見	司法部「『基層法的サービス所管理辦法』および『基層法的サービス従事者管理辦法』の徹底実施の若干の問題に関する意見」（二〇〇〇年六月七日）
二〇〇〇年私有化意見	司法部「基層法的サービス機構の私有化の実施意見」（二〇〇〇年九月二五日）
二〇〇一年私有化紀要	司法部「基層法的サービス機構の私有化活動座談会紀要」（二〇〇一年六月一六日）
二〇〇二年意見	司法部「大中都市のコミュニティ法的サービス活動の強化に関する意見」（二〇〇二年九月一二日）
国務院二〇〇四年決定	国務院「第三期行政審査承認項目の廃止および調整に関する決定」（二〇〇四年五月一九日）
二〇一四年意見	司法部「公共法的サービス体系建設の推進に関する意見」（二〇一四年一月二〇日）

ヒアリング調査の概要

訪れたサービス所	日付	応対者	引用名
浙江省・温州市聯合法律服務所	二〇一八年一月二九日・五月一五日	方建銀氏（同所主任・浙江省基層法的サービス従事者協会副会長）ほか ※方氏は華宇所以外の訪問先にも同席。	聯合所調査
浙江省・温州市誠天法律服務所	二〇一八年一月二九日	潘恩巧氏（同所主任）	誠天所調査
江蘇省・無錫市濱湖区華宇法律服務所	二〇一八年一月三〇日	華建清氏（同所主任・江蘇省基層法的サービス従事者協会副会長）	華宇所調査
浙江省・麗水市政通法律服務所	二〇一八年五月一四日	李栽成氏（同所主任・浙江省基層法的サービス従事者協会常務理事）	政通所調査
浙江省温州市・平陽県光正法律服務所	二〇一八年五月一五日	曽清科氏（同所主任）	光正所調査

注記：聯合所・華宇所調査には帰国後に得た知見をも含む。

あとがき

本書は、『大阪大学法史学研究叢書』第一巻として出版されるものである。このような形での出版が可能になったのは、少なからぬ方々のご支援によるものである。最後に、このことについての謝辞を述べることをお許しいただきたい。

なによりもまず、大阪大学法学部卒業生のお一人が、「大阪大学法学部卒業生から大学において教育及び研究に携わる者を育て、もって法学部の発展とその社会的地位の向上に寄与することを目的」として、「大阪大学法学・国際公共政策研究助成基金」を寄附されたことに触れなければならない。そしてこの基金の一部をもって、多胡圭一先生（大阪大学名誉教授、同国際公共政策研究科特任教授・大阪経済法科大学法学部教授）のご高配により、本学法史学分野における上記目的を遂行するための「研究助成金」が、編者の所属する大阪大学大学院高等司法研究科に設定された。この助成金を有効活用する方途として、中尾敏充さん（大阪大学名誉教授、奈良大学教授）、三成賢次さん（大阪大学理事・副学長）、林智良さん（大阪大学大学院法学研究科長・教授）、三成美保さん（奈良女子大学副学長・教授）と相談し、大阪大学において法史学研究を始めた者の研究成果を『大阪大学法史学研究叢書』シリーズとして出版し、法史学研究の深化に貢献することとした。本書はその第一巻となる。

「教育・研究に携わる者をより多く育成する」という大学本来の使命のために寄附をしていただいた大阪大学法学部卒業生の方のご厚志に対して、本書がどこまでお応えできているかははなはだ心許ないが、まずは第一冊目の研究叢書を公刊できたことについて、深く感謝の意を表するものである。同時に、上記研究助成金を設定するに際しての多胡先生のご厚情に対しても厚く御礼申し上げたい。

そして、本研究叢書の出版企画をこころよく引き受けていただいた大阪大学出版会、企画成立にご尽力いただいた同会（当時）の岩谷美也子さん、原稿の集約が遅れたゆえの厳しいスケジュールへの対応をしていただいた現企画担当の板東詩おりさん、適切なアドバイスを示しつつ、手際よく編集作業を進めていただいた桃夭舎の高瀬桃子さん、本書が成るにあたって、これらの方々のご尽力は欠かせないものであった。改めて感謝申し上げる次第である。

三阪佳弘

二〇一九年三月

※本書は、二〇一四～一九年度科学研究費補助金（研究代表者三阪佳弘　課題番号 26285003　基盤研究（B）「近代市民社会における法的サービス需要充足の構造とその担い手に関する比較法史的研究」）による研究成果に基づいている。

執筆者紹介

三阪佳弘（みさか　よしひろ）**【編者】**［序章］
大阪大学大学院高等司法研究科教授。専門は、日本近代法史。主な著作は、『近代日本の司法省と裁判官——19 世紀日仏比較の視点から』（大阪大学出版会、2014 年）、『近代日本における社会変動と法』（共著、晃洋書房、2006 年）。

林真貴子（はやし　まきこ）［第 1 章］
近畿大学法学部教授。専門は、日本法制史。主な著作は、「借地借家調停法の成立と施行地区限定の意味」（近畿大学法学 65 巻 3 ＝ 4 号、2018 年）、『統計から見た大正・昭和戦前期の民事裁判』（共編著、慈学社、2011 年）、『法の流通』（共編著、慈学社、2009 年）など。

田中亜紀子（たなか　あきこ）［第 2 章］
三重大学人文学部教授。専門は、刑事法史。主な著作は、『近代日本の未成年者処遇制度』（大阪大学出版会、2005 年）、『統計から見た大正・昭和戦前期の民事裁判』（共編著、慈学社、2011 年）、『日本現代法史論』（分担執筆、法律文化社、2010 年）。

林智良（はやし　ともよし）［第 3 章］
大阪大学大学院法学研究科教授。専門は、ローマ法史。主な著作は、『共和政末期ローマの法学者と社会——変容と胎動の世紀』（法律文化社、1997 年）、『大学で学ぶ西洋史［古代・中世］』（共著、ミネルヴァ書房、2006 年）。

阪上眞千子（さかがみ　まちこ）［第 4 章］
甲南大学法学部教授。専門は、西洋法制史。主な著作は、「イタリアの同性間の民事的結合（シヴィル・ユニオン）に関する法の成立」（日伊文化研究 56 号、2018 年）、「サン・マリーノ法史における妻の地位の変遷——特に財産権に注目して」（比較家族史研究 27 号、2013 年）、「13 世紀前半南イタリアにおける普通法、特有法と勅法」（阪大法学第 234 号、2005 年）など。

波多野敏（はたの　さとし）［第 5 章］
岡山大学社会文化科学研究科（法学部）教授。専門は、西洋法制史。主な著作は、『生存権の困難――フランス革命における近代国家の形成と公的な扶助』（勁草書房、2016 年）、ジャン＝マリ・カルバス『死刑制度の歴史（新版）』（共訳、白水社、2006 年）。

的場かおり（まとば　かおり）［第 6 章］
近畿大学法学部准教授。専門は、西洋法制史。主な著作は、『社会変革と社会科学』（分担執筆、昭和堂、2017 年）、「1840 年代のルイーゼ・オットー＝ペータース――女性の国政参加とプレスの役割をめぐって」（桃山法学 26 号、2017 年）、「ザクセン・フォークトラントにおける自由主義――1820/30 年代のカール・ブラウンとプレス・協会活動を題材に」（桃山法学 23 号、2014 年）。

上田理恵子（うえだ　りえこ）［第 7 章］
熊本大学人文社会科学研究部教授。専門は、西洋法制史。主な著作は、「二〇世紀初頭ライタ川以西における「非弁護士」試論――オーストリア司法省文書を手がかりとして」（法制史研究 67 号、2018 年）、Legal Values in Japan and Hungary – Essays on the Theoretical, Historical and Cultural Background of the Law（共著、デザインエッグ社、2018 年）、『概説西洋法制史』（分担執筆、ミネルヴァ書房、2004 年）。

坂口一成（さかぐち　かずしげ）［第 8 章］
大阪大学大学院法学研究科准教授。専門は、中国法。主な著作は、『現代中国刑事裁判論――裁判をめぐる政治と法』（北海道大学出版会、2009 年、アジア法学会研究奨励賞受賞）、『要説　中国法』（共著、東京大学出版会、2017 年）、「中国におけるえん罪と刑事裁判の正統性――公正をめぐる「党の指導」と「裁判の独立」」（アジア法研究 6 号、2013 年）。

大阪大学法史学研究叢書 1
「前段の司法」とその担い手をめぐる比較法史研究

発 行 日　2019年 3 月29日　初版第 1 刷〔検印廃止〕

編　　者　三阪佳弘

発 行 所　大阪大学出版会
代表者　三成賢次
〒565-0871　大阪府吹田市山田丘2-7
大阪大学ウエストフロント
電話：06-6877-1614（直通）
FAX：06-6877-1617
URL　http://www.osaka-up.or.jp

印刷・製本　株式会社 シナノ

ISBN 978-4-87259-681-6　C3032